U0601797

香江哲学丛书

丛书主编 黄　勇 王庆节

刘宗周及其慎独哲学

黄敏浩　著

Liu Zongzhou and His Doctrine of Vigilance in Solitude

中国出版集团
東方出版中心

图书在版编目（CIP）数据

刘宗周及其慎独哲学 / 黄敏浩著. —上海: 东方出版中心, 2022.8

（香江哲学丛书 / 黄勇, 王庆节主编）

ISBN 978-7-5473-2029-7

Ⅰ. ①刘… Ⅱ. ①黄… Ⅲ. ①刘宗周（1578-1645）—哲学思想—研究 Ⅳ. ①B248.995

中国版本图书馆 CIP 数据核字(2022)第 145151 号

刘宗周及其慎独哲学

著　　者　黄敏浩
丛书策划　刘佩英
策划编辑　刘　旭
责任编辑　冯　媛　周心怡
装帧设计　周伟伟

出版发行　东方出版中心有限公司
地　　址　上海市仙霞路 345 号
邮政编码　200336
电　　话　021-62417400
印 刷 者　山东韵杰文化科技有限公司

开　　本　890mm × 1240mm　1/32
印　　张　10.125
字　　数　224 千字
版　　次　2022 年 8 月第 1 版
印　　次　2022 年 8 月第 1 次印刷
定　　价　80.00 元

总 序

《香江哲学丛书》主要集录中国香港学者的作品，兼及部分在香港接受博士阶段哲学教育而目前不在香港从事哲学教学和研究的学者的作品，同时也集录与香港邻近并在文化上与香港接近的澳门若干大学哲学学者的著作。

相对于内地的城市来说，香港及澳门哲学群体较小。在由香港政府直接资助的八所大学中，实际上只有香港中文大学、香港大学、香港浸会大学和岭南大学有独立的哲学系；香港科技大学的哲学学科是其人文社会科学学院中人文学部的一个部分，而香港城市大学的哲学学科则在政治学和行政管理系；另外两所大学——香港理工大学和香港教育大学，虽然也有一些从事哲学教学和研究的学者，但大多在通识教育中心等。而且即使是这几个独立的哲学系，跟国内一些著名大学的哲学院系动辄六七十、七八十个教员相比，规模也普遍较小。香港中文大学的哲学系在全港规模最大，教授职称（包括正教授、副教授和助理教授）的职员也只有十四人，即使加上几位全职的高级讲师，也不到二十人。岭南大学是另一个有十位以上哲学教授的大学，其他几所大学的哲学教授的数量都是个位数。相应地，研究生的规模也不大。还是以规模最大的香港中文大学为例，硕士和博士项目每年招生加起来就是十个人左右，其他学校则要少很多。

当然这并不表示哲学在香港不发达。即使就规模来说，虽然跟内地的大学无法比，但香港各高校的哲学系在国际上看则并不小。即使是在（至少是某种意义上）当今哲学最繁荣的美国，除了少数几个天主教大学外（因其要求全校的每个学生修两门哲学课，因此需要较多的教师教哲学），几乎没有一个大学的哲学系，包括哈佛、耶鲁、普林斯顿、哥伦比亚等常青藤联盟名校成员，也包括各种哲学排名榜上几乎每年都位列全世界前三名的匹兹堡大学、纽约大学和罗格斯大学，有超过二十位教授、每年招收研究生超过十位的，这说明一个地区哲学的繁荣与否和从事哲学研究与教学的人数多寡没有直接的关系。事实上，在上述一些大学及其系科的世界排名中，香港各大学哲学系的排名也都不低。在最近三年的QS世界大学学科排名中，香港中文大学哲学系都名列亚洲第一（世界范围内，2017年排30名，2018年排34名，2019年排28名）。当然，这样的排名具有很大程度的主观性、随意性和多变性，不应过于重视，但至少从一个侧面也反映出某些实际状况，因而也不应完全忽略。

香港哲学的一个显著特点，同其所在的城市一样，即国际化程度比较高。在香港各大学任教的哲学教授大多具有美国和欧洲各大学的博士学位；在哲学教授中有相当大一部分是非华人，其中香港大学和岭南大学哲学系的非华人教授人数甚至超过了华人教授，而在华人教授中既有香港本地的，也有来自内地的；另外，世界各地著名的哲学教授也经常来访，特别是担任一些历史悠久且享誉甚高的讲席，如香港中文大学哲学系每个学期或至少每年为期一个月的唐君毅系列讲座，新亚书院一年一度的钱穆讲座、余英时讲座和新亚儒学讲座；在教学语言上，除香港中文大学的教授可以自由选择英文、普通话和粤语外，其他大学除特殊情况外一律用英文授课，这为来自世界各地的学生在香港就读，包括就读哲学提供了方便。但更能体现这种国际化的是香港哲学教授的研究课题与世界哲学界直接接轨。

香港哲学研究的哲学传统主要包括中国哲学、分析哲学和欧陆哲学，其中香港中文大学在这三个领域的研究较为均衡，香港大学和岭南大学以分析哲学为强，香港浸会大学侧重宗教哲学和应用伦理学，而香港科技大学和香港城市大学虽然哲学项目较小，但突出中国哲学，即使很多学者的研究是跨传统的。以中国哲学为例，钱穆、唐君毅和牟宗三等缔造的新亚儒学传统将中国哲学与世界哲学，特别是西方哲学传统连接了起来，并得到劳思光和刘述先先生的继承和发展。今日的香港应该是世界上(能)用英语从事中国哲学研究的学者最多的一个地区，这些学者中包含那些主要从事分析哲学和欧陆哲学研究的，但也兼带研究中国哲学的学者。这就决定了香港的中国哲学研究大多具有比较哲学的特质：一方面从西方哲学的角度对中国哲学提出挑战，从而促进中国哲学的发展；而另一方面，则从中国哲学的角度对西方哲学提出问题，从而为西方哲学的发展作出贡献。相应地，香港学者对于分析哲学和欧陆哲学的研究，较之西方学者在这些领域的研究也有其特点和长处，因为他们在讨论西方哲学问题时有西方学者所没有的中国哲学传统可资利用。当然也有相当大一部分学者完全是在西方哲学传统中研究西方哲学，但即使在这样的研究方式上，香港哲学界的学者，通过他们在顶级哲学刊物发表的论文和在著名出版社出版的著作，可以与西方世界研究同样问题的学者直接对话、平等讨论。

香港哲学发达的另一个方面体现在其学院化与普及化的结合。很多大学的一些著名的系列哲学讲座，如香港中文大学新亚书院每年举办的钱穆讲座、余英时讲座、新亚儒学讲座都各自安排其中的一次讲座为公众讲座，在香港中央图书馆举行。香港一些大学的哲学教授每年还举办有一定主题的系列公众哲学讲座。在这些场合，往往都是座无虚席，到问答阶段，大家都争相提问或者发表意见。另外，还有一些大学开办自费的哲学硕士课程班，每年都有大量学生报名，这些都说明：香港浓厚的哲学氛围有很强的社会基础。

由于香港哲学家的大多数著作都以英文和一些欧洲语言出版，少量以中文出版的著作大多是在台湾和香港出版的，内地学者对香港哲学家的了解较少，本丛书就是要弥补这个缺陷。我们希望每年出版三到五本香港学者的哲学著作，细水长流，经过一定的时间，形成相当大的规模，为促进香港和内地哲学界的对话和交流作出贡献。

王庆节　黄勇

2019年2月

再版自序

这本书于 2001 年在台湾学生书局初版，至今已 20 年。其间学界又陆续出版了许多有关明儒刘宗周(1578—1645)思想研究的专书及论文，当中不乏佳作。虽是如此，笔者认为，就扼要论述刘宗周整体的思想及其体系而言，本书仍有值得参考之处。是以当东方出版中心的编辑先生通过黄勇教授跟笔者联系，说他们准备出版一系列香港学者的著作，笔者这本书可以是其中一本时，笔者遂欣然同意。

这次再版，也许有几点可以说明的。首先，本书主要是论述明末大儒刘宗周及其慎独哲学，对他学术的其他方面，如其经学、史学、时论、诗文乃至蕺山学派等，都没有作专门的探讨。是以本书没有照顾到宗周学术的全部。然而，本书所处理的慎独哲学，则应是宗周学术最为核心的部分，当中多少反映了晚明心学，乃至儒学的“心性之学”的精神与面貌。其次，本书的再版与初版在内容上没有太大的出入，但除了改正一些错误之外，笔者在再版的某些地方也作出补充说明或修改，又或加入对某种说法的回应。这些回应包括对本书初版前后的一些刘宗周研究的观点之与本书不同而又直接相关者，为免影响行文，这些补充、修改或回应大都放在注释之内(但也有放在正文中的)，在此不烦一一指出。也许值得一提的、较大的观点上的修正，是笔者在初版中主张牟宗三所说宗周的“归显于密”的两步其实应该只有一步，在再版中改为承认牟宗三谓“归显于密”有两步是对的，且与笔者所说的“归显于密”的两重意义相通，只是“两步”与“两重”的内涵不完全相同。初版又说黄宗羲对宗周的心、性关系重视不足，于今看来，亦恐不尽然。此外，在引用原始文献时，本应采用最新的、有标点的或较完备的版本，如台湾“中央研究院”编的《刘宗周全集》及浙江古籍出版社出版的《王阳明全集》，但由于翻检、查考以致改动甚费时，且笔者认为那些原始文献的旧版本仍有其存在的价值，所以便沿用初版引文所采用的版本而不予改动。还有，再版的附录一仍旧，是为了让读者可以进一步阅读宗周的代表著作。初版的附录二改为再版的附录三，并补充最新的资料，希望能尽量搜罗到目前为止绝大部分有关刘宗周思想的研究。新增的附录二是想充实第一章，及方便读者，通过一简略的年谱展示宗周的生平、思想及著作。这也显示作为宗周学问中心的慎独哲学，在具普遍价值之余，与其时代环境也绝不是完全隔绝或抽离的关系。

本书得以再版，须感谢黄勇教授的推介，也感谢编辑肖春茂先生在出版技术上的联系与协助，还有陈司琪同学在收集整理资料上的帮忙。本书如没有初版，便不能有再版。若延伸至对本书初版的帮助支持者，那要感谢的人便很多。笔者在初版序中没有把这些人士说出，现在愿借此机会向他们致谢。首先要一再感谢笔者的博士论文指导教授秦家懿老师，这本书的初版便是由笔者的博士论文改写而成的。其次是张亨老师和彭毅老师。张老师是笔者宋明儒学的启蒙恩师。从张老师的身教，笔者明白到，一个人，可以不求名，不求利，甚至不求学术上的成就、地位，但却不可失去道德的人格。这正是宋明儒者的精神。彭毅老师在本书的初版的出版过程中大力襄助，永志不忘。吴宏一老师对本书初版的出版提过建议，当时感受此建议，就好像幽谷中的一点光明。还有刘述先教授，当初在撰写博士论文时，曾向他请教，后来成书，里面一些观点都是受他启发，尤其是有关牟宗三先生如何以“归显于密”定位宗周思想的问题。书成，心想能欣赏这本书的，大概便是刘教授。果乎其然，笔者对此一直心存感激。杜维明教授曾在笔者把博士论文改写成书时给予指点，虽短短一席话，却坚定了笔者书中以宗周的“性宗”为其思想的拱心石的立场。才清华教授当年对本书初版的文字在技术上鼎力相助，使本书得以如期面世，十分感谢！

转眼间已过多年，以上的人，秦老师、张老师和刘教授都已离世。本书如今再版，回首前尘，不能不生起一番感慨。还有好些对本书出版直接或间接助成其事的人，无论他们记得与否，都常在笔者的感念之中。

2022年5月于九龙清水湾

自　序

随着宋明儒学研究的发展，刘宗周的地位已渐为学界所重视。尽管他的影响未必及得上其他儒者如朱子（1130—1200）及王阳明（1472—1529），但其哲学的深度及原创性却不遑多让，甚至有过之而无不及。单就这一点而言，他的哲学思想便值得我们作深入的研究。

本书以宗周的哲学为对象，旨在抉发其慎独的宗旨。诚如黄宗羲（1610—1695）所说：

> 大凡学有宗旨，是其人之得力处，亦是学者之入门处。天下之义理无穷，苟非定以一二字，如何约之？使其在我。故讲学而无宗旨，即有嘉言，是无头绪之乱丝也。[①]

古人的思想散见于著述，但非无统绪。宗周哲学的统绪在慎独，学者多能言之。然慎独之为宗旨，其意义究为何？其独特处在何？此不得不予以抉发。本书以宗周哲学的重要观念为主导，不嫌多所征引，深入讨

① 黄宗羲：《明儒学案》（台北：世界书局，1973），《凡例》，第 1 页。

论，但千言万语，皆旨在突显慎独之所以为宗旨的义理安在。此处一明，则宗周思想各部皆得到贯连，其思想表面的矛盾亦可从更高的层次得到消融，于是其思想系统的独特处亦昭然若揭了。

有关本书的组织及内容，第一章述宗周的生平、道德修养及思想发展，以此作为了解宗周哲学的背景。第二章探讨慎独哲学的内容，所牵涉的主要观念包括主静立人极、中和、理气及心性，层层深入，最后指出心宗、性宗的架构实为慎独哲学的核心意义。第三章处理宗周的诚意说，把宗周置于王学末流的背景之下，看他如何把王学的流弊推源至阳明本身，批评其良知及四句教，再转而提出自己的四句及诚意说，通过比较的方法凸显诚意说的含义。第四章述宗周的代表作《人谱》的特色，以表现慎独哲学的精神及实践方法。第五章以宗周的哲学系统与朱子、阳明及胡五峰的系统作具体的比较，借以彰显宗周系统的特殊，并尝试给予宗周哲学一个定位。书后有宗周的《人谱》全文，是为了补充第四章，方便读者了解《人谱》的结构而附上的。最后是《刘宗周研究资料目录》，为有兴趣的读者提供进一步的参考。

本书的初稿，是笔者数年前在秦家懿(Julia Ching)教授指导之下的英文博士论文。这几年来，又有一些研究宗周哲学的论著陆续出现，其中更有专书，可谓详备。但笔者认为自己的主要论点，仍具有参考价值，加上这几年来随时留意，对宗周又有进一层的理解。是以不揣谫陋，把初稿修改、补充，遂成此书。从撰写到出版，实得到许多师友直接与间接的帮助与支持。为免挂一漏万，此处不一一致谢。他们的情意，笔者将铭记于心。是为序。

2001 年 1 月于九龙

目　录

第一章

刘宗周的生平、修养及其思想发展

一、宗周的生平[①]

刘宗周，字起东，号念台、蕺山，[②]浙江山阴（今浙江绍兴）人。生于明神宗万历六年（1578），卒于明福王弘光元年（清顺治二年，1645），享年 68 岁。

宗周乃遗腹子，家贫，随母依外祖父章颖（号南洲），章颖设教四方，性刚毅，善启发，晚膳时每谈古人忠孝节义不倦，宗周窃慕之，以是少成

① 本节概述宗周生平的文字主要根据刘汋的《年谱》及姚名达的《刘宗周年谱》（以下简称《姚谱》）（上海：商务印书馆，1934），不烦一一注明。《年谱》收入《刘子全书》（1822 年刻本），卷四十。另有黄宗羲《行状》，收入同书卷三十九；刘士林《行实》，收入《刘子全书遗编》（1850 年刻本），卷二十四。《刘子全书》及《刘子全书遗编》有合刊本，称《刘子全书及遗编》，由京都中文出版社出版，共两册。本书引述宗周著作，即据此本。另有戴琏璋、吴光主编：《刘宗周全集》（台北："中央研究院"中国文哲研究所筹备处，1997），共五册，是迄今最全备的新式标点本，可参阅。此外，有关宗周生平的其他资料，可参考书后的目录。

② 宗周本名宪章，宗周乃其字。18 岁应童子试时，纳卷者误以字为名，遂易名宗周，而另以起东为字。宗周乃遗腹子，为念父亲秦台公之不及见，别号念台。又曾迁居及讲学蕺山，故又号蕺山。宗周还有其他别号，如秦望望中山人、还山主人、读易小子、山阴废士，晚年更号克念子。

而庄，耻为干禄之学。[①] 母章氏，槁形容，绝言笑，刻苦自励，于宗周言动不少假借，有过辄责之。宗周为大儒，皆章氏危苦所成。

宗周 19 岁娶妻章氏，有贤德，刻苦持家，59 岁卒。宗周哭之曰："失吾良友!"题其旐曰"孝庄"。

宗周于 24 岁成进士，其母于是年卒。万历三十一年，宗周 26 岁，拜许孚远(号敬庵，1535—1604)为师。孚远告以存天理，遏人欲，宗周自此励志圣贤之学。明年，宗周 27 岁，除授行人司行人。又一年，其外祖父及祖父相继去世。

宗周居家凡七年，至万历四十年，35 岁，始至京师受行人司行人旧职，途中过无锡，谒大儒高攀龙(号景逸，1562—1626)，相与讲正，自此益反躬近里，从事治心之功。越一年，上疏言国本，又言东林多君子，不宜弹射。

天启元年，宗周 44 岁，时在京为礼部仪制司添注主事，参劾宦官魏忠贤及保姆客氏。时上书者多只言客氏，至纠劾魏忠贤，实自宗周始。魏忠贤恨甚，传旨廷杖六十，幸赖首揆叶向高力救得免，改罚俸半年。然宗周不为所动，续上疏议论国事，直声震中外。未几，升光禄寺添注寺丞，寻升尚宝司少卿、太仆寺添注少卿。宗周以一岁三迁，义难拜命，又见妇寺专权日甚，士大夫急于竞进，时事实不可为。于是疏辞不允，告病回籍。朝廷又升为通政司右通政，又固辞。旋即奉圣旨藐视朝廷，矫情厌世，着革职为民，时为天启五年，宗周 48 岁。

宗周见钩党之祸，蔓延天下，遂回乡讲学蕺山，以期挽世道人心于一线，由是有慎独之说出。同年，东林学者杨涟、左光斗、袁化中、魏大

---

① 宗周少时亦曾受教于塾师赵某、季叔刘瓒、族舅章某及鲁念彬。见《刘子全书》，卷四十，《年谱上》，第 3—5 页。

中、周朝瑞及顾大章等，先后为魏忠贤掠杀于镇抚司狱中，并诏毁天下东林讲学书院。是时缇骑遍天下，宗周为势所迫，于是冬辍讲。明年，曾受宗周荐举之惠世扬被逮。宗周自忖不免，乃托子汋于门人陈尧年，而仍读书韩山草堂以待命，幸赖同乡御史王叶浩力救得解。其时，高攀龙自沉水死，黄遵素则遇害狱中。

及后魏忠贤死，党祸解除。崇祯元年，宗周51岁，升为顺天府府尹。翌年，满洲兵自大安口入塞，京师戒严。四方男妇逃命入都者不可胜数，煤米之价骤涨，禁弗能止。而营军素称疲困，骤命登陴，怨谤沸腾。宗周上疏建议暂撤煤米诸税，使商贾鳞集，物价自平。发内帑一二万金，一给地方各坊铺，煮粥以惠茕民，一以赏京营守陴者，一以赏出援营兵之家属，使无内顾忧。更发太仓米数千石，预给军士月粮。所奏诸款俱次第施行。宗周又数会诸生于学宫，激励士气，俾以乡保之任。又立保甲法，使民守法，互相保聚。又大会荐绅，倡义捐输，得钱以资粥厂之匮乏。

未几，满洲兵薄德胜门，京师震恐。皇帝即不视朝，有离京暂避之意。宗周曰："乘舆一动，宗社大事去矣！"遂躬诣午门，伏阙匍匐，终日不起，至薄暮，传旨报闻，始退。宗周为激发士气，集京兆官属县长吏暨乡大夫文学士及诸父老子弟于城隍庙，设于谦神位，作文以祭。① 辞气蹈厉，涕泗俱下，一众皆感奋。宗周在围城中，一以忠贞蹇谔之风，感动上下，地方赖以无恐。

京师既解严，宗周复留心民隐。于是劝农桑、广积储、立社学、行饮射，务使百姓敦本趋化，还于淳笃。又因比闾族党而寄厉兵讲武之法。选其技能者，以时训练之，联以什伍，行以赏罚。

---

① 于谦(1398—1457)乃英宗时之兵部尚书。时也先入寇，谦力阻南迁之议，因而有功。详见《明史》，卷一百七十。

宗周守京兆，本欲久任，处事风裁孤峻，搢绅奄人皆惮其清刚，莫敢干以私。在其治下，威惠渐周，人人自爱而耻犯法，虽有兵革之乱而可无惧。然终以秉正嫉邪，好切劘君相，得罪权臣周延儒、温体仁等，遂使诸所建白，多扞格不行，乃连疏移疾，得请回籍。时为崇祯三年，宗周53岁，距实任顺天府府尹一职，不过一年。

此后五年间，宗周在家，大抵从事讲学。崇祯四年，宗周54岁，与陶奭龄立证人社，会讲于石篑书院。未几，宗周与陶奭龄持论不同，部分学生遂奉奭龄为师模，别会白马岩居。宗周间尝过从，彼此仍相互尊重。宗周部分重要著作，亦成于此时。

崇祯八年，宗周58岁，受诏赴京。明年初，谒帝于文华殿。帝不怿其言，只升工部左侍郎。时皇帝笃信温体仁，益用峻法绳臣下，乱政错出，而温体仁修党人之隙，排斥异己。宗周在职数月，遂告病归。归途复上疏极言贤奸颠倒，任用匪人之祸，更云“八年之间，谁秉国成，而至于是，臣不能为首辅温体仁解”。疏入，降旨革职为民。宗周在京数月间，以《大学》诚意、《中庸》已发未发之说示学者，其中诚意一说，实标志宗周思想之成熟。

宗周自此讲学著述，无意仕进。崇祯十四年，宗周64岁，时吏部左侍郎出缺，帝终不忘宗周，谓“如刘宗周清正敢言，廷臣莫能及”，擢用之。翌年，升左都御史。宗周于是年始抵京履任，即上疏条列风纪之要，请严考选，又请旨严饬禁谕及申明巡城职掌。清兵迫近，京师戒严，宗周上疏条奏备边大略，以安心为本计。召对中，劝皇上不宜干预部院权责。又上疏条陈乡保事宜、纠劾馈遗之官员、申饬宪纲。一日，召对于中左门，帝欲处死言官姜埰及熊开元，宗周力保，帝大怒，降旨革职。如是，掌宪不过68日，正色谔立，诸御史凛凛敬惮。宗周本欲借此整顿吏治民生，尝曰：“使吾在事三年，而中外不肃清，请治溺职之罪。”及被放，深以不得行其志为憾。

崇祯十六年，宗周 66 岁，还家，复从事讲学著述。明年，李自成陷北京，皇帝自缢。福王监国南京，诏起复宗周原官。宗周至南京，为马士英等所阻，未能取信于福王。未几，阮大铖拜兵部右侍郎。宗周上疏力阻，谓“大铖进退，关江左兴衰”。福王不纳，宗周遂决意辞官。宗周在台仅 24 日，凡治平大经，修省至计，无不尽言。宗周通籍 45 年，在仕版 6 年有半，实立朝者 4 年，凡革职为民者三。

宗周自下野后，杜门不出，蔬食不茹荤。弘光元年，宗周 68 岁，清兵陷南京，福王逃至太平，被虏遇害。潞王监国于杭州，未几杭州失守，潞王降清。宗周闻变，恸哭曰：“此予正命时也！”遂绝食 20 日而死。临死前一日，捉笔书“鲁”字，仍念念不忘鲁王监国事。明鲁王谥曰“忠端”，唐王谥曰“忠正”。清乾隆谥曰“忠介”。清道光二年，从祀于孔庙。

以上是宗周生平的概述。他忠于朝廷、品行端正、性情狷介，均可从他一生的言行得到证明。宗周的道德操守，有目共睹。然而，从他的生平，我们更可看到他绝不是“才谞不足而道学有余”，[①]或“无事袖手谈心性，临危一死报君王”[②]的儒者。宗周通籍 45 年，实际立朝仅 4 年，因此，不可谓他在政治上有何举足轻重的影响。可是，我们不可忽略他在政治方面的才干。这可从他在顺天府府尹的一年任期内，如何有效地面对京师戒严时期出现的问题看出来。前面已提到，宗周为左都御史，曾有“使吾在事三年，而中外不肃清，请治溺职之罪”之语。[③] 若非在职仅 68 日，宗周在整顿吏治方面，可能有更大的贡献。《明史》谓宗

① 这是许珝对宗周刻意的贬抑。见《刘子全书》，卷四十，《年谱上》，第 56 页。
② 这是颜元（号习斋，1635—1704）对宋元以来儒者的批评。见所著《存学编》，卷一。
③《刘子全书》，卷四十，《年谱下》，第 20 页。

周言论能“深中时弊”。[①] 然而，宗周之言每被认为迂阔，不获朝廷重视。[②] 朝廷中固有奸臣，但主要问题恐怕还是来自掌握最高权力的皇帝。如崇祯便是一位顽固而好猜忌的君主。他常怀疑群臣结党，只相信外表孤立而诚恳的大臣。明显地，他不能同意宗周对时局的见解，是以当温体仁唆使人上疏谓宗周“才谞不足而道学有余”时，崇祯竟信其言。[③] 如果熟悉宗周的作为，当不致以此为的论。宗周的言论未必都对，如反对用火器之见，[④]诚为保守。但细看他对时局的讨论，当中实有可取之处。如是，宗周既有操守，又有才望。但在宗周看来，天下真才望皆出于天下真操守，操守实乃济事之本。[⑤] 换言之，真正的才干是来自坚毅的道德操守，也就是道德实践与修养。道德修养不但是济事之本、才干之本，更是做人之本。

宗周的一生正是以道德为本的生命的写照。他年少时家境贫困，却没有使他走上干禄之途。即使当了高官，他的物质生活也只是平庸。在他生活最贫困时，仍然乐于助人。[⑥] 遇有水灾旱灾，必定参与赈济。[⑦] 宗周亦非好名。他第一次革职为民，是因为他固辞不受官职。当然，一个可能的解释是他不愿在当时动荡的政治环境中冒生命的危险。他曾在工部左侍郎任内给儿子的信中说“勉强拜命，真如牵羊入屠肆”。[⑧] 然而，我们不要忘记，在宗周立朝期间，他的确是冒着生命的危

---

① 《明史》，卷二百五十五，末段。

② 如《刘子全书》，卷十五，《面恩陈谢预矢责难之义以致君尧舜疏》，第 7 页。

③ 同上，卷四十，《年谱上》，第 56 页。

④ 同上，卷四十，《年谱下》，第 17 页。

⑤ 同上，卷十七，《召对纪事》，第 77 页。

⑥ 一个很好的例子是，宗周尝贷米于大善寺二十载，“然故旧穷姻就食者尝满座，先生朝夕蔬粝，悉与共之，绝无难色”。见《刘子全书》，卷四十，《年谱录遗》，第 2 页。

⑦ 见《刘子全书》，卷四十，《年谱上》，第 51、62—63 页；《年谱下》，第 8 页。

⑧ 同上，卷五，《书下》《与子汋八》，第 18 页。

险纠劾当权者，如宦官魏忠贤、首辅温体仁，甚至面对皇帝犯颜直谏。当魏忠贤逮杀异己之时，宗周静处于韩山草堂以待死。宗周后面两次革职为民，也是不惜得罪温体仁及崇祯皇帝的结果。在宗周大起大落的仕途生涯中，他似乎从未在意过自己的升沉。他未能施展自己在政治上的抱负，主要是因为崇祯的关系。但京师破，崇祯自缢，宗周恸哭不已，可见他心中无一丝怨恨。我们可以看到，宗周一生的言行、升沉、得失，都是“无适也，无莫也，义之与比”。① 他只是依道德本心、理性而行，从没有为自身利益而作功利的计较。他的绝食殉国，很有力地证明了这一点。正如他自己所说：“君臣之义，本以情决，舍情而言义，非义也。父子之亲，固不可解于心，君臣之义亦不可解于心，故曰：求仁而得仁，又何怨？今谓可以不死而死，可以有待而死而蚤死，颇伤于近名，则随地出脱，终成一贪生畏死之徒而已。”又说：“子职未伸，君恩未报；当死而死，死有余悼。”②所谓“当死而死”，很可道出宗周当时的心境。时明室大势已去，复兴无望，作为明臣，宗周认为应该做的，只有如此。通过他的死，他把自己的生命与国家民族连在一起，也把自己的命运与国家民族的命运连在一起。他的身体虽死，却道德地成全了自己的生命。是故不可谓他愚忠。事实上，他是通过行动来表现他一生所信守，也同时表现了道德生命的强度与深度。他的确是一位具有强烈道德意识的儒者。

二、宗周的道德修养

（一）宗周与师友的交往

就如其他宋明儒者一样，宗周并非独学而无友。他与师友的交往

① 见《论语》《里仁》。
② 《刘子全书》，卷四十，《年谱》，第 45—46 页。

多少影响着他的哲学思想与道德修养。以下即举出一些与宗周较有关系的人物，并述其与宗周的交往，由此可以了解宗周哲学与修养的背景。

首先对宗周有重要影响的，当推其外祖父章颖。章颖在当时是有名的塾师，设教四方，弟子登第者数十人，当中更有周应中（号宁宇，1540—1630）及陶望龄（号石篑，1562—1609）。宗周 10 岁始随外祖父读书。章颖精于易学，性刚毅，善启发，每谈古人忠孝节义不倦，宗周受其熏陶，自幼即耻为干禄之学。毫无疑问，宗周走上成圣之路，最初是受到章颖的启发。

宗周另一位重要的老师是许孚远。宗周拜他为师，是在万历三十一年，宗周 26 岁的时候。孚远告以存天理，遏人欲。又以敬身之孝勉励宗周，“使念念不忘母氏艰苦，谨身节欲，一切世味不入于心，即胸次洒落光明，古人德业不难成。传所谓求忠臣于孝子之门，乃刘子所以报母氏于无穷也”。①

宗周终身守师说不敢失，“自此励此圣贤之学，谓入道莫如敬，从整齐严肃入”。② 于此可见孚远对他的影响。孚远与周汝登（号海门，1547—1629）早年曾于南都有“九谛”“九解”之辨，③宗周赞同师说。又曾评价其师，谓：

> 余尝亲受业许师，见师端凝敦大，言动兢兢，俨然儒矩。其密缮身心，纤悉不肯放过。于天理人欲之辨，三致意焉。尝深夜与门人弟子辈窅然静坐，辄追数平生酒色财气，分数消长以自证。其所

---

① 《刘子全书》，卷四十，《年谱上》，第 9 页。
② 同上。
③ 见《明儒学案》，卷三十六，第 374—378 页。亦见第三章第一节。

学笃实如此。[1]

宗周甚尊敬许师，强调他对“天理人欲之辨，三致意焉”。这也是孚远传给宗周的教法。然而，宗周没有具体评论孚远的思想。孚远卒于万历三十二年，也就是宗周执贽为弟子后一年。

据《年谱》，宗周“生平为道交者，惟周宁宇、高景逸、丁元荐（字长孺，1563—1628）、刘永澄（字静之，1576—1612）、魏廓园（1625 卒）五人”。周应中乃章颖的学生，而高、丁、刘、魏都是东林的人物。五人之中，“景逸泊静之尤以德业资丽泽，称最挚云”。[2] 宗周于 27 岁在京师与刘永澄定交。在 34 岁那一年，与永澄会于杭州，“相与究求仁之旨，析主静之说，辨修悟之异同”，三日不倦。[3] 明年，道过宝应，访永澄，相与究养心之旨而别。可惜永澄于同年稍后便过世，那时永澄不过 37 岁。[4]

至于高攀龙，他是东林的领袖之一，也是明代重要的理学家。万历四十年，宗周 35 岁，到京师赴任，道过无锡，谒见高攀龙，“相与讲正，有问学三书，第一书论居方寸也，第二书论穷理也，第三书论儒释异同与主敬之功也”。宗周“自此益反躬近里，从事治心之功”。[5] 天启二年，宗周 45 岁，时在京师任职，攀龙亦在京师，“暇日必过高先生论道，欣然移日”。[6] 天启五年，宗周 48 岁，被革职为民，讲学于解吟轩。时党祸蔓延天下，杨涟、左光斗等六君子为魏忠贤掠杀，禁止讲学。宗周凭吊

---

① 《明儒学案》《师说》，第 7 页。
② 《刘子全书》，卷四十，《年谱上》，第 14 页。
③ 同上，第 12—13 页。
④ 《明儒学案》，卷六十，第 659 页。
⑤ 《刘子全书》，卷四十，《年谱上》，第 13—14 页。
⑥ 同上，第 23 页。

死难者，悲歌慷慨，似乎要冒死继续讲学的事业。一日，遗书攀龙。攀龙答书曰：

> ……杜门谢客，此为正当道理。彼欲杀我，岂杜门所能免？然即死是尽道而死，非立岩墙而死也。大抵道理极平常，有一毫逃死之心，固害道，有一毫求死之心，亦害道。想公于极痛愤时未之思也。①

攀龙认为，在当时的政治氛围下继续讲学，无异君子立于危墙之下。尽管宗周准备赔上性命，但如此死法，毕竟没有意义。在攀龙看来，有一毫求死之心，就有一毫逃死之心，二者表面不同，其为害道均一。攀龙的见地的确较宗周为深刻。宗周然之，遂一意韬晦。

由此可见，攀龙对宗周确有一定的影响。但我们也不应忽略宗周曾说："古之有慈湖，今之有忠宪先生，皆半杂禅门。"②宗周认为攀龙之学不够纯正。如攀龙遇害，自沉水死，临终说"本无生死"，便与佛家之说类同。宗周即正之曰："先生心与道一，尽其道而生，尽其道而死，是谓无生死，非佛氏所谓无生死也。"③在宗周绝食之时，有人问他的心境与攀龙临终的"心如太虚，本无生死"印合如何。宗周答说："非本无生死，君亲之念重矣。"④黄宗羲比较二人说：

> 今日知学者，大概以高、刘二先生并称为大儒，可以无疑

① 《刘子全书》，卷四十，《年谱上》，第 26 页。
② 同上，卷十九，《书上》《答韩参夫》，第 42 页。
③ 《明儒学案》，卷六十二，第 672 页。
④ 《刘子全书》，卷四十，《年谱下》，第 48—49 页。

矣。……忠宪固非佛学，然不能不出入其间，所谓大醇而小疵者。若吾先师，则醇乎其醇矣。后世必有能辨之者。[①]

这些都表示宗周不完全同意攀龙，而二人的学说亦有分别。

除了刘永澄与高攀龙外，宗周也与陶奭龄（号石梁，1571—1640）有过交往。崇祯四年，宗周54岁，与陶奭龄立证人社会讲。宗周称赞阳明指出良知，为后人拔去自暴自弃病根。又教人静坐，为慎独下手处。[②] 尽管宗周与陶奭龄互相尊重，但奭龄属泰州学派，持论与宗周每有异同。崇祯五年，他们在本体工夫的问题上，有过不同的意见。[③] 同年，部分学生即以奭龄为师模，别会于白马岩居。宗周间尝过从。越二年，即崇祯七年，奭龄一位弟子秦弘祐（履思）重提以往的课题，与宗周有过讨论。[④] 在某一义上，宗周与白马学者的分歧就好比许孚远与周汝登的《九谛》与《九解》。有趣的是，孚远乃宗周的老师，而奭龄的兄长陶望龄则受周汝登的影响。

及后，宗周较少参与讲会，因为白马山房的学者固守其说，不受宗周裁成。虽然宗周以他们的想法近禅而不表同意，但也不愿意自己的学生卷入儒释的争论，而自别于白马山房的学者。其后，奭龄卒于崇祯十三年，时宗周已63岁了。白马山房的学者势力益盛，宗周则益自收敛，不与之争。

此外，《年谱》亦载宗周曾参与邹元标（号南皋，1551—1624）及冯从吾（号少墟，1557—1627）的讨论。天启二年，宗周45岁，在京为礼部仪

---

① 《明儒学案》，卷六十二，第672—673页。

② 《刘子全书》，卷四十，《年谱上》，第45页。

③ 关于他们意见的不同，将于第三章讨论。

④ 此亦将在第三章讨论。

制司添注主事。时邹元标为左都御史，冯从吾为左副都御史，"因兵逼关门，人心崩溃，率同志讲学于首善书院"，而宗周实为副手。每有疑义，必询问宗周。元标学宗解悟，从吾则重躬行，而宗周则以从吾之言为当，并序其教言。① 这并非只因为从吾也是许孚远的弟子。事实上，元标之学不讳禅，宗周是较倾向于从吾的观点的。然而，宗周在第二年便离开了京师。在《冯少墟先生教言序》中，宗周也提到元标，并谓"余辱二先生之教最深"。二人之学，除了从吾"要在本源处透彻，未发处得力"，②与宗周慎独之旨相近外，似乎没有十分明显的影响痕迹。宗周与元标近禅之风尤不接近。

最后，也许应该一提宗周与黄宗羲的关系。宗周与宗羲父黄尊素乃性命之交。尊素为东林中坚人物。天启六年，宗周 49 岁，尊素因钩党之祸被逮，将下狱就死。宗周饯之，"促膝谈国是，唏嘘流涕而别"。③ 尊素即以宗羲相托，时宗羲 17 岁，自此成为宗周的弟子。宗羲对宗周的尊敬，可以从下面一事看出。崇祯十一年，宗周 61 岁时，宗羲与王业洵(字士美)等十七人因不满白马山房学者近禅之说，遂执贽宗周门下，请别为讲会。宗周固辞不受。④ 宗羲自己也说：

> 羲幼遭家难，先师蕺山先生视羲如子。扶危定倾，日闻诸言，小子矍矍。梦奠之后，始从遗书得其宗旨，而同门之友，多归忠节。⑤

---

① 《刘子全书》，卷四十，《年谱上》，第 22—23 页。《冯少墟先生教言序》则见卷二十一，第 1—2 页。

② 《明儒学案》，卷四十一，第 428 页。

③ 《刘子全书》，卷四十，《年谱上》，第 27 页。

④ 《刘宗周年谱》，第 259 页。此处"十七人"，《明儒学案》作四十余人，未知孰是。见《明儒学案》，卷六十二，第 675 页。

⑤ 《明儒学案》，自序，第 1 页。

可见宗羲认为只有自己可以了解及传承其师的宗旨。这也反映了宗羲思想的一个重要的来源。①

从上面的叙述,我们可总结说,在师友中,宗周受许孚远及高攀龙的影响较多。宗周之真立志为圣贤之学,大概自拜孚远为师始,其早年主敬及其学问风格,都受孚远影响。高攀龙则对宗周多有启发,尤其当宗周处于危疑的时期。但无论如何,尽管多少受到前贤师友的启迪,宗周的慎独哲学大抵来自个人的创发,似乎没有直接承传师友学说的迹象。②

(二) 宗周的精神与健康状况

对儒者来说,哲学思想与道德修养纵然不同,也不可截然划分。很多时候,哲学的理境是通过修养的境界而证实的。如是,要了解宗周的哲学,他的修养境界还是值得我们注意的。修养到家,莫不有效验,而最具体的效验,莫过于精神及身体上的变化。这二者都发生在宗周的身上。

宗周道德修养的进展实可从他的精神状况反映出来。万历四十一年,宗周 36 岁,在京师任行人司行人。是时有与陆以建年友书五通,其

---

① 有关宗周与宗羲的思想传承关系,学者已有研究。可参考刘述先:《黄宗羲心学的定位》(台北:允晨文化实业股份有限公司,1986),第一章,第 1—29 页。

② 有学者认为宗周曾受孙慎行(1565—1636)的影响而使其中期思想出现结构性的转变。见陈畅:《自然与政教:刘宗周慎独哲学研究》(上海:上海人民出版社,2016),第 107—131 页。我们认为,宗周本人,乃至熟悉宗周思想发展的如刘汋、黄宗羲,都没有此一说。即使宗周真受孙慎行的影响,也恐怕只是受其启发而对慎独说有更深入的展示,而非使其思想有结构性的转变。此外,或谓宗周师事许孚远,实承传从陈白沙(1428—1500)至湛甘泉(1466—1560),再传至唐枢(1497—1574),三传至许孚远一系下来的学问。关于此承传之说,从宗周与黄宗羲对此均没明言、宗周曾评白沙、宗周与甘泉思想系统不尽相同,以及宗周师事许孚远一年孚远便卒看来,恐未必得其实。

五云：

> 弟昨夜梦升卫经历，心甚不快。弟雅欲谢病去官，不知此梦从何处来。看来终不忘荣进念头。在夜之所梦，未有不根于昼者。……乃知我辈一腔子都为声色货利贮满，如饮食要适口，居处要雅静，衣服要整洁，日用生涯，一切动得都是物欲心未亡。今那得一副义理心去胜他。看来只争昏觉之间，才觉则无妄非真矣。然衣食居处之念，亦是天性所有。只有一点好名心是毒药，不可不克治耳。①

宗周通过他的梦发现隐藏在内心的欲念。这可能就是我们所谓潜意识的念头，借着梦境反映到意识之内，只是念头微细，不易觉察。宗周察觉自己充满着这些欲念，他明白到自己的道德修养距离自我主宰的目标尚远。然而，他认真看待此梦乃至此梦所反映的荣进念头，表示他对道德修养的深切的关注。而他的不快及以之为毒药必须克治的决心也证明他对成圣之学的担负。

一分耕耘，一分收获。宗周 51 岁时，有门人问他修养工夫的进境如何。他答说：

> 近来梦境颇清，无杂梦，亦有无梦时，若尝惺惺者。门人曰：先生已打破梦觉关矣。先生谢不敏。②

与他在 36 岁时梦升卫经历相比，15 年来宗周在主宰自心的工夫上明

---

① 《刘子全书遗编》，卷四，《与以建五》，第 2 页。
② 《刘子全书》，卷十三，《会录》，第 19 页。

显有极大的进步。

宗周道德修养的进展也同样反映在他的健康状况上。依儒家，心与身并不是截然的两层。在儒家的道德修养中，吾人并不是扬弃物质的身体以获取精神的价值。相反，身被视作心的呈现，而通过践形、养形使身心得到和谐。孟子也说："人之于身也，兼所爱。兼所爱，则兼所养也。无尺寸之肤不爱焉，则无尺寸之肤不养也。"[①]就在这个意义底下，宗周的身体状况可以用来标志道德修养的效验。当然，此不表示身体即重于一切，须知舍生取义也是儒家共许的价值。

宗周自幼体质瘦弱。少时曾患足疾、目疾。年二十一，会试下第而归，病目者三年。年二十四，母卒。年二十八，外祖父及祖父亦相继卒。宗周因哀毁过度，于 31 岁患虚眩之疾，时夫人亦病，两榻相对凡三年。以药饵对治，俱无效。后专事静养，病才好转。[②] 这种静养工夫对身体有帮助，但显然也是一种精神的修养。是以宗周在 34 岁与刘永澄会晤于杭州时，即与之分享静养的体验。

宗周的健康状况似乎逐渐改善。但我们须知他在一生的仕途中曾多次告病请辞，而这也未必完全是借口。据《年谱》所载，宗周于 58 岁时曾患疟疾，于 65 岁时则患癃闭。他在 59 岁时有一疏谈及自己的病情：

> ……臣先年脾胃受伤，遂成痞症，百计难攻，几三十年，坐使精神日耗，渐同废人。……止因一病字结果一生。……一旦有钦召之命，则适因患疟而前症作楚日甚。……数月以来，无一日不药，无一日不因药加楚，至于气隔胸而不降，痰闭胁而不升，目眊耳鸣，

① 《孟子》《告子篇》。
② 《刘子全书》，卷四十，《年谱上》，第 12 页。此处所谓"静养"，大概是静坐的意思。

时时昏晕。①

果如所言，则宗周的病情确不轻。然而，我们却发现一段与他身体状况有关的记载：

先生赋禀清臞，少壮强半卧病。迨晚年涵养纯熟，体逾康愉，终日著书不倦。平生淡甘旨，佐餐无过鱼蔬。罹变以后，竟素食，而神气充足，面浮精彩，绝粒至两旬而卒者，皆静养之功也。②

从早年多病到晚年体逾康愉、神气充足，可见宗周的静养工夫，确实到了纯熟的境地。

（三）宗周的修养进程

如果我们探索宗周道德修养的发展，便会发现他经历了几个阶段。宗周 26 岁拜许孚远为师，“自此励志圣贤之学”。《年谱》说他：

谓入道莫如敬，从整齐严肃入。自貌言之细以至事为之著、念虑之微，随处谨凛，以致存理遏欲之教。每有私意起，必痛加省克，直勘前所繇来为如何，又勘后所决裂更当如何。终日端坐读书，曰：吾心于理欲之介，非不恍然。古人复从而指之曰：此若何而理，彼若何而欲。则其存之遏之也，不亦恢恢有余地乎？③

---

① 《刘子全书》，卷十六，《奏疏》，第 5 页。
② 同上，卷四十，《年谱录遗》，第 5 页。
③ 同上，《年谱上》，第 9—10 页。

此段很可以反映宗周学说的精神面貌。值得注意的是，宗周并不以知天理人欲之辨为已足，他要直勘至知如何而为理、如何而为欲，知一切事、一切理之源头，如此存理遏欲才可成为易简的工夫，不至繁难。

这种工夫当然不易做。但我们可以清楚地看到，大概十年之后，宗周的修养出现突破。众所周知，阳明的龙场悟道在37岁。宗周悟道可能在万历四十二年，时在家闭门读书，也是37岁。当时，宗周“悟天下无心外之理，无心外之学”，[①]遂著《心论》表达其心得。这篇文字似乎是表示一存在的感受，其主要观念是：

> ……只此一心，散为万化，万化复归一心。……其要归于自然而不知其所以然。大哉心乎！原始要终，故知死生之说。[②]

宗周洞见本心乃终极的存在。此本心不但是道德的，更具有超越的、形而上的含义。我们可以看出，宗周与阳明所悟的，纵使不同，也应类近，因为他们都承认“无心外之理，无心外之学”。

但悟道并非一了百了。我们已说过，天启五年，宗周48岁，时党祸蔓延，宗周仍欲冒死讲学，后因高攀龙劝喻，谓此不合道乃止。可见当时宗周的修养工夫，并未足以处变。尽管宗周不畏死，他的愤慨显示他仍不免受外在环境的影响。明年，逻卒入浙江，传闻逮宗周。家人惶恐，宗周则说：“毋恐！今日而知有是乎？”安坐待之。明日始知逮黄尊素。[③] 宗周似乎真做到处变不惊，将生死置之度外。但他对自己的反应仍感不满，说：

---

① 《刘子全书》，卷四十，《年谱上》，第16页。
② 同上，卷二十三，《心论》，第21页。末句自《周传·系辞传》。
③ 同上，卷三十九，《行状》，第6页；《刘宗周年谱》，第118—119页。

吾平生自谓于生死关打得过。今利害当前,觉此中怦怦欲动。始知事心之功,未可以依傍承当也。[1]

于是专用慎独之功,谓独只在静存时。由是半日静坐,半日读书,久之勿忘勿助,渐见浩然天地气象,平生严毅之意,一旦消融。[2] 我们可以说,宗周自从37岁悟心之后,至此(49岁)其修养工夫又进入另一阶段。他平生严毅之意,一旦消融,实表示他的气质已开始变化。

宗周50岁时,仍在家读书。此时所用工夫如下述:

自春徂夏,无事率终日静坐,有事则随感而应。每事过,自审此中不作将迎否,不作将迎而独体渊然自如否。盖自是专归涵养一路矣。[3]

至于工夫的效验,可从下面一事看出。时宗周请友人张伯枢为子汋授经,伯枢遂有机会与宗周相处一些时候。伯枢对刘汋说:

向来但仰尊公高风素节,如泰岳然。比朝夕聆教,始觉气宇冲融,神情淡静,又如春风被物,温然浃于肌理。[4]

这是宗周气质变化的明证。

宗周59岁那一年,《年谱》载云:

---

① 《刘子全书》,卷四十,《年谱上》,第27页。
② 同上。
③ 同上,第29—30页。
④ 同上,第30页。

> 是时先生工夫只在略绰提撕间。每爱举“天下何思何虑”“诚无为”“无欲故静”“有所向便是欲”等语。曰：本体只是这些子，工夫只是这些子，并这些子仍不得分此为本体，彼为工夫。既无本体工夫可分，则亦并无这些子可指。故曰：“上天之载，无声无臭，至矣！”①

从这段话来看，宗周爱举“何思何虑”“无声无臭”等“无本体工夫可分”的境界，表示他甚向往此化境。然而，他的工夫“在略绰提撕间”，虽然甚高，但仍未至。事实上，宗周对自己的修养境界是很谦虚的。他 66 岁时弟子问他进学有否次第。他答说：

> 初年悠扬过了日子，晚年渐觉繁杂。近来虽稍有所见，然却不能心与理为一，未免有些识见意思未净在。细勘来，名利二字，毕竟铲除未尽，头出头没，时有动处。方知研究入微，一毫假借不得。②

儒家并不反对名利，只是反对名利背后的私欲。依宗周，吾人绝不能姑息这些欲念，否则便会造成严重的后果。但有时名利的欲念极微细，需要不断做工夫来化除。宗周发觉自己仍有名利之意未尽，并非表示他的工夫退步了。相反，这表示他已能更深入地察知自己的过错。境界越高，便越容易察觉自己那极微细的过失，因而也变得更谦虚。《年谱》说他晚年“德日慎小，心日谨微”，而又“德弥高，恭弥甚，节弥劲，

---

① 《刘子全书》，卷四十，《年谱上》，第 62 页。

② 同上，卷十三，《会录》，第 45 页。我们以此段话为宗周 66 岁所说，是从此段前面有录宗周 66 岁与同一弟子（祝渊）的问答语推断而来。

气弥和”。[①]

弘光元年，宗周68岁，绝食殉国。临终前数日，他说：

> 吾日来静坐小庵，胸中浑无一事，浩然与天地同流，不觉精神之困惫。盖本来原无一事，凡有事皆人欲者也。若能行其所无事，则人而天矣。[②]

这种“浩然与天地同流”的境界实即“仁者浑然与物同体”之意，[③]此是宋明儒的共识。宗周之与天地同流，不知是傥来一悟抑或是完全的体证？也许他37岁之悟心是傥来一悟，至此则达到完全的体证。依宋明儒的理想，圣人的“浑然与物同体”的境界是可以达致的，有时甚至是一悟全悟，但此一悟全悟同时又是一无尽的工夫历程。在此意义下，没有人敢说自己的修养已达到圆满。是以当有人谓宗周之学“几于圣”时，宗周即责其狂悖。[④] 无论如何，我们至少可以说，宗周之“浩然与天地同流”表示他已达致一自我超越之境，而此境不但是透过他的哲学思辨，且更通过他一生努力不懈的道德实践来证成。

这种与天地同流的意识也许会让我们想到一种独特的、并非人人可有的宗教冥契经验。上文提到，宗周在绝食时，有人问他的心境与高攀龙临终时的“心如太虚，本无生死”印合如何。宗周回答说：“微不同。非本无生死，君亲之念重耳。”[⑤]如果“本无生死”是指尽道而生、尽道而死的

---

① 《刘子全书》，卷四十，《年谱录遗》，第18页。

② 同上，卷十三，《会录》，第53页。

③ 见程颢（号明道，1032—1085）：《识仁篇》，收入程颢、程颐：《二程集》，二册（台北：里仁书局，1982），上册，第16—17页。

④ 《刘子全书》，卷四十，《年谱录遗》，第16页。

⑤ 同上，《年谱下》，第48—49页。

无生死，宗周当然会同意；这其实就是他对攀龙此语的解释。但如果此语是指超脱生死轮回的无生死，宗周便不会赞同，因为在他看来，佛家这种无生死实等于逃避生死。宗周认为真正的超越生死是来自“与物同体”或“与天地同流”的证悟，而此证悟却根于人性人情。① 这种证悟是可以通过人与人之间的诚敬而达致。宗周正是因为“君亲之念重”而使他能面对死亡，能超越生死而浩然与天地同流。宗周与一般人唯一的不同，只是在他的生命深处仍能保有一份诚敬而已。这本是人人可做到的。

三、宗周的思想发展

要了解宗周思想的发展，我们可以刘汋的两段话作为纲领。刘汋说：

> 先君子学圣人之诚者也。始致力于主敬，中操功于慎独，而晚归本于诚意。诚繇敬入。②

> 先生于阳明之学凡三变：始疑之，中信之，终而辨难不遗余力。③

这两段话中，第二段是言宗周对阳明学说态度的转变。宗周对阳明态

① 有关宗周对生死问题的看法，可参同上，卷八，《生死说》，第 29—30 页；卷六，《证学杂解》《解二十三》，第 11—12 页。

② 同上，卷四十，《年谱下》，第 50 页。黄宗羲也说：“先生（按指宗周）宗旨为慎独。始从主敬入门，中年专用慎独工夫。慎则敬，敬则诚。”见同上，卷三十九，《行状》，第 36 页。

③ 同上，卷四十，《年谱下》，第 24 页。黄宗羲也说：“先生（按指宗周）于新建之学凡三变：始而疑，中而信，终而辨难不遗余力，而新建之旨复显。”见同上，卷三十九，《行状》，第 39—40 页。

度的转变，多少与自身思想的转变有关。这个问题将在第三章作详细的处理，本章暂置不论。现在就让我们先看第一段话。这段话是正面说宗周的思想发展的。

从“始致力于主敬，中操功于慎独，而晚归本于诚意”来看，宗周的思想发展经过三个阶段。但这三变只是渐趋成熟的转变，并不是改头换面，而有所谓前后的不同。在某一意义上，宗周的哲学是颇一贯的，尤其是从慎独到诚意一段。自宗周慎独之说出，其哲学规模已大体具备，诚意说的出现，只是把原有的系统落实到诚意乃至《大学》而已。诚意说也没有取代慎独，只是被提出来赋予与慎独相同的内涵。是以就宗周哲学的整体来说，以慎独一词来涵盖仍是恰当不过。凡此以后都会再提到。这是我们了解宗周思想发展所不可不留意的。

首先，关于宗周“始致力于主敬”，由于宗周早年著述留传不多，[①]所以我们所知有限，但还是有迹可循。我们推断宗周早年主敬，应该始于他26岁拜许孚远为师之时。孚远告以存天理、遏人欲，但宗周亦自谓“入道莫如敬”，[②]可见他致力于主敬，是从这时开始。及后，他在35岁问学于高攀龙，当中仍有提及主敬之功。[③] 大概此时主敬还是宗周关注的主要课题。

据《年谱》，宗周于48岁“有慎独之说”，[④]好像宗周思想至此才进入第二阶段。但我们有理由相信宗周在更早的时候已提到慎独。宗周在36岁时致书陆以建年友五通，其中已说到“圣学要旨摄入在克己，即

---

① 有关宗周早年著作少有留传的原因，刘汋有说明。盖因党祸不测，“先生(按即宗周)悉以平生著述寄友人。其后党禁解，先生不索而友人亦不来归，故丙寅(按即天启六年，宗周49岁)以前笔札无一存者。其间行事之始末，学力之浅深，不可尽考”。见《刘子全书》，卷四十，《年谱上》，第28页。

② 同上，第9页。

③ 同上，第14页。

④ 同上，第25页。

《大》《中》之旨摄入在慎独，……此千古相传心法也”。[①] 这是我们第一次看到宗周在其著述中强调慎独。在同一信中宗周也提到周敦颐(号濂溪，1017—1073)，可见他已注意并推崇濂溪的学说。

宗周在信中以克己、慎独为千古相传心法，却没有提到主敬。这可能表示宗周已渐从强调主敬转移至克己、慎独。但要注意此不表示宗周从此便扬弃主敬之说。事实上，他在临终前仍提到主敬的工夫。[②]

宗周 40 岁时有《论语学案》，[③]其中强调学以求仁，也有提及慎独之处，如说“君子学以慎独，直从声臭外立根基”，[④]对慎独确有相当的肯定。天启五年，宗周 48 岁，讲学于解吟轩。《年谱》载：

> 每会令学者收敛身心，使根柢凝定，为入道之基。尝曰：此心绝无凑泊处。从前是过去，向后是未来；逐外是人分，搜里是鬼窟。四路把截，就其中间不容发处，恰是此心真凑泊处。此处理会得分明，则大本达道，皆从此出。于是有慎独之说焉。[⑤]

我们已看过，宗周其实早已提到慎独的观念。也许直到这时他才公开提倡此说。我们相信，宗周哲学的规模，最迟不过此时，应云大致具备，之后的发展，不过充实、丰富其内容而已。

崇祯五年，宗周 55 岁，谓独之体曰中，独之用曰和，中乃阳之动，和乃阴之静，又谓喜怒哀乐以四德言，不以七情言。[⑥] 这大概是对慎独更

---

① 《刘子全书》，卷十九，《与陆以建年友》，第 1 页。
② 同上，卷十三，《会录》，第 52 页。
③ 《论语学案》，见《刘子全书》，卷二十八至三十一。
④ 同上，第 7 页。
⑤ 同上，卷四十，《年谱上》，第 25 页。
⑥ 同上，第 48 页。

深入的体会和展示。后二年，宗周 57 岁，编撰《圣学宗要》，述宋明几位重要儒者之学，末以慎独总其要。[①] 同年，为回应秦弘祐的《迁改格》而著《人谱》，[②]此书甚能反映宗周慎独哲学的特色。

崇祯八年，宗周 58 岁，以《五子连珠》与其 49 岁编成的《孔孟合璧》及《圣学吃紧三关》合成一编。[③] 由此可知，宗周在这十年间，对成德工夫关键的看法，基本上没有改变。[④]

崇祯九年，宗周 59 岁，时在京师任职。暇有所得，记之名曰"独证编"。[⑤]《年谱》谓他此时"始以《大学》诚意、《中庸》已发未发之说示学者"。[⑥] 实则宗周已发未发之说已早见于他处如《圣学宗要》，是故诚意说方是新出。诚意说标志着宗周的思想进入第三阶段，而成为他晚年思想的主导观念。慎独与诚意于是便成为总结宗周哲学的两个最重要的概念了。

崇祯十一年，宗周 61 岁，欲删定朱子、阳明之书以明学术之同归，遂有《阳明传信录》。朱子则止阅《晚年定论》而罢。[⑦] 我们知道，《朱子晚年定论》乃阳明手编，误以朱子早年未成熟之见为其晚年定论。宗周从之，遂以为朱子与阳明思想正可相通。[⑧]

宗周重要的哲学著作大多成于 65 岁及 66 岁两年。其中有《良知说》，[⑨]代表他对阳明良知教的定评。他是站在诚意说的立场来批评阳

---

① 《刘子全书》，卷五。
② 同上，卷一。
③ 同上，卷三及卷四。
④ 这是根据劳思光的判断。见劳思光：《中国哲学史》(香港：友联出版社有限公司，1980)，第三卷下，第 611 页。
⑤ 《刘子全书》，卷十，《学言上》，第 16—36 页。
⑥ 同上，卷四十，《年谱上》，第 60 页。
⑦ 同上，《年谱下》，第 1—2 页。
⑧ 《刘子全书遗编》，卷十二，《阳明传信录二》，第 14 页。
⑨ 《刘子全书》，卷八，第 24—26 页。

明的良知及四句教的。另外有《存疑杂著》，把他与先儒抵牾之见记录下来，姑存疑案。其意大抵认为“从来学问只有一个工夫，凡分内分外、分动分静、说有说无，劈成两下，总属支离”。[①] 宗周的意见可否成立是另一问题。无论如何，由此可看出，宗周晚年认为自己的学说确与先儒不同。

以上是略述宗周在不同时期的著作及观念，以窥见其思想发展之迹。简言之，宗周 26 岁始致力于主敬，36 岁渐转向于慎独，48 岁慎独说的形态确定，59 岁则倡诚意说。虽说有三期，但从思想的发展来说，实则一贯，是以其晚年有谓“一者诚也，主一敬也，主一即慎独之说，诚由敬入也”，[②]诚即诚意，诚意即慎独，慎独、诚意由敬入，而毕竟以慎独、诚意为主。以下即以此两观念为纲领，表述宗周的哲学。

① 《刘子全书》，卷四十，《年谱下》，第 24 页。
② 同上，卷十二，《学言下》，第 8 页。

第二章

慎独哲学的内容

如果我们研究刘宗周的思想，便会发现，“慎独”这一概念在他的哲学中实占有主导的地位。从现存的文献看来，宗周36岁提出“克己慎独”，以之为“千古相传心法”。[①] 此后，便一直持守着“慎独”之说，成为他哲学中的核心观念，甚至是他整个学说的综括。“慎独”之于刘宗周，就好比“致良知”之于王阳明一样，都是他们学说的宗旨所在。黄宗羲说：“先生之学，以慎独为宗。”[②]诚非虚语。

在本章，我们将探讨宗周慎独哲学的具体内容。但首先要指出的是，一如其他的宋明理学家，宗周在发挥他的学说时，并没有独立地处理“慎独”这一观念，而是把其他观念带进来一并讨论。因此，要彻底地了解“慎独”的含义，便势必牵涉宗周学说中其他的观念不可。我们认为，下列的观念对了解宗周的慎独哲学非常重要：① 主静立人极；② 中与和；③ 理与气；及④ 心与性。以下将逐一讨论它们。另外，宗周的“诚意”也是一关键性的观念，但由于牵涉的问题较多，所以留待下一章再作详细的探讨。

---

① 《刘子全书》，卷十九，《与陆以建年友一》，第1页。
② 黄宗羲：《明儒学案》，卷六十二，《蕺山学案》，第675页。

一、慎独

“慎独”一词源于《大学》与《中庸》。《大学》有云：

> 所谓诚其意者，毋自欺也。如恶恶臭，如好好色，此之谓自谦，故君子必慎其独也。小人闲居为不善，无所不至，见君子而后厌然，揜其不善，而著其善。人之视己，如见其肺肝然，则何益矣。此谓诚于中，形于外，故君子必慎其独也。①

此处“慎其独”正是“慎独”一词之所本。乍看之下，“慎独”的意思是谨慎于独处之时。为何须谨慎于独处之时？因为一般人在众目睽睽之下，畏于别人呵责，总会自我警惕，不致犯错。但在独处无人之时，便很容易放纵自己的想念和行为了。是以在道德修养的过程中，学者于独处之际最要留神，否则将流于恶而不自知，这便是所谓的“慎独”。如此解释当然不差，②但细体文意，独字如解作独知似乎更好。朱子即说：“独者，人所不知而己所独知之地也。”③此则更为警策。盖独处只在闲居，言独知则遍一切时、处，而且直指吾人意识幽微之地。如果于己所独知之地不加谨慎，则邪思妄想萌生而不知，便成自欺，且诚于中必形于外，“人之视己如见其肺肝”，又何益哉？是故慎独于道德修养至为紧要。

此外，“慎独”一观念亦见于《中庸》，意义亦相近。《中庸》说：

---

① 朱熹：《四书集注》(香港：大中图书公司，出版年不详)，《大学》，第6—7页。

② 如陈荣捷便以“watchful over oneself when alone”译“慎独”，正是谨慎于独处之时之意。见 Wing-tsit Chan：*A Source Book in Chinese Philosophy* (Princeton：Princeton University Press，1963)，pp.89－90。

③ 朱熹：《四书集注》《大学》，第6页。

> 天命之谓性，率性之谓道，修道之谓教。道也者，不可须臾离也，可离非道也。是故君子戒慎乎其所不睹，恐惧乎其所不闻，莫见乎隐，莫显乎微，故君子慎其独也。①

这里“谨慎于己所独知之地”的意义更为显著。君子必须戒慎于不可睹闻的内心隐微之处，若稍有不慎，让人欲萌生，潜滋暗长，则天命贯不下来，性体不能呈现，于是便离道日远。道不可须臾离，离了道，人之所以为人的价值便会失去。在此，《中庸》的作者把“慎独”与最终极的道拉上了关系。唯有通过慎独的工夫才可保证道的呈现。

我们相信这两段话，尤其是《中庸》的一段，对宗周影响甚大。宗周正是本此两段而言从心言慎独及从性言慎独两路，而提出心宗、性宗的说法。从下文可知，这种提法正反映了他整个心学的系统。

无论如何，宗周从《大学》及《中庸》提出慎独而赋予极重要的意义。他说：

> 慎独是学问第一义。言慎独，而身、心、意、知、家、国、天下一齐俱到。故在《大学》为格物下手处，在《中庸》为上达天德统宗，彻上彻下之道也。②

以慎独为“学问第一义”，为“彻上彻下之道”，似乎是表示，无论是上根或中、下根的人，在他们道德修养的终始过程中，慎独的工夫都是必要的。就“谨慎于己所独知之地”的意义而言，宗周的说法是很合理的。因为对自身的想念行为作深刻的反省本来就是一切道德修养的基础。

---

① 朱熹：《四书集注》《中庸》，第112页。
② 《刘子全书》，卷十，《学言上》，第31页。

不但是基础，而且是时刻需要的工夫。所以宗周说："圣学之要，只在慎独。"[①]又说："孔门说个慎独，于学人下手处，已是千了百当。"[②]

然而，从宗周看来，慎独除了是道德修养的必要工夫外，还具有更深层的意涵。尽管这意涵可能已溢出《大学》与《中庸》的原意，宗周大概仍觉得他的诠释与经典并无不符。他说："言慎独，而身、心、意、知、家、国、天下一齐俱到。"意即一旦做到慎独，则《大学》所谓的致知、诚意、正心、修身、齐家、治国及平天下亦一齐做到了。这个意思可以从下面一段看得更清楚：

> 夫道，一而已矣。学亦一而已矣。《大学》之道，慎独而已矣。《中庸》之道，慎独而已矣。《论》《孟》六经之道，慎独而已矣。慎独而天下之能事毕矣。[③]

宗周又说："学问吃紧工夫，全在慎独。人能慎独，便为天地间完人。"[④]如是，慎独固可成圣，亦可以成就天下一切之事。然则儒家整个内圣外王之事业都在慎独中完成。慎独不但是成己成物的必要条件，而且是充足条件。如此看慎独，慎独便自然具有一种形而上的向度，所谓"为上达天德统宗"是也。因此，宗周说：

> 学者大要只是慎独，慎独即是致中和，致中和则天地位，万物育。此是仁者以天地万物为一体实落处，不是悬空识想也。[⑤]

---

① 《刘子全书》，卷十，《学言上》，第1页。
② 同上，卷十九，《书上》《答履思六》，第12页。
③ 同上，卷二十五，《杂著》《读大学》，第1页。
④ 《刘子全书遗编》，卷一，《证人社语录》，第15页。
⑤ 《刘子全书》，卷十九，《书上》《答履思五》，第10页。

宗周以慎独即《中庸》的"致中和"，其意似乎是指人能慎独，心中无一毫人欲之私，则天理呈现，体证自身与天地万物为一，如此则天地位、万物育。这样理解慎独，当然没有违背《中庸》的原意；而把慎独等同致中和，《中庸》没有明文，但未始不为《中庸》所意许。如果宗周对慎独的解释仅止于此，则作为他学说宗旨的慎独，便只能是《中庸》原义的发挥。但宗周的确不止于此，他进一步提出了"独"即是"天"的说法。[①] 在这个意义上，他越过了（但非违背）《大学》与《中庸》言慎独的藩篱，而把"独"字赋予一终极的意义。"独"在经典中本来是独处或独知的意思，现在却转成了形而上的天或天理。相应地言之，慎独的"慎"本来是戒慎于独知时之想念、念虑，是整个慎独工夫的重点、落实之处，现在却转成了谨慎地保任、存养在吾人生命中呈现之天理，天理既呈现，慎之工夫不涉安排，于是慎字便成虚义，慎独的重点便转而落在作为天理的独之上。

由此可见，宗周深刻地转化了《大学》《中庸》言慎独的意义。本来是独处或己所独知之独，在宗周的哲学中便成了一形而上的实体。宗周甚至称之为"独体"。在以下的章节中，就让我们通过其他重要观念的讨论，次第展开此独体的含义吧。

二、主静立人极

（一）主静与立人极

慎独很容易令人联想到"静"。在从事慎独的工夫时，我们首先回到内在的自我，对自身的想念行为作彻底深刻的反省；如是，我们进入

---

① 《刘子全书》，卷十三，《会录》，第 28 页。

了静定的状态。

在日常生活里，吾人为外物所诱，心思外驰，是故从事道德修养，每每需要退处于世事纷纭之外，在静中反省自己的思想行为，检讨自己的功过得失，从而调整生命的方向。这当然只是反省的初步。更深入的反省当是觉知自己的念虑，甚至是最微细的想念，亦不可草草放过。待工夫纯熟，对内心一切念虑都能自作主宰，方得还我自由，此时的我才是真我，才能见到人生乃至宇宙之真实。此时的内心实充满着通于天地万物的安谧与和谐。凡此等境，皆须在精神之"深根宁极"中证入始得。

宗周对此有深刻的体会，所以提出"主静"，成为他学说中一个重要的观念。其实，"主静"首倡于周濂溪。濂溪在其《太极图说》中已有"主静立人极"之说。他说："……圣人定之以中正仁义而主静（自注云：无欲故静），立人极焉。"[①]宗周对"主静""立人极"这两个观念非常重视。他说：

> 圣学之要，只在慎独。独者，静之神，动之机也。动而无妄曰静，慎之至也。是谓主静立极。[②]

此处"立极"即是"立人极"。宗周认为"周子之学，尽于《太极图说》。其《通书》一篇，大抵发明'主静立极'之意……"，[③]"主静立极"一语亦常见于宗周的著述，[④]可见他对周濂溪这对观念十分推崇。依濂溪，"立

① 周敦颐：《周子全书》（台北：广学社印书馆，1975），卷二，第23页。
② 《刘子全书》，卷十，《学言上》，第1页。
③ 同上，卷三，《五子连珠》，第16页。
④ 同上，卷十，第4、12、15、31页。

人极”犹建立人道之极致，以人参赞天地之化育；也就是说，人通过成德以参与天地宇宙创生不已之流行，这便是人道之极致。所以濂溪在言“立人极”之后即引《中庸》而说“圣人与天地合其德，日月合其明，四时合其序，鬼神合其吉凶”。[①] 此“立人极”之义为宗周所服膺而不失，因为宗周学说最关心的便是如何证成人之所以为人之义，这里面不但包括人在道德界的地位，更涉及人在存在界所扮演的角色，其实义正就是“立人极”。[②] 今问如何方可“立人极”？依宗周，答案当然在慎独。但顺着濂溪之意，言“主静”亦未尝不可。宗周即纳“主静”于其学说中而常言之。从上面一段引文已可知，在宗周的思想里，慎独与主静实有着密切的关系。

关于“主静”之工夫，宗周有一段话可作为说明：

> 本领之说，大略不离天命之性。学者须从暗然处做工夫起，便是入手一著。从此浸假而上，并伦类声尘，俱无托足，方与天体相当。此之谓无欲故静。静中浩浩其天，自有一团生意不容已处，即仁体也。[③]

此段可用来说慎独，亦可说主静。就主静之工夫言，关键在从吾人内心“暗然处”，亦即是隐微之处入手。盖吾人内心深处的微细想念，常不易为人所觉察，即使是自己，亦察之不易。修养工夫正是要从此隐微之处做起，开始时极感困难，及至精诚所到，本心抬头作主，则一切人欲之私念，即使细如纤尘，亦无所遁形。此时才觉即化，海晏河清，天理自然呈

① 《周子全书》，卷二，第23页。
② 宗周“立人极”之意与濂溪大抵相同，其实亦有别。见下第五章。
③ 《刘子全书》，卷十九，《书上》《答叶润山民部》，第19页。

现，内心自有一团生意，有不容已者。这便是仁体，也就是吾心之本体了。像这种工夫，总要在极深的、静定的状态中才可奏效，才可觅得本体。沿着这一条线索推论，我们很容易会想到宗周的“主静”是意味着静坐的工夫，也就是“静复以见体”的工夫。事实上，宗周的确教人静坐，[1]我们确可说“静复以见体”之义实蕴含于宗周的“主静”之中。不过这决不是“主静”的究竟义。以此来定位宗周的“主静”，似乎尚隔几重公案。

（二）静与敬

虽然静坐工夫是入道的一个极重要的方面，但不是每位宋明儒者皆好静坐的。如王阳明曾教人静坐，久之，学者即有喜静厌动之弊，阳明遂放弃此教法。[2] 程伊川（1033—1107）见人静坐，便叹其善学，但他本人为学的宗旨却是“涵养须用敬，进学则在致知”。[3] 朱子继承伊川的宗旨，强调持敬。他也是半日静坐，半日读书的，但在他心目中，静坐的重要性总不如敬。如他说：

> 伊川亦有时教人静坐，然孔、孟以上，却无此说。要须从上推寻，见得静坐与观理两不相妨，乃为的当尔。[4]

朱子并不反对静坐，只是认为更须往上一着，与观理配合，方为得当。相反地，他对于敬却推崇备至：“敬字工夫，乃圣门第一义，彻头彻尾，不

---

① 如宗周《人谱》中的“讼过法”即是一种静坐法。见《刘子全书》，卷一，第 12 页。
② 王阳明：《王阳明全集》（台北：河洛图书出版社，1978），《刻文录序说》，第 7 页。
③ 程颢、程颐：《二程集》，上册，第 188 页。
④ 朱熹：《朱熹集》（成都：四川教育出版社，1996），卷五五，《答潘谦之》，第 2755 页。

可顷刻间断。”[①]然则敬与静坐有何不同？是什么使得持敬的工夫较为优越？朱子说：“敬只是此心自做主宰处。”[②]又说：

> 敬非是块然兀坐，耳无所闻，目无所见，心无所思，而后谓之敬。只是有所畏谨，不敢放纵，如此则身心收敛，如有所畏。常常如此，气象自别，存得此心，乃可以为学。[③]

如果我们了解伊川、朱子的系统，便会知道“敬”并不止于一般意义的尊敬或敬谨，而是具有一种超越的企向，是要在身心收敛凝聚中体验超越的天理。这样的敬当然不是块然兀坐、不见不闻、不思不想，但从上文已知，主静也同样不是这个意思。借用朱子的话，它是与观理两不相妨的。如此则为何伊川、朱子仍强调持敬而不强调主静？个中原因，恐怕还是在于主静容易流于喜静厌动之流弊。盖人在日常活动中为形所役，自心把持不住，作不得主，于是很多时便需要与现实世界暂时隔离，回到内心的宁静中去体验天理，这便是一般所谓退修、避静或闭关的真正意义，也就是主静工夫所含的意义。但天理在吾人生命中是要时时呈现的，不仅静时呈现，也要动时呈现。主静只能保证前者，一旦落实到日常生活的应对进退的活动，尽管静时操存得好，但在万事万变中，亦鲜有不迷失自己者。是故主静的问题在于：客观地言之，不能保证天理在动时呈现；主观地言之，因欠缺动时一段工夫，学者遂容易产生喜静厌动的毛病。

然则，如何在动时，也就是在应事接物之际保有天理的呈现？依宋

---

① 黎靖德编：《朱子语类》（台北：文津出版社，1986），卷十二，第210页。
② 同上。
③ 同上，卷十二，第211页。

明儒，尤其是伊川、朱子，答案即在持敬。就是说，吾人在应事接物之际，常要保持一敬慎甚至敬畏的态度。如上文所言，这不是一般的尊重或敬畏，而是即事物之来而就心之收敛凝聚、主一无适以印合此事物之自身，而见天理的一种敬。此种就心之收敛凝聚、主一无适而言的敬，固可在动时、应事接物时用，亦可在静时、未接物之时用。伊川、朱子言"涵养须用敬，进学则在致知"，前句谓静时涵养，固须用敬，即在动时进学以致知，亦须以敬为其基础，所谓"敬贯动静"是也。这样看来，主敬似乎较主静更为无病。于是，宗周强调主静，便好像是偏于静的一边，不能像主敬一般，可以在动静之间取得平衡了。

然而，说宗周思想偏于静似乎与他作为积极入世的儒者的身份不符。事实上，他的儿子刘汋在总结父亲为学的阶段时曾说：

> 先君子学圣人之诚者也。始致力于主敬，中操功于慎独，而晚归本于诚意。①

可知宗周早年已知主敬之重要，而主敬与慎独、诚意只是重点或成熟程度的不同，彼此不必有本质的差异。我们在上一章也提到，宗周早年以敬为入道之门，临终时仍谈及主敬，可见他一直以来都重视主敬的工夫。试看他说：

> ……惟有一敬焉，为操存之法。随处流行，随处静定，无有动静、显微、前后、巨细之歧，是千圣相传心法也。……大抵圣学惟敬，自小更无破绽。学者由洒扫应对而入，至于无众寡，无小贯大，

---

①《刘子全书》，卷四十，《年谱下》，第 50 页。

只是一个工夫……①

同样地，宗周以敬无间于动静，“只是一个工夫”，而且是“千圣相传心法”。

这样我们便需要解决“主敬”与“主静”这对概念在宗周思想中的关系的问题。宗周既已知主敬，为何仍强调主静，且对之推崇备至？我们认为“主静立极”毕竟在宗周思想中占有重要的地位，其关键在宗周言主静时，已转化了静字的含义。他说：“主静，敬也。若言主敬，便赘此主字。”②又说：“一者，诚也；主一，敬也。主一即慎独之说，诚由敬入也。”③从这两句我们可看出，“主一”即是主静，也就是敬，也就是慎独之说。原来在宗周心目中，主静与敬其实没有什么不同。宗周之学，以慎独为宗，则主静与敬，也同样是他学问的宗旨所在。但在宗周的著述中，明显地强调主静多于言敬，个中理由，可以从下面一段话得到解释。他说：

伊洛拈出敬字，本《中庸》戒慎恐惧来。然敬字只是死工夫，不若《中庸》说得有着落。以戒慎属不睹，以恐惧属不闻，总只为这些子讨消息，胸中实无个敬字也。故主静立极之说，最为无弊。④

虽然主静其实就是敬，但“言主敬，便赘此主字”。这即是说，若言主敬，

① 《刘子全书》，卷十，《学言上》，第13—14页。
② 同上，卷十二，《学言下》，第2页。
③ 同上，第8页。
④ 同上，卷十，《学言上》，第31页。

便好像有一个敬为我所主,如此敬便成为客观的,敬的工夫便容易流于孟子所批评的义外的工夫了。即使是单提敬字,恐仍不够着实,亦容易流于只是后天空头的涵养,反不若主静所表示的,从戒慎恐惧所见得的那不睹不闻之体上来得有着落。所谓"有着落",已暗示独体的参与,已不完全是经验的意识之流了。

(三)静存与动察

依宗周,主静即是敬,而较敬字为佳。这样正表示他心中的静字已溢出一般静字意义的范围;主静亦不是只偏于静一边,而是涵括动而言的一种自足的道德修养工夫:

> 问:慎独专属之静存,则动时功夫果全无用否?曰:如树木有根,方有枝叶,栽培灌溉工夫,都在根上用,枝叶上如何著得一毫?如静存不得力,才喜才怒时便会走作,此时如何用工夫?苟能一如其未发之体而发,此时一毫私意著不得,又如何用工夫?若走作后便觉得,便与他痛改,此时喜怒已过了,仍是静存工夫也。①

在日常生活中,吾人存在的境况千差万变,但总之不外动静两途,或在静而独处之时,或在动而应事接物之际。依宋明儒,学者无论在动时静时皆须从事道德实践或修养,而就或动或静之不同的存在状况,亦可有不同的修养工夫与之相应。

在伊川、朱子的系统中,"涵养须用敬,进学则在致知"正是分属动

① 《刘子全书》,卷十,《学言上》,第11页。

静的两重工夫。虽说“敬贯动静”，但敬毕竟只是进学在致知的基础，两句的确是重点不同，各有专属。如是，则两句其实就是“静而存养”（静存）与“动而省察”（动察）的引申。“涵养须用敬”即是静存，“进学则在致知”即是由动察进一步发展而成之义。

然而，尽管宗周称赞伊川、朱子这两句为学宗旨，但从上面一段引文看来，他其实并不同意静存动察双行的工夫。[①] 他认为静存工夫就好比在树木之根上栽培灌溉，而动察的工夫则好比在枝叶上栽培一样。前者乃根本而重要，后者则不必而无用。为何如此？盖静而存养是存养个本体。若静存的工夫得力，本体呈现，此时一毫私意皆著不得，又何须省察的工夫？若静存的工夫不得力，本体得不到存养，此时动念即歪，一切情欲想念皆已走作，不能合于天理之正，在此念念走作的情况之下，试问又如何可能用省察的工夫？若已觉知自己念头走作而欲改正之，便必须回到念头的根源之地，从事涵养，这仍然是属于静存的工夫也。是以无论静存得力不得力，在任何时候，都只有静存的工夫，并不是在静存之外，更有动察。宗周即在回答弟子的一封信上说：“动而省察之说可废！”[②]

因此，黄宗羲即以“静存之外无动察”为宗周哲学的一个特色。[③] 表面看来，我们很容易会想到，宗周主张静存，是从根本上取消了动察之说。但细看之下，其实不然。宗周在别处即说存养与省察须

---

① 宗周说：“惟程子‘涵养须用敬，进学则在致知’二语，庶几其无弊与！”但这赞语是在把存养与省察理解为“一时并致，交养互省，有勿忘勿助之妙，更何先后工夫之可分”的背景下而说。在同一段中，宗周仍说：“或言无事时存养，有事时省察，未免落于偏指。”通观伊川、朱子，尤其是朱子的系统，其工夫论正是主张“无事时存养，有事时省察”者。宗周这番话见《刘子全书》，卷十一，《学言中》，第2页。关于宗周之言存养与省察，下文续有解释。

②《刘子全书》，卷十九，《书上》《答叶润山四》，第51页。

③ 同上，卷三十九，《行状》，第36页。

“一时并致，交养互省，有勿忘勿助之妙，更何先后工夫之可分”。[1] 又说“省察二字，正存养中吃紧工夫”，[2]乃至说“省察是存养之精明处”。[3] 即使说“动而省察之说可废”，以下紧接着便说：

> 今非敢谓学问真可废省察，正为省察只是存养中最得力处。不省不察，安得所为尝惺惺者？存又存个甚？养又养个甚？今专以存养属之静一边，安得不流而为禅？又以省察属之动一边，安得不流而为伪？不特此也，又于二者之间，方动未动之际，求其所为几者而谨之，安得不流而为杂？[4]

凡此所言，都是要说明，静存与动察实不能分别而为动静两时之工夫。它们是一工夫，或者说，是同一工夫之两面。顺着黄宗羲“静存之外无动察”的形容，我们可以说，在宗周，动察的工夫已被蕴含或吸纳于静存之中了。

但这里仍有一问题可问，即：以动察蕴含于静存，毕竟如何可能？换句话说，省察与存养如何可以共冶一炉？而动与静又如何可以连在一起？关于前一问题，下面一段话正好帮助我们了解。宗周说：

> 省察二字，正存养中吃紧工夫。如一念动于欲，便就欲处体，体得委是欲，欲不可纵，立与消融，犹觉消融不去，仍作如是观，终与消融而后已。一念动于忿，便就忿处体，体得委是忿，忿不可逞，

---

① 《刘子全书》，卷十一，《学言中》，第 2 页。
② 同上，第 22 页。
③ 同上，卷十三，《会录》，第 28 页。
④ 同上，卷十九，《书上》《答润山四》，第 51 页。

> 立与消融，犹觉消融不去，仍作如是观，终与消融而后已。是勿忘勿助中最得力处。①

这便是纳省察于存养，即存养即省察的具体说明。盖存养即存养吾人本心之体，省察即省察吾人的想念行为。“如一念动于欲，便就欲处体”，意谓才一念动于欲，即就此欲念之动处而体知此欲，这即是能充分地省察此欲念的存在。能充分地省察欲念的存在，同时即表示存养本体的工夫得力，盖本体贞定，才可能察知欲念。本体既呈现，欲念便立与消融。窒欲如是，惩忿如是，对治其他一切念虑亦莫不如是。须知能省察念虑以消融之，唯有在本体得以存养下始可能；而存养本体，同时也就在省察念虑，不使走作。所以说省察是“存养中吃紧工夫”。存养与省察，实只是一工夫，而宗周以存养来概括。

关于第二个问题，即静如何可关联到动的问题，我们可知，宗周所谓静存的静即主静的静。主静即敬，而敬无间于动静。于是，主静、静存的静便不再与一般意义的动相对，而是超越了动静，同时亦涵盖了动与静。

（四）主静的静与动静的静

如果静是超越了动的静，我们便应该把它与相对于动的静区分开来。明显地，宗周哲学中的静字含有两重意义：一是在一般意义下与动相对而言的静；一是在绝对的意义下静而无静、动静一如的静。

当我们以静字来形容吾人生命的非活动的状态时，静便是一般所谓静止、静而非动之意。但宗周的主静、静存的静，却具有超越的含义。

---

①《刘子全书》，卷十一，《学言中》，第22页。

具体地说，它意谓一种超越的、深刻的宁静，此宁静渗透于吾人生命的一切活动与非活动之中。这个意义下的静在宗周的“静坐说”里清楚地被反映出来：

> 人生终日扰扰也。一著归根复命处，乃在向晦时，即天地万物不外此理。于此可悟学问宗旨，只是主静也。此处工夫，最难下手，姑为学者设方便法，且教之静坐。日用之间，除应事接物外，苟有余刻，且静坐。坐间本无一切事，即以无事付之。既无一切事，亦无一切心，无心之心，正是本心。瞥起则放下，沾滞则扫除，只与之常惺惺可也。此时伎俩，不合眼、不掩耳、不趺跏、不数息、不参话头。只在寻常日用中，有时倦则起，有时感则应，行住坐卧，都作坐观，食息起居，都作静会。①

从这里我们可看到宗周如何转化静字的意义。首先他提倡静坐，盖在静中学者可暂时免除世俗事务的干扰，较易回到“向晦”之时，归根复命，体验天理。当坐至觉知本无一切事、亦无一切心之本心呈现的状态时，便须把此本心呈现之常惺惺之境延伸至动而应事接物之际，方为究竟。如果只是静时常惺惺，动时则否，则本心天理贯不下来，便容易流于喜静厌动，甚至沉空滞寂的流弊。我们注意“行住坐卧，都作坐观，食息起居，都作静会”，此处静坐已一转而为包括其他一切日用寻常的活动。如是，静便不再与动相对而被赋予一超越动与静的含义了。

依宗周，静字可以是指经验意义下与动相对的静，也可以指超越意

---

①《刘子全书》，卷八，《说》，第 14 页。

义下涵盖动静的静，而后者才是主静一词之意，也才是他言静的重点。如此区分可帮助我们厘清在整理宗周思想时所遇到的观念混淆的问题。在宗周的《年谱》中，刘汋有一段话描述其父亲说：

> 按是时，[①]先生用慎独工夫。独体只是个微字，慎独之功，只于微处下一著子，故专从静中讨消息。久之，始悟独说不得个静字。[②]

刘汋的按语很容易令读者以为宗周晚年放弃了主静之说，尤其是当我们发现宗周晚年确有类似的说法。宗周60岁时曾写信给学生说：

> 昨言学当求之于静，其说终谬。道无分于动静，心无分于动静，则学亦无分于动静可知。[③]

《年谱》载宗周62岁时有学生张二无请正：

> 先生叩所学，二无以静对，先生曰：心无分于动静，故学亦无分于动静。若专求之于静，便有喜静恶动之病，凡九容、九思、应事、接物，未免多疏略处，非古人体用一源之学也。[④]

据上所言，道即是心，而此本心之体是超越动静的。因此，求得此本心

---

① 时宗周55岁。

② 《刘子全书》，卷四十，《年谱上》，第48页。

③ 同上，卷十九，《书上》《示金鲍二生》，第25页。

④ 同上，卷四十，《年谱下》，第4页。此条亦见卷十三，《会录》，第31页。宗周类同的意见亦可见于卷十一，《学言中》，第6页；卷十二，《学言下》，第19页；卷十三，《会录》，第34页。

之体之学亦必然是属于超越层上的工夫，在此无所谓动静的相对待，而此学当然就是主静。宗周反对求之于静的静，是动静相对的静，而非主静的静。是以面对上引刘汋及宗周之言，我们最多只能说，宗周在其晚年大概已不十分强调静坐的工夫，至少不像他早年那么强调，因为他发现学者易流于喜静恶动之病。① 但这绝不表示他放弃主静；"主静立人极"一语来自濂溪，实为宗周毕生所信守而不失者。所以，当有人问：

> 周子既以太极之动静生阴阳，而至于圣人立极处，偏著一静字，何也？曰：循理为静，非动静对待之静。②

宗周在此区分两种静非常明显。"循理为静"的静就是主静的静。"理"即是天理，所以循天理就是主静，其实也就是慎独之说：

> 问：未发气象从何处看入？曰：从发处看入。问：如何用功夫？曰：其要只在慎独。问：兼动静否？曰：功夫只在静，故云主静立人极，非偏言之也。问：然则何以从发处看入？曰：动中求静，是真静之体；静中求动，是真动之用。体用一源，动静无端，心体本是如此。③

这段话说明慎独的工夫只在主静，而主静非偏于一边而与动对。在主静的状态中，静不离动，动不离静，"体用一源，动静无端"，实已无动静

---

① 我们有理由相信宗周即使在晚年也没有完全放弃静坐的教法。如《人谱》虽作于宗周 57 岁，但他一直修订这部著作直至临终前两个月才作罢，其中仍保留静坐一法。

② 《刘子全书》，卷十，《学言上》，第 34 页。

③ 同上，第 12 页。

之可分。这个意义下的静，已不是一个时位，它已被提升而与本心之体的内容相当，宗周即称之为“真静之体”。在此绝对的静体之下，一切主客、动静的对待均消融不见。这当然不是离开了动静，而是在日用寻常的动静中存养此真静之体，在动静中见到那不动的真际。

至此，主静这一观念的含义已甚明白。但还有一问题，就是主静之境既已超越了动静，说它是静，其实是静而无静、静而动的；说它是动，其实是动而无动、动而静的，言主静只是就静而无静而说其为静，然则是否可以就动而无动而说其为动，而有“主动”之说？换言之，此超越之境为何只可以方便地以静字去形容，而不可以方便地以动字去形容？如果把动字规定为动而无动之动，是一超越意义的动，是否就可成立“主动”之说？关于此一问题，宗周的答案似乎是不可以。首先，对于以静字来形容此超越之境只是一方便，宗周是十分清楚的。他说：

> 周子主静之静，与动静之静迥然不同。盖动静生阴阳，两者缺一不得，若于其中偏处一焉，则将何以为生生化化之本乎？然则何以又下个静字？曰：只为主宰处著不得注脚，只得就流行处讨消息，亦以见动静只是一理，而阴阳太极只是一事也。①

所谓“主宰处著不得注脚”，是指作为主宰的那个本心之体是超越一切相的，本不可以任何相如动相静相去形容。在不得不形容的情况之下，只得就天理流行的有相之处拈一静字以形容之。言静便容易落于有静相，而与动相有别。但其实“动静只是一理”，要在此前提下言静，才不致有所偏。是宗周已知言静只是“就流行处讨消息”而已。然而，既然

---

①《刘子全书》，卷十，《学言上》，第16页。

只能就流行之有相处讨消息，而动静又只是一理，则为何只下个静字不可以动字形容那生生化化之本？于此，我们也许可从下面一段得到解答：

> 主静之说，大要主于循理。然昔贤云：道德言动，皆翕聚为主，发散是不得已事，天地万物皆然。则亦意有专属，正如黄叶止儿啼，是方便法也。①

主静是一方便说，前段已明。此处更引昔贤说人的道德言动，乃至天地万物，"皆翕聚为主，发散是不得已事"。翕聚是静，发散是动，所以便应该以静为主了。宗周又说：

> 动中有静，静中有动者，天理之所以妙合而无间也。静以宰动，动复归静者，人心之所以有主而常一也。故天理无动无静，而人心惟以静为主。以静为主，则时静而静，时动而动，即静即动，无静无动，君子尽性至命之极则也。②

依宗周，天理妙合无间，动中有静，静中有动，而实无动静之可分。天理呈现于吾人生命中，即是吾人本心之体。本心之体本来也是无动无静的，但吾人生活于现象世界中，面对世情之千变万化，便容易逐相而迷，放失本心。此时便须时时警觉，常存本体而勿失。警觉常存，也就是存养省察，在即存养即省察中，本来也没有动静之可言。这里姑就省察一面而下一动字，似亦未尝不可。但省察是察知动念，而动念有欲有忿，

---

① 《刘子全书》，卷十，《学言上》，第 32 页。
② 同上，第 14 页。

种种不同。顺着杂多不同之动念而用省察的工夫，便较不容易使人有统一凝聚之感，反不若从存养一面而言静来得更实在、有个纲领可寻。虽说静而无静，静即动，动而无动，动即静，但就人生实存的状况来说，毕竟言静较有持循。所以宗周说"静以宰动，动复归静"，一皆以静为动之根本。我们要注意此处之动静已不是经验层上之动静，而是超越的静而无静的静、动而无动的动，在超越的动静一如之中，毕竟仍是以即动之静为本。因此，宗周主静，静存之外无动察，遂使本心有主而常一。在此主静之一心湛然之中，本心顺时之动静而为动静，实则即动即静、无动无静，这便是君子尽性至命之极则，也就是慎独的境界了。

三、未发之中与已发之和

（一）"中""独"与"静"

从上一节我们可以知道，宗周慎独一观念可通过主静来了解。在某一意义上，慎独与主静的含义是完全相通的。它们均标志着人极的建立。作为道德实践的工夫，它们即是主敬而又没有主敬易生的毛病。作为修养的境界，它们已超越了经验意义下动静相对的时位。而更重要的是，吾人借此修养境界而呈现一超越的本心之体，宗周即称之为独体或静体。①

现在，我们可进一步借"中"与"和"这对观念来发掘慎独更深层的意涵。"中""和"这对观念最早见于《中庸》：

---

① "静体"一词来自"真静之体"，见《刘子全书》，卷十，《学言上》，第12页。这个词语在宗周的著述中似乎只出现过一次，但这并不妨碍"静"可作为"真静之体"或"静体"之义。

> 喜怒哀乐之未发，谓之中；发而中节，谓之和。中也者，天下之大本也；和也者，天下之达道也。致中和，天地位焉，万物育焉。[①]

在宋明儒学里，中和问题是一个常被讨论的热门话题，而说法不一。依宗周，中与和，尤其是中的观念，是与慎独密切相关的。他说：

> 喜怒哀乐之未发谓之中，先儒教人看此气象，正要人在慎独上做工夫，非想像恍惚而已。[②]

宗周认为，看此未发之中其实就是慎独。我们不难发现，此未发之中之气象即等于独体的气象，也就是静体的气象。[③] 看此未发之中的工夫其实就是慎独及主静的工夫。独与静既是超越的实体而可称为独体与静体，中亦然：

> 《中庸》是有源头学问，说本体，先说个天命之性，识得天命之性，则率性之道、修道之教在其中；说工夫只说个慎独，独即中体，识得慎独，则发皆中节，天地万物在其中矣。[④]
>
> 问：中便是独体否？曰：然。一独耳，指其体谓之中，指其用谓之和。[⑤]

---

① 朱熹：《四书集注》《中庸》，第 2 页。

② 《刘宗周全集》，卷十，《学言上》，第 10 页。

③ 关于未发之中的气象与主静的关系，前面已有引文云："问：未发气象从何处看入？曰：从发处看入。如何用功夫？曰：其要只在慎独。兼动静否？曰：功夫只在静，故云主静立人极，非偏言之也。"可为明证，见《刘子全书》，卷十，《学言上》，第 12 页。

④ 同上，第 19 页。

⑤ 同上，第 30 页。

中体莹然，何劳摹索，才摹索便不是，知此便知未发之中。①

由此可见，宗周亦以中为超越的实体而称之为中体。最后一段说，此中体是不能被摹索的，才摹索便已不是中体了。这当然不是意谓中体是现成的，不需要任何体证的工夫。宗周的意思只是说，当吾人企图求得此体以依循之，吾人即以之为一对象，而为吾人所求。就在这种求与被求的主客对立的关系中，中体即消失不见。唯有在打破主客二元的格局之下，中体才得以呈现。

（二）中、和之关系

以中言独，正好显示独体另一层重要的意义。在《中庸》，中字被解释为“喜怒哀乐之未发”。但《中庸》亦说“中者天下之大本”，又说“致中和，天地位焉，万物育焉”。从这个意义看，作为独体的中体，便不单只具有超越的意义，它更是道，是天，是负责天地万物存在的最终极的存有。在宗周思想里的中字，大抵是继承《中庸》这层原意的。

如是，中体除了是喜怒哀乐之未发外，更是终极的存有，则作为中体之用的和便应该是指发而中节，乃至是得到位育的天地万物了。在进一步探究和这个观念之前，我们有必要了解宗周思想内中与和的关系。

首先，毫无疑问的，中与和实具有一体用的关系。在上节的一段引文中，宗周承认中即独体，而又谓“一独耳，指其体谓之中，指其用谓之和”。② 中即独，而独之用是和，当然中之用也就是和。作为中的体是

① 《刘子全书》，卷十三，《会录》，第 17 页。
② 同上，第 30 页。

喜怒哀乐之未发(简称未发),作为和的用是发而中节(或称已发)。喜怒哀乐之情之发而中节正就是独体、中体或本心之体的作用。本心之体无形无相,而借着有形有相的情之发之作用呈现其自身。如果把这种体用关系推到极致,则中体便成终极的存有、形而上的实体,和之用便是得其位、得所育的天地万物。所以宗周说:“独即中体,识得慎独,则发皆中节,天地万物在其中矣。”①

然而,在另一处宗周则以太极与阴阳说中和。他说:

> 无极而太极,独之体也。动而生阳,即喜怒哀乐未发谓之中。静而生阴,即发而皆中节谓之和。②

宗周对濂溪非常推崇,此处便是他对濂溪《太极图说》言及太极阴阳的理解。濂溪的原意且不论。我们单看宗周的解释,便会发现他的看法似乎颇有问题。通常无极与太极都是意谓一终极的形而上的实体,此实体无形,借阴阳以显现,是以阴阳即太极之用。太极是体,阴阳是用,这应当是许多宋明儒者的共识。宗周以独体释太极,此不成问题,但他以未发之中说阳,已发之和说阴,以中和说阴阳,便有问题。盖如此则中便属于阳之用,而与宗周中即独体即太极之说相矛盾。像这种说法不只见于一处,如他说:

> 独体不息之中,而一元常运,喜怒哀乐四气周流,存此之谓中,发此之谓和,阴阳之象也。③

---

① 《刘子全书》,卷十,《学言上》,第19页。
② 同上,第29页。
③ 同上,卷二,《易衍》,第13页。

此则以阴阳说中和，与前面以中和说阴阳一致。然则我们该如何解释这种矛盾，即中一方面是用（阳之用），另一方面又同时是体（独之本体）？是宗周对中和的理解曾经历一转变乎？抑或是传抄之误乎？抑或是反映宗周思想内部不自觉的矛盾？我们认为，以上三种解释都不是。这种表面的不一致其实可以从宗周理解中和关系的另一向度得到说明。

首先，让我们回到《中庸》对中和的解释。《中庸》以喜怒哀乐之未发及发而中节释中和，到了宋明儒，便喜欢以未发及已发言之，这是依《中庸》原文而来的简说。顺着这一条线索，许多宋明儒者便以未发之中及已发之和为两个不同的存在状况或境界，而彼此具有一先一后的前后关系：未发在先，已发在后。但依宗周对《中庸》独特的理解，他并不能同意此说。他说："后人以前后言中和，既自说不通，又却千方回护，费许多解说，终属遁辞。"[①]又说：

> 后儒不察，谓未发之前，专是寂静一机，直欲求之思虑未起之先，而曰既思即是已发，果然心行路绝，语言道断矣。[②]

宗周的意思是如果把未发已发分属前后，判为两截，则专求于未发之先便会落于禅家所谓"心行路绝，语言道断"之境。在宗周，"心行路绝，语言道断"当然不是赞语，而是表示沉空滞寂的境地。

既然中和说不得前后，宗周即提出中和应"以表里对待言，非以前后际言"。[③] 若以前后际言，中和便属于不同的时位，未发在前，已发

---

① 《刘子全书》，卷九，《问答》，第 11 页。
② 同上，卷十一，《学言中》，第 7 页。
③ 同上，第 7 页，亦见第 10 页。

在后。如今以表里对待言,则似乎是指中和皆是同时的,不过中在里,和在表,表里相通,已发即是未发的呈现或表现。黄宗羲即据此而以“已发未发以表里对待言,不以前后际言”为宗周哲学的另一个特色。[①] 究竟宗周此解是否合乎《中庸》的原意,今且不论。我们只须知道,在宗周思想中,中和除了具有体用及阴阳的关系外,亦可有一表里的关系。

然而,这种表里的关系并不能以一般的意义去了解。说表里虽已表示同时而非二时,但好像仍有两在之嫌,即中在内而和在外,而有内外之别。实则严格言之,这种内外之分亦不存在。宗周说:

> ……自其所存者而言,一理浑然,虽无喜怒哀乐之相,而未始沦于无,是以谓之中。自其所发者而言,泛应曲当,虽有喜怒哀乐之情,而未始著于有,是以谓之和。可见中外只是一机,中和只是一理,绝不以前后际言也。[②]

此处说中,认为“虽无喜怒哀乐之相,而未始沦于无”,即无而非无,无而有。说和则“虽有喜怒哀乐之情,而未始著于有”,即有而非有,有而无。以中为里,是就无而非无之无一面而说其为里;以和为表,是就有而非有之有一面而说其为表。实则无而有,有而无,有无之间并没有真正的界限,而可打成一片,所以宗周说“中外只是一机,中和只是一理”。于是,所谓“表里对待”,其实应该是表里一如,而没有任何对待之可言。这种表里的关系,在宗周来说,也就等于显微或隐现的关系。《中庸》言慎独时已说“莫见乎隐,莫显乎微”。宗周在解释这句话时即进

---

① 《刘子全书》,卷三十九,《行状》,第 37 页。
② 同上,卷九,《问答》,第 11 页。

一步说：

> 莫见乎隐，亦莫隐乎见；莫显乎微，亦莫微乎显。此之谓无隐见，无显微，无隐见显微之谓独，故君子慎之。[①]

“无隐见显微”，即是显微无间，表里一如。而“无隐见显微之谓独”，则很容易引导我们回到中和的体用关系。盖中即独体，和即独体之用。而作为里、微之中与作为表、显之和彼此是一如无间的。配合这两重关系，我们马上便可察觉，表里关系实即体用关系，或者说，表里关系是体用关系的更具体的说明。说穿了，体用不即不离：即体致用，全体在用；即用见体，全用是体。这种即体即用、即中即和之义，也就是宗周以“表里对待”言中和之义了。

至此，中和的体用与表里关系已明，但我们仍未解决它们与以阴阳说中和的矛盾。其实，解决之道在我们论述的过程中已见端倪。我们再看下面一段：

> 独者，心极也。心本无极，而气机之流行不能无屈伸、往来、消长之位，是为二仪，而中和从此名焉。中以言乎其阳之动也，和以言乎其阴之静也，然未发为中而实已藏已发之和，已发之和而即以显未发之中，此阴阳所以互藏其宅而相生不已也。[②]

我们注意“未发为中而实已藏已发之和，已发之和而即以显未发之中”，显然是即中即和之义。以阴之静与阳之动说中和，则即阴即阳、即动即

① 《刘子全书》，卷十，《学言上》，第 27 页。
② 同上，第 27—28 页。

静实为必然之义，所以说“此阴阳所以互藏其宅而相生不已”。此段以下编者更加入宗周的一句以为注，云：“合阴阳动静而妙合无间者，独之体也。”[①]换言之，即阴即阳、即动即静便是独体。我们可以看到，相对于作为阴的和来说，中是阳，但实际上即中即和、即阴即阳，作为即中即和之中，中便是独体。可以说，若就概念上分解地言之，作为太极的独体是体，阴阳是用，它们分属不同的范围。但当具体地实践地呈现之之时，它们是相即而为一的：阴即阳、阴阳之用即独体。当然，这里所谓相即而为一并不是指一般的等同之意，而是辩证地贯通而为一之意。从解悟上的辩证到证悟上的辩证地通而为一，实需要极深的修养工夫才能达到。

虽然即体即用，体用一源，但在道德实践时，宗周总爱强调工夫在体上用。正如他说主静，静存之外无动察一样，致中和的工夫也是以致中为本。对宗周来说，中即是静，皆犹树木的根本，栽培灌溉的工夫都在根上用，枝叶自然茂盛。[②] 是故静存即是动察，致中即所以致知。有人问：“未发气象从何处看入？”宗周答说“从发处看入”，好像要从已发上做工夫似的。但宗周随即说“功夫只在静，故云主静立人极”，可见其所谓“从发处看入”只是“动中求静”，即已发而见未发，故仍是以未发之中为主。[③] 试看他说：

> ……所谓未发以前气象，即是独中真消息，但说不得前后际耳。盖独不离中和，延平姑即中以求独体，而和在其中，此慎独真

① 《刘子全书》，卷十，《学言上》，第28页。
② 同上，第11页。
③ 同上，第12页。

方便门也。[①]

又说：

隐微者，未发之中；显见者，已发之和。莫见乎隐，莫显乎微。故中为天下之大本，慎独工夫，全用之以立大本，而天下之达道行焉。然解者必以慎独为致知工夫，不知发处又如何用功？率性之谓道，率又如何用功？若此处稍著一分意思，便全属人伪，非徒无益，而又害之矣。小人闲居为不善，正犯此病症来。[②]

宗周称赞李延平(1088—1163)"以看喜怒哀乐未发以前气象为单提口诀"，认为是承濂溪主静立极之说而来。[③] 我们知道，延平之观未发以前气象，本来是静复以见体之意。一旦见体，则此体超越动静而无分于动静，所谓即动即静，宗周即就此而言主静。此处言中，情况正同。盖宗周认为延平初就与和相对之中以求体，中和相对，有阴阳之象，中属阳，和属阴；然即中求体，和在其中，故即中即和、即阴即阳，便可以中为体。这也就是"动静只是一理，阴阳太极只是一事也"之意。[④] 但虽是如此，毕竟要"即中以求体，而和在其中"，才是"慎独真方便门"，而不是在和上做工夫也。第二段立意更清楚，所谓"中为天下之大本，慎独工夫全用之以立大本"，意即慎独工夫全用于中之大本上。"不知发处又如何用功？"若于发处"稍著一分意思，便全属人伪，非徒无益，而又害之

① 《刘子全书》，卷十一，《学言中》，第6—7页。
② 同上，卷十二，《学言下》，第20页。
③ 同上，卷十一，《学言中》，第6—7页。
④ 同上，卷十，《学言上》，第16页。

矣”。是故，一如静存之外无动察，致中之外亦不能有致和。致中是成圣的本质工夫。这工夫是必须而且是充足的，因为致中即和在其中，致和即“天地位，万物育”“天下之能事毕矣”。以下请试言和之含义。

（三）和与天地万物

依《中庸》，和是“（喜怒哀乐）发而皆中节”。它更是“天下之达道”，而“致中和，天地位焉，万物育焉”。细看这几句话，似乎是暗示着，人之喜怒哀乐与宇宙生生化育的过程有着微妙的关系。

宗周即据此而发挥，甚至认为人之喜怒哀乐即周流于天地宇宙之四气。在此，他首先提出《中庸》的喜怒哀乐实不同于一般意义下的人之情。一般意义下的人之情是“七情”，而喜怒哀乐不与焉。他说：

> 喜怒哀乐，虽错综其文，实以气序而言。至殽为七情，曰喜怒哀惧爱恶欲，是性情之变，离乎天而出乎人者，故纷然错出而不齐。所谓感于物而动，性之欲也，七者合而言之，皆欲也。君子存理遏欲之功，正用之于此。若喜怒哀乐四者，其发与未发，更无人力可施也。①

很明显地，喜怒哀乐不能等同于喜怒哀惧爱恶欲的七情。前者属于天，是超越的；后者是“离乎天而出乎人”，是属于经验的层次。不过，这两层并不是隔绝的，也并不表示吾人真有两套情。盖经验意义下的七情，有好有坏，时善时恶，所谓“纷然错出而不齐”，但总的来说，“皆欲也”。若推其源，实无有欲，一皆本于性情之正，此即喜怒哀乐是也。但人因

① 《刘子全书》，卷十，《学言上》，第32页。

“感于物而动”，喜怒哀乐之性情遂有过与不及，离乎天而出乎人，于是便淆乱而为七情之欲。若问喜怒哀乐只是四，如何可变而为七情？于此宗周在别处有说：“喜之变为欲为爱，怒之变为恶为哀，而惧则立于四者之中。”①在此性情之变中，七情便成为吾人生命的乱源。于是，君子存理遏欲的修养工夫，正要用于转化七情之上。一旦七情转化，归于性情之正，则喜怒哀乐，发而未发，未发而发，都是自然而然的流行，此时人而合乎天，不再离乎天，则“更无人力可施也”。

如是，喜怒哀乐是吾人本有的性情之正。宗周把已发之和的喜怒哀乐提升至超越的层次，而与七情区别开来，这大概不是宋明儒学中一个常见的说法。不特此也，宗周更以喜怒哀乐比配天之四时。他说：

> 天有四德，运为春夏秋冬四时，而四时之变，又有风雨露雷以效其用，谓风雨露雷即春夏秋冬，非也。人有四德，运为喜怒哀乐四气，而四气之变，又有笑啼哂詈以效其情，谓笑啼哂詈即喜怒哀乐，非也。故天有无风雨露雷之日，而决无无春夏秋冬之时；人有无笑啼哂詈之日，而决无无喜怒哀乐之时。知此，可知未发已发之说矣。②

此处以人之喜怒哀乐四气配天之春夏秋冬四时，又以人之笑啼哂詈，所谓四气之变，配天之风雨露雷，所谓四时之变。实则七情亦属笑啼哂詈一类。③ 区分四气四时及四气四时之变，其意义与我们刚讨论过的喜

---

① 《刘子全书》，卷二，《易衍》，第14页。

② 同上，卷十一，《学言中》，第13—14页。

③ 说七情亦属笑啼哂詈一类，并非没有根据。宗周曾说过：“喜怒哀乐，即天之春夏秋冬。喜怒哀惧爱恶欲，即天之温凉寒燠大寒大暑。笑啼哂詈，即天之晴雨雷电。春亦有燠时，夏亦有凉时，冬亦有雷时，终不可以温凉寒燠谓即是春夏秋冬，况晴雨雷电乎？”可为证。见同上，卷二，《易衍》，第14页。

怒哀乐之异于七情正相同。末句"知此,可知未发已发之说",意谓未发已发只是就喜怒哀乐之四气言,若七情乃至笑啼哂詈等,则已从发而中节之和脱落开去了。这段话的特点是以人之四气(喜怒哀乐)配天之四时(春夏秋冬),但宗周只是举出两者,并没有说到两者之关系。下面一段则明言之:

《中庸》言喜怒哀乐,专指四德言,非以七情言也。喜,仁之德也;怒,义之德也;乐,礼之德也;哀,智之德也;而其所谓中,即信之德也。一心耳,而气机流行之际,自其盎然而起也谓之喜,于所性为仁,于心为恻隐之心,于天道则元者善之长也,而于时为春。自其油然而畅也谓之乐,于所性为礼,于心为辞让之心,于天道则亨者嘉之会也,而于时为夏。自其肃然而敛也谓之怒,于所性为义,于心为羞恶之心,于天道则利者义之和也,而于时为秋。自其寂然而止也谓之哀,于所性为智,于心为是非之心,于天道则贞者事之干也,而于时为冬。乃四时之气所以循环而不穷者,独赖有中气存乎其间而发之,即谓之太和元气,是以谓之中,谓之和,于所性为信,于心为真实无妄之心,于天道为乾元亨利贞,而于时为四季。故自喜怒哀乐之存诸中而言,谓之中,不必其未发之前别有气象也,即天道之元亨利贞运于于穆者是也。自喜怒哀乐之发于外而言,谓之和,不必其已发之时又有气象也,即天道之元亨利贞呈于化育者是也。惟存发总是一机,故中和浑是一性。如内有阳舒之心,为喜为乐,外即有阳舒之色,动作态度,无不阳舒者。内有阴惨之心,为怒为哀,外即有阴惨之色,动作态度,无不阴惨者。推之一动一静,一语一默,莫不皆然。此独体之妙,所以即隐即见,即微即显,而慎独之学,即中和即位育,此千圣学脉也。①

这段话很可以表示宗周思想里中和的含义，故不惮烦引录于此。初看之下，这段话的前半段很容易让我们联想到朱子的《仁说》。盖在《仁说》中朱子也是把人的四德与天之四时排比起来，形成一个系统。宗周有没有可能受朱子的影响？我们认为可能性不大。首先，以天象与人事有对应关系的思想渊源甚早，并非始于朱子，宗周在这方面的灵感可以来自更早的思想传统。其次，宗周《年谱》记载宗周61岁时欲删定朱子及阳明之书，但最后对于朱子的著述"止阅《晚年定论》，《全集》不及更定而罢"。② 朱子的《仁说》见《朱文公文集》卷六十七《杂著》中，可见宗周未必看过《仁说》。最后，即使宗周看过《仁说》，或至少我们有证据证明宗周从朱子的语类中看到了以人之四德配天之四时的话，③我们仍不可以因这表面的类同而说宗周在这方面全受朱子影响。盖整篇《仁说》背后是朱子"心统性情"的义理格局，与宗周的系统并不相侔。④ 就人之四德配天之四时言，宗周因朱子语而更肯定其自身之说容或有之，谓他受朱子实质的影响却未必然。我们只需细看这段引文，便知宗周自有其一贯的思路在，与别的学者不同。

首先要注意的是，宗周以人之四德配天之四时，并不能算是天象与

---

① 《刘子全书》，卷十一，《学言中》，第9—10页。

② 同上，卷四十，《年谱下》，第1—2页。

③ 宗周在其《五子连珠》中引朱子语云："天只有个春夏秋冬，人只有个仁义礼智，此四者便是那四者。心是个运用的，只有此四者之理，更无别物。"见同上，卷三，第24页。

④ 有关朱子《仁说》的思想，学者多有论及，在此没有必要详论。读者可参看牟宗三：《心体与性体》(三)(台北：正中书局，1981)，第四章，第二节；刘述先：《朱子哲学思想的发展与完成》(台北：台湾学生书局，1982)，第146—156页。至于朱子思想系统与宗周之异，见下第五章。

人事相感应的说法。譬如谓，表面观之，吾人看不出人之喜怒与四时之运行有何关系，但如果反溯日常生活经验的七情而回到吾人内心深处之超越的纯粹的喜怒哀乐，便会发觉吾人一举手投足，乃至内心一起一伏，都跟宇宙息息相关；此便是一种天人感应之说。宗周的思想容许有天人感应的成分，但绝不止于此。与其说天人感应，不如说是一种天人本一之说。盖说感应，即使如何紧密，犹是二之，人是人，天是天；说本一则二者无二无别。宗周说喜怒哀乐四气之流行，直接就等同于春夏秋冬之运行。因为喜怒哀乐即此而在的中体不但是道德的超越的本心之体，它同时更是存有论的形而上的实体。这是通过生命主体的道德实践的进路以体证那形而上的实体，此实体不但负责吾人的喜怒哀乐，更负责天地四时之春夏秋冬。这样的一套的确可以称作"道德的形上学"。① 在此形上学中，道德的秩序（喜怒哀乐）即宇宙的秩序（春夏秋冬），宇宙的秩序即道德的秩序。这并不是以道德的秩序推出去，以之为宇宙的秩序，也不是以宇宙的秩序律度吾人之生命，而为道德的秩序，而是体证道德的秩序与宇宙的秩序本来是一也。

如是，为了与经验意义下的七情区分开，我们可以称那超越的喜怒哀乐之情为天情。② 作为天情的喜怒哀乐，其实就是孟子所谓的四端（恻隐、辞让、羞恶、是非之心）及四德（仁、礼、义、智）；这表示它们是道德的情。另外，它们也就是《易传》所谓的天之四德（元者善之长、亨者嘉之会、利者义之和、贞者事之干）及四时（春、夏、秋、冬）；这表示它们是宇宙之气。而无论是四端、四德、四时或天之四德，到最后亦不过是

① "道德的形上学"一语来自牟宗三。见其所著《心体与性体》（一），第一章，第一节，第 8 页。

② 以"天情"来形容宗周喜怒哀乐之情，见于唐君毅：《中国哲学原论 · 原教篇下》（台北：台湾学生书局，1979），第 504 页。

气之流行之四态(盎然而起、油然而畅、肃然而敛、寂然而止)。此四气流行之循环不穷,又不过赖中气存乎其间而发之,所谓太和元气。此中气或太和元气,也就是统四德之信,统四端之真心,统天道之乾。总而言之,这就是心,就是中,而即中即和,也就是和。是以中不但是喜怒哀乐之存诸中,而且更是天道之元亨利贞运于于穆;和不但是喜怒哀乐之发于外,而且更是天道之元亨利贞呈于化育。而存发一机,中和一性,绝不是中和各别自有其气象。下文"如内有阳舒之心,为喜为乐,外即有阳舒之色……推之一动一静,一语一默,莫不皆然",是说道德之情的诚于中形于外,其实也就是道体即宇宙本体的诚于中形于外,所以宗周归结说"此独体之妙,所以即隐即见,即微即显,而慎独之学,即中和即位育,此千圣学脉也"。

由此可知,宗周的独体不但具有超越的意义,它更是形而上的宇宙的实体。这层意思在言主静立人极时仍未十分明显,但当我们把考察的重点转移至中和的观念时,便非常清楚了。论者或谓,以本性即道即天,在宋明儒中比比皆是,又何特别之有?然而我们看有关宗周对作为形上实体的独体的论述,便知他的说法所蕴含之义实有独特过人之处。此将于下文再说。我们现在要注意的是,回顾刚才的引文,我们可发觉宗周所说的中气或太和元气在其中和观念乃至哲学系统中实具有枢要的位置。我们可进一步问:中气是否即中体?换句话说,中体、独体是否即是气?要解答这个问题,我们便需要了解气在宗周哲学中的地位。

四、理与气

(一) 盈天地一气

众所周知,理气论是宋明儒学中的重要课题。依宋儒,尤其是朱子以来的传统，大部分的理学家都承认理气二元的存有论架构，认为万事万物皆属于气，而气之上则有一超越的所以然之理，为此形下之气世界的主宰。万事万物各有其理，而此众多之理又即于一最高的存在之理；这就是太极之理。如月印万川，万川之月实即一月。万事万物不外阴阳，而阴阳是气，太极是理。此太极之理与阴阳之气并非截然二事，而是具有一微妙之不离不杂的关系。这种理气二分而又不离不杂的存有论架构为历来大多宋明儒者所信受，但宗周却以之为支离，而极力反对。为此，他提出了“盈天地一气”的主张。[①] 他说：

> 盈天地间一气而已矣。有气斯有数，有数斯有象，有象斯有名，有名斯有物，有物斯有性，有性斯有道，故道其后起也。而求道者辄求之未始有气之先，以为道生气，则道亦何物也，而能遂生气乎？[②]

宗周反对道生气之说。如果“生”是指从无到有，一如母生子之生，则宗周之反对其实没有违背宋明儒主流的看法，因为理气不离不杂并不就是道生气之意。他说“道其后起”，也可以被理解为道（与性）是通过气之落实为象数器物而呈现。但无论如何，当他说“盈天地间一气”时，便很容易令人觉得，他心目中的理，其实亦是气。他又说：

> 盈天地间一气也。气即理也，天得之以为天，地得之以为地，

---

① 当然，我们知道以气为首出或不以气为第二义的提法并非始于宗周。如张载《正蒙·太和篇》已有“太虚即气”之说。见张载：《张载集》（台北：里仁书局，1981），第 8 页。

②《刘子全书》，卷十一，《学言中》，第 3 页。

人物得之以为人物，一也。[1]

下面有编者按语云："一本作天地人物同得此理。"顺着原文的语脉，"同得此理"似乎就是同得此气。如此看来，宗周对理气的观点便跟传统的看法，至少是朱子的系统，大异其趣。他对理气二分的格局非常不满，总要统而一之而后快。黄宗羲即以此为宗周哲学的另一个特色，称为"太极为万物之总名"，又引宗周的话作说明：

子曰：易有太极。周子则云：无极而太极。无极则有极之转语，故曰：太极本无极。盖恐后人执极于有也。而后之人又执无于有之上，则有是无矣，转云无是无，语愈玄而道愈晦矣。不知一奇即太极之象，因而偶之，即阴阳两仪之象。两仪立，而太极即隐于阴阳之中，故不另存太极之象。于是纵言之，道理皆从形气而立，离形无所谓道，离气无所谓理。天者，万物之总名，非与物为君也。道者，万器之总名，非与器为体也。性者，万形之总名，非与形为偶也。知此，则道心即人心之本心，义理之性即气质之本性。[2]

宗周认为濂溪"无极而太极"之语本来无病，但学者误以太极之外有一无极，便入于玄虚的想象。即使是认为无极即太极，而太极在阴阳之外，亦不正确。盖阴阳之"两仪立，而太极即隐于阴阳之中，故不另存太极之象"，于是说"道理皆从形气而立，离形无所谓道，离气无所谓理"。单看这几句话，似乎可以理解为道不离器、理不离气之说，如此则与理

① 《刘子全书》，卷十一，《学言中》，第 3 页。
② 同上，卷三十九，《行状》，第 38 页。

气不离不杂没有太大的分别。但下面则明说天只是万物之总称，并非万物之主。同理，道也不过是器物之总名，并非器物之本体。性也不过是一切有形相的事物的总名，并非与一切事物相对而为其本体或主宰。这样，便真好像只有气没有理。纵使言理、道或性，亦不过就气而立言，只是气之条理、轨迹或内在的结构，其本质仍不外是气。因此，黄宗羲标出"太极为万物之总名"，似乎真把握住宗周理气论的特点了。

既然盈天地间一气，落实至个体生命之上，则传统下来相应于理、气的道心、人心及义理、气质之性的区别亦不恰当。所以宗周说"道心即人心之本心，义理之性即气质之本性"。宗周在他处亦有类似的话：

> 心只有人心，而道心者，人之所以为心也。性只有气质之性，而义理之性者，气质之所以为性也。①

有论者认为此处"人心之本心""气质之本性"之本心本性，其"本"是一超越意义的本，并非现象意义的本。同样，"人之所以为心""气质之所以为性"之"所以"是一超越的所以，而非内在的、实然的、现象的所以。因此认为宗周到底仍是承认超越的道心及义理之性。② 这说法有一定的道理，但目前为止，如果我们不能抹煞"太极为万物之总名"的前提，而以之为准，我们仍可以"盈天地一气"的角度来解释这段话，以人心、气质之性为首出；以道、义理为其性质或内涵，为第二义的，而一皆属于气。下面一段似乎说得更清楚：

---

① 《刘子全书》，卷十三，《会录》，第 31 页。

② 见牟宗三：《心体与性体》（一），第 398—401 页。我们认为牟先生的说法其实是较接近宗周的原意的。这在下文即将讨论到。

> 程子又曰：论性不论气不备，论气不论性不明。是性与气分明两事矣。凡言性者，皆指气质而言也。或曰：有气质之性，有义理之性。亦非也。盈天地间，止有气质之性，更无义理之性。如曰气质之理即是，岂可曰义理之理乎？①

宗周反对以性、气分为两事，又说只有气质之性，并无义理之性。虽则此处“气质之性”的“之”字仍可有不同的理解，②但顺着上文下来，读者还是很自然地会把气质之性理解为气质所构成的性，而所谓“气质之理”也很可能被理解为气质的内在的形构之理或条理。于是，在宗周明说“盈天地一气”“天者万物之总名”及“止有气质之性，更无义理之性”的前提下，难怪一些学者总认为宗周坚持“元气本体论”“气本论”或“气一元论”，甚至有唯物论的倾向。③

然则，宗周的理气论是否表示他已取消了形而上的理，把宇宙的一切只归到气一层而立言？宗周是否形上、形下不分？是又不然。如果我们沿着气一元论的思路去解释宗周的思想，便可发现在气一元论之下仍然可以在某一程度上相对地言形上与形下。试看宗周说：

---

① 《刘子全书》，卷十一，《学言中》，第12页。

② 如李明辉便认为“气质之性”的“之”字有三种不同用法：一是表示成分或内容，“气质之性”意谓由气质所构成的性；二是表示存在之处，“气质之性”意谓气质中的性，性存在于气质之中；三是表示所有格，“气质之性”意谓气质的性，是主宰气质的理。他认为宗周“气质之性”的“之”字即属第三种。这样理解宗周的气质之性与牟宗三的看法正相同。见其所著《刘蕺山论恶之根源》，收入钟彩钧主编：《刘蕺山学术思想论集》（台北：台湾“中央研究院”中国文哲研究所筹备处，1988），第104、106—107页。

③ 我们认为这几个词语虽不相同，但其含义大概是一样的。以宗周的哲学为“元气本体论”，见于侯外庐、邱汉生、张岂之主编：《宋明理学史（下）》（北京：人民出版社，1997），第616页。至于以宗周学说为“气本论”“气一元论”及倾向唯物论的说法及对这些说法的批评，可参考李明辉：《刘蕺山论恶之根源》，见《刘蕺山学术思想论集》，第99—107页。

> 子曰：形而上者谓之道，形而下者谓之器。程子曰：上下二字，截得道器最分明。又曰：道即器，器即道。毕竟器在斯，道亦在斯。离器而道不可见，故道器可以上下言，不可以先后言。有物先天地，异端千差万错，总从此句来。①

此段其实可以就理气不离不杂之义来了解。但若从气一元论观之，也没有任何困难。盖宗周说“器在斯，道亦在斯”“离器而道不可见”，仍可以是道就是器（属于气）之意。道既是器，固不可分先后，但宗周却认为可以分上下，然则宗周根据什么来分形上形下？答曰：这可依据气的不同状态来分别。宗周说：

> 形而下者谓之气，形而上者谓之性，故曰：性即气，气即性。人性上不可添一物，学者姑就形下处讨个主宰，则形上之理即此而在。孟夫子特郑重言之，曰善养浩然之气是也。……今之为暴气者，种种蹶趋之状，还中于心，为妄念，为朋思，为任情，为多欲，皆缘神明无主。……殊不知暴气亦浩然之气所化，只争有主无主间。今若提起主人翁，一一还他条理，条理处便是义……义于我出，万理无不归根，生气满腔流露，何不浩然去？浩然仍只是澄然湛然，此中元不动些子，是以谓之气即性。②

我们看“学者姑就形下处讨个主宰，则形上之理即此而在”一语，其实很可以就理气不离不杂之义来解释的。若以宗周哲学为气一元论，则较易会连着下文而以宗周的形上之理或性为浩然之气。我们姑就此方向

---

①《刘子全书》，卷十一，《学言中》，第 4 页。

② 同上，卷六，《证学杂解》《解十五》，第 6—7 页。

理解，便发现宗周在此区分浩然之气和暴气。我们可以这样推论：浩然之气和暴气最终同是一气，但在某一程度上宗周以形上之性理言浩然之气，以形下之气为暴气。但“暴气亦浩然之气所化”，它是浩然之气之歧出所成的“种种蹶趋之状”。通过修养工夫，吾人把暴气“一一还他条理”“万理无不归根”，便回复浩然之气的状态。于是，形下最后亦通于形上而为一。这样理解很容易令我们想起宗周对喜怒哀乐四情与七情的区分。七情是欲，学者透过道德修养转化七情，而回到喜怒哀乐的性情之正。在此，七情犹暴气，喜怒哀乐则属浩然之气。我们不要忘记，七情固属气，喜怒哀乐是四情、四德，同时也是四气。

在某一意义上，七情、暴气也可与气质拉上关系。宗周说：

> 人生而有气质之病也。奚若？曰：气本于天，亲上者也。故或失则浮，浮之变为轻……又其变也，为远人而禽。质本乎地，亲下者也。故或失则粗，粗之变为重……又其变也，为远人而兽，亦各从其类也。夫人也而乃禽乃兽，抑岂天地之初乎？流失之势积渐然也。……然则气质何病？人自病之耳。既病矣，伊何治之？浮者，治之以沉；粗者，治之以细。更须事事与之对治过，用此工夫既久，便见得此心从气质托体，实有不囿于气质者。……此之谓以心治气质而气质化，且以气质化性，而性复其初也。①

宗周认为“气本于天，亲上者也”“质本乎地，亲下者也”，由气质之本而为气质，中间经过“流失之势积渐”使然。是故就气质之本性之为气质而言，“气质何病”之有？但吾人不能戒慎恐惧，遂令气质流而失其本，

① 《刘子全书》，《解十八》，第8—9页。

积聚沉淀，形成种种气质的流弊。这样意义的气质，的确与七情、暴气相近，应属同一层次。而对治气质之病，宗周认为要以“心治气质”，因为“心从气质托体，实有不囿于气质者”。说心不囿于气质，可以被理解为心不等同气质，乃至不等同于气。然而，顺着上文一贯下来，我们仍可以把心解释为气之未流失而为气质之状态，故不囿于气质，但心从气质托体，毕竟仍属于气。最后，以心治气质，“气质化性”“性复其初”，也就是回到了浩然之气的状态。所以宗周说：

> 才提起浩然之气，便属性命边事。若孟施舍、北宫黝、告子之徒，只是养个蠢然之气，正是气质用事处，所以与孟子别。①

这里明分浩然之气与气质，前者属性命边事，后者则否。但性命既是浩然之气，也就是气，则在根本上与气质无别。或谓孟子有以志帅气之说，而志为之主，志、气毕竟有别。但宗周在解释孟子的志时却这样说：“志之所之，即是气之所之；志不可夺，即是气不可御，非有二也。”②是则在宗周志亦好像被理解为气之一类。如是，一方是浩然之气及喜怒哀乐四气，另一方是暴气、气质及七情，然则宗周之分形上、形下仍是清楚可睹的。

以上是沿气一元论的思路去解析宗周理气的思想，我们发觉这的确可以自成一套理解。我们不得不承认，宗周实较一般的宋明儒者更重视气，他甚至把气提升至一超越的、形而上的层面而立论。以气一元论来定位宗周的思想似乎是不争的事实。但我们对这个结论仍有所保留，因为我们发现，在宗周的理气论中还有一些文字很难完全以气一元

---

① 《刘子全书》，卷八，《说》《气质说》，第 19 页。
② 同上，《养气说》，第 22 页。

论的思想来疏解。以下即循这方面进行探讨，希望借此更能深入宗周思想的内部，以厘清问题。

(二) 气在宗周哲学中的地位

一些以气一元论定位宗周思想的学者，大抵都承认，宗周的理气论与他的慎独等观念有矛盾。这是从唯心、唯物截然二分的角度，认为宗周的理气论已有唯物主义倾向，而其慎独等观念则保留唯心主义成分，遂发现两者有矛盾。① 但如果我们贯彻气一元论的观点，便可看出宗周的形而上的独体其实亦可以是气，已有唯气唯物的倾向，如此则矛盾可以解消，或至少不如表面看那么严重。然而，真正的问题是：宗周究竟是不是气一元论者？在上节引述宗周的文字中，除了一部分很明显的如"盈天地一气"及"天者万物之总名"等之外，其他的文字其实都可有异解，而一些学者更在此力争不可以气一元论来说明宗周思想中理气的关系。② 我们认为，他们的说法都有一定的道理，因为在宗周的一些著述里的确没有把理完全化约为气。如：

> 或问：理为气之理，乃先儒谓理生气，何居？曰：有是气方有是理，无是气则理于何丽？但既有是理，则此理尊而无上，遂足以为气之主宰。气若其所从出者，非理能生气也。③

宗周反对理生气之说，前已言之，此不成问题。问题在如果以气一元论

---

① 见《宋明理学史(下)》，第 641 页。

② 见牟宗三：《心体与性体》(一)，第 398—401 页；李明辉：《刘蕺山论恶之根源》，《刘蕺山学术思想论集》，第 99—107 页。

③ 《刘子全书》，卷十一，《学言中》，第 5 页。

解释这段话，则“有是气方有是理”固表示理就是气，但却如何可说到“此理尊而无上，遂足以为气之主宰”，而可给人“气若其所从出”的印象？很明显，在这里理不能完全等同于气，否则便令人感到非常别扭。我们再看下面一段：

> 阳明先生曰：“无善无恶者理之静，有善有恶者气之动。”理无动静，气有寂感，离气无理，动静有无，通一无二。今以理为静，以气为动，言有言无，则善恶之辨，辗转悠谬矣。①

此处宗周批评阳明是否恰当，且不管。我们注意他批评阳明以动静分理分气为不妥，而说“离气无理，动静有无，通一无二”，似乎仍是理等同于气的气一元论的说法。但细看之下，这句话的前面却预定了理气的分别说，所谓“理无动静，气有寂感”，以下则辩证地把理气通而为一，这其实就是理气不离不杂的说法。如果一定要就气一元论言之，似乎仍可以形上、形下之分来解释，也就是说，那究属于气的形上之理是无动静之相的，而那形下之气则有寂感（动静）之相。两者究竟是一，都是气，但不碍其分为二：形上之气是微细难知的，故无动静之相可见；形下之气则粗显，故可见动静。像这种解法表面亦说得通，但我们要知道，形上之气之无动静只能就某一程度上说。事实上，一说气便多少预定有形相，无论这形相是多么微细，近乎无迹可寻，亦终究是有微迹在，是以总不能达到彻底的无动静之相。宗周说“理无动静”，似乎应是指彻底的无动静之相而言，并不是就微细之极以至看不见其中的动静而说。如是，则“理无动静，气有寂感”的理气便应属异质的两层，而不应

① 《刘子全书》，卷十二，《学言下》，第6页。

如气一元论的看法视之为同质的两层。关于这一点，下面一段或许可作为进一步的证明：

> ……大易形上形下之说，截得理气最分明，而解者往往失之。后儒专喜言形而上者，作推高一层之见，而于其所谓形而下者，忽即忽离，两无依据，转为释氏所借口，真所谓开门而揖盗也。至玄门则又徒得其形而下者，而竟遗其形而上者，所以蔽于长生之说，此道之所以尝不明也。①

此段大概是说，虽有形上形下，但两者却不可截然二分。后儒不察，将形而上推高一层而求之，遂离开形而下，而转入释氏之见。宗周心目中的释氏所见，当然只是一无所有的玄虚的想象。② 试问如果宗周所意谓的形而上是属于气，则应是有，又如何入于他所谓的释氏的空无？再者，宗周又认为道教只得形而下，遗落形而上，故蔽于长生之说。但长生固须修炼先天元气，如果他所意谓的形而上是属于气的，那道教修炼长生，又怎能遗落形而上？宗周对佛教道教的批评，我们在此不必深究。但从这段话我们确可看出，他心中的形而上之理是无形无相的，与有形有相的形下之气相较，为异质异层，当然这不表示理离气而独存，理毕竟是即于气而存在的。就在这背景之下，宗周遂认为佛教离气言理，只认得那无形无相，于是便入于空无；道教则离理言气，只在形相上求，于是便蔽于长生。这段话唯有如此了解，才算顺适。

---

① 《刘子全书》，卷十九，《书上》《答刘乾所学宪》，第 47 页。

② 有关宗周如何看佛教，可参拙作《从刘宗周辟佛看儒佛异同》，收入陈荣开编：《天人之际与人禽之辨——比较与多元的观点》（香港：香港中文大学新亚书院，2001），第 173—194 页。

如是,我们把以上几段配合上节可有异解的引文来看,便可发现,以理气不离不杂来解释宗周的理气论,仍是有相当的根据的。只是宗周可能较重理气相即不离的一面,而不好言其不杂的一面,遂多就气言理,言理不在气外,而不喜欢任何方式下之理气分言,认为这样会产生支离的弊病。然而,如此看法仍然要面对三个问题:一是如果宗周的理气论意谓理气不离不杂,则对于“盈天地一气”及“天者万物之总名”等一类明显具有气一元论的意味的文字究竟当如何解释?二是如果宗周理即气之说的底子仍不外理气不离不杂,而宗周只愿强调不离的一面,以免支离,则他其实没有真正的必要去反对朱子一系下来的理气说。[1] 但他却明显地反对之。他说:

> 宋儒之言曰:道不离阴阳,亦不倚阴阳。则必立于不离不倚之中,而又超于不离不倚之外,所谓离四句、绝百非也,几何而不堕于佛氏之见乎?[2]

这是认为道(理)与阴阳(气)不离不倚(杂),将堕于佛氏“离四句、绝百非”的空无之见。宗周反对理气不离不杂如此清楚,试问这又当如何解释?这两个问题实不易解决。如果再加上上文论中和时所提到的独体、中体是否气的问题,情况便会更加严重,因为宗周对此问题的答案似乎是肯定的:

> 阳明子言良知,每谓个个人心有仲尼,至于中和二字,则又谓

---

① 牟宗三认为宗周所体会的理与朱子不同。前者是即存有即活动的,后者则是只存有而不活动者。见《心体与性体》(一),第401—402页。此问题并不是我们要讨论的重点,这里只是附带一提。

②《刘子全书》,卷十一,《学言中》,第3页。

> 必慎独后方有此气象。岂知中和若不是生而有之，又如何养成的？中只是四气之中气，和只是中气流露处。天若无中气，如何能以四时之气相禅不穷；人若无中气，如何能以四端之情相生不已？故曰：哀乐相生，循环无端。正明目而视之，不可得而见，倾耳而听之，不可得而闻，故曰：是故君子戒慎乎其所不睹，恐惧乎其所不闻。呜呼！其旨微矣。①

此处明说“中只是四气之中气”。我们已知中即中体，亦即独体，然则最终极的独体亦不过是气，宗周思想之具有气一元论的色彩实在难以否定！

至此，面对宗周理气论的两套不同的解释，我们有必要提出我们的抉择。我们认为，依理气不离不杂的方向解释宗周的理气论并不错，然而，那些具有气一元论色彩的文字，它们既非滞辞，也没有对理气不离不杂构成真正的矛盾。我们也不认为宗周的理气论经历过前后的变化。宗周的思想曾经数变，但变不在理气。② 问题的关键在必须对理

① 《刘子全书》，卷十一，《学言中》，第 7—8 页。

② 有学者主张宗周从早期到晚期的理气论有变化差异。如宗周在其早年 40 岁的《论语学案》中谓：“性是就气质之中指点义理者，非气质即为性也。……气质就习上看，不就性上看”，便与上述的宗周较晚期的理气合一的说法很不同。此主张见东方朔：《刘宗周评传》（南京：南京大学出版社，1998），第 179—180 页。宗周上引语见《刘子全书》，卷三十一，《论语学案四》，第 27 页。然而，我们发现，在同一段话中宗周也说：“夫习虽不能不岐于远，然苟知其远而亟反之，则远者复归于近，即习即性，性体著矣”，可见宗周时已有“即习即性”之语。宗周更在同一段中说：“圣人就有生以后，气质用事，杂糅不齐之中，指点粹然之体，此无啬，彼无丰，夫何闲然者？……只为气质之性、义理之性分析后，便令圣学不明……”，意谓性在气质中，气质无增，性无减，彼此相即无间，只为后儒把气质之性与义理之性区分，便令圣学不明。宗周如此说实与其后期只有气质之性并无义理之性之说很相近。我们最多只能说，宗周的理气论若真有早、后期之异，此差异只在早期之理气说不若后期理气说之把理气关系说得紧密，但其间实有相承之迹。这只是表述上轻重不同之进展，恐非义理上的变化差异。东方朔亦谓就气与性之间的关系而言，宗周思想实有一逐步成熟的过程（见《刘宗周评传》，第 179 页），若此过程只是指表述成熟的过程，便与我们的想法不冲突。

气不离不杂之说再进一解，宗周即在此基础上反对理气不离不杂，而又避免成为气一元论者。

首先，理气不离不杂，固然是客观地说，但它同时也是通过主观实践之所见。在主观的修养过程中，形下之气被转化而回复其初，遂即于理而成其为气之存在。形下之气即于形上之理而存在，则就形下见形上，即形下即形上，吾人遂可上提气至形上一层而直接以形上视气。这是一种形上形下紧吸一起的说法。[①] 但这并不表示理气之异质就此消融。盖气无论如何微妙，总属有相，理则无相。于是，即使上提气至形上一层，亦不能说宇宙之终极只纯粹是气，而为气一元论。宗周说：

> 或曰：虚生气。夫虚即气也，何生之有？吾溯之未始有气之先，亦无往而非气也。当其屈也，自无而之有，有而未始有；及其伸也，自有而之无，无而未始无也。非有非无之间，而即有即无，是谓太虚，又表而尊之曰太极。[②]

"虚即气"之说本于张载，[③]这且不管。宗周反对虚生气，就正如他反对理生气一样，没有问题。我们可以就"吾溯之未始有气之先，亦无往而非气"而说此处之气是形而上者。但此形而上之气不能说纯粹是气。如果纯粹是气，则总有微迹而有相，尽管此相深细难见。宗周在描述此气之屈伸时却以"有而未始有"及"无而未始无"说之，这表示此气之有相是即于无相而为有相之气，无相而相，相而无相，也就是所谓"非有非无之间，而即有即无"。宗周正是经过此一重曲折而说之为太虚或太极

① 以"形上形下紧吸"形容宗周的理气论始见牟宗三：《心体与性体》(一)，第 399 页。
② 《刘子全书》，卷十一，《学言中》，第 3 页。
③ 见张载：《张载集》(台北：里仁书局，1981)，第 8 页。

的。于是，太虚、太极便不能直接等同于气。或者说，太虚、太极是气，但此气已不是实然的气，而是"有而未始有""无而未始无"的"即有即无"之气。如是，前述的喜怒哀乐四气及浩然之气也应该循此方向理解，都是即有即无之气，而不只是有别于粗显之暴气的纯粹微妙之气。①

有了这些背景，我们就可以回到上述三个问题而作出正式的回答。当然这三个问题是互相关联的。让我们从第三个问题说起，即独体或中体究竟是不是气？顺着上文下来，答案应该是肯定的。但我们必须立刻强调，此气在宗周的思想中，绝非只是气，或实然之气（无论多么微妙），而是即有即无之气。宗周说：

> 独便是太极；喜怒哀乐便是太极之阳动阴静；天地位，万物育，便是乾道成男，坤道成女，万物化生。盈天地间只是一点太和元气流行，而未发之中实为之枢纽其间，是为无极而太极。②

独是吾人生命的本体，也是宇宙的本体，所以便是太极。喜怒哀乐是道

---

① 高海波曾引本书初版中此段文字而批评谓"形而上的气"的说法有问题。他解释引文中"有而未始有""无而未始无""非有非无""即有即无"等语，认为"当从气变化无方，不执着、固守一种状态去理解"，而"不必对气作过于玄妙的理解"。其说见其著：《慎独与诚意：刘蕺山哲学思想研究》（北京：生活·读书·新知三联书店，2016），第124—129页。首先，笔者认为，就宗周"形而下即于形而上"的观点把气上提而说一"形而上的气"，应该没有问题。其次，笔者可以承认上段对引文的解释是一种"玄妙的理解"，但笔者认为此理解非无意义，且非不相应宗周的原意。笔者反而觉得高海波对此段引文的解释似有如宗周所谓"滞于有"之嫌，因无论怎样变化无方，始终承认有气，不能无气，于是气之屈伸往来遂呈有相，着于迹而不虚，恍若宗周批评太极之似一物，又如何生生妙物而无穷？至于他引宗周"气本无间，屈伸、有无皆气"一段，当中"有无"只就生命个体言，以此证宗周言"有无"只是一般的意义，并不玄妙。于此，笔者认为此段之"有无"与上"虚生气……"引文之"有无"所处之脉络不同。宗周可就生命个体之有无（即气之聚散）言气，亦可就气之有无（有而未始有、无而未始无）言太虚也。

②《刘子全书遗编》，卷二，《学言》，第13页。

德的情，也是天地宇宙之四气，所以便是太极之阳动阴静。就在独体四气之流行中，天地位，万物育，乃至万物化生。而这一切归结到最后不过“只是一点太和元气流行，而未发之中实为之枢纽其间”。单看这一段，本来可以把未发之中理解为非气之理，但从上文的分析已知，中其实是中气，亦即太和元气。是则独就是中气，但此中气并非只是气。宗周借濂溪“无极而太极”之语表示太极或中气乃即于无极而为太极或中气。无极非在太极之外，它只是太极之转语，①是就太极之即有而无而说无极，是恐人执着太极只是有遂说无极。同样，中气不能只是气，而为“即有即无”之气亦明矣。

宗周通过理气不离不杂，理即气，而上提气至形上层，就形下紧吸于形上而说一即有即无之气。这本来是沿着理气不离不杂而将理气更紧收紧吸而来的结果。既是由此而来，宗周又为何会反对理气不离不杂之说？这便是我们的第二个问题。解答此问题的关键，是在宗周认为紧吸乃至超越紧吸的说法是必要的，否则便会有支离之弊。盖慎独是宗周哲学的核心，而独体（或静体、中体）不但是吾人生命的、道德的、超越的本体，它更是宇宙的、形而上的实体。宗周言独体，总是以之为形而上的实体而说，它就是道，就是天。在宗周的系统中，他总是会念念不忘以作为最终极最究竟的形上实体的独体为其目标、定准。客观地说的独体如是，就连主观地说的修养境界亦以作为形上实体的独体的境界为定准。就在以独体的境界为定准的前提下，宗周即看出理气不离不杂的说法为不究竟。盖理气不离不杂，正表示理气之间有一辩证的紧张关系。即使说到理即气、形上形下紧吸在一起，也还是先预设了理与气、形上与形下之分别，然后说其辩证地贯通而为一。换言之，

---

① 《刘子全书》，卷三十九，《行状》，第 38 页。

这里面还未免一辩证的紧吸之相。而此辩证或紧吸之相又不过是在吾人修养过程中仍有人欲待对治时所现之相。但在绝待的独体的境界中,又哪里容得下一丝一毫的人欲?此时无人欲可对治,所见之理气辩证之相亦无。是以必达到辩证而无辩证之相,紧吸而无紧吸之相,才可如如地印证那形上独体的境界。这便是为何宗周总要反对理气不离不杂之说,因为在宗周的系统中,理气不离不杂的辩证关系必须进一步被超越,才可达到形而上的独体,才可见到宇宙最究竟的真实。

第二个问题既明,第一个问题亦随之得到解决。盖吾人超越理气辩证或紧吸之关系,而达到辩证而无辩证相、紧吸而无紧吸相之境界,试问此境界所见之理气该当如何表述?我们不再能分解地以理、气言之,即使说到即有即无之气,虽已不差,已能避免分别说之问题,但"即有即无"仍有辩证的迹象。我们相信就在这个背景之下,宗周遂提出了"盈天地间一气""天者万物之总名"及类同的说法。在形上独体呈现的化境中,一理平铺,同时也就是一气平铺,彼此间再没有辩证的紧张相可见。此时本来属于形下世界的一切,天地四时、春夏秋冬,乃至万事万物,都一起升上来而为形上之物之自身。形下通于形上,彼此再无分别。这才是宗周理气论所蕴含的意义,也就是慎独的境界。

综上所论,我们可以说,宗周的理气论既非宋明儒学主流的理气不离不杂之说,亦非如一般学者所说的气一元论。它不是气一元论,因为它所说的气并非实然的只是气,而是通过一重辩证的意义而开显的气。它不是理气不离不杂之说,因为它要超越分解地言理气所蕴含的辩证的紧张性,而达至一体圆融之化境。在某一意义上,它其实是较接近理气不离不杂之说的,只是要将之推到极致而已。如果从思想史的角度,就宗周"盈天地一气"等语而方便地把他的理气论划归气一元论,似乎不是完全不可以。但必须提醒,宗周心目中的气已经过一重转化,与实然的气不可相混。[①] 无论如何,把气提升至形上的层次而与理、独、中等在同等的位置,是宗周理气论的特色。而这跟他学问的宗旨——慎独的境界实有着密切的关系。[②]

---

① 有关宗周理气论所牵涉的一些外缘的问题,我们将在评价其哲学时再略作讨论。见下第五章。

② 本节的内容与本书初版同一节没有太大的出入。高海波曾就本节初版的内容提出五点商榷:第一,宗周心目中的中气、浩然之气人人本有,不需要经过工夫的转化才具备。第二,宗周的"气"与朱子的"气"不同。朱子的"气"具有存在论上质料的属性,有待"理"的规范才能构成事物。宗周的"气"则是自身具活动能力、具条理规范的存在。第三,"实然的气"这个说法不明确。在宇宙论上,四季的正常运行是理气合一的表现;在心性论上,人人本有的喜怒哀乐四气也是理气合一的表现。是故依宗周,气即理或理气合一是前提,不是工夫修养后主体所观照到的结果。第四,理气"紧吸说"背后的焦虑就是要保持理的超越性。但在宗周看来,主宰并不是作为独立的一个实体存在,主宰就在流行之中,换言之,气本身具有合规律性,是气顺自身固有的条理而流行。此在宗周的自然和心性领域均如此。第五,理气不离不杂(甚至"紧吸")的说法根本就是朱子的看法,此是以理气为二,为包括罗钦顺在内许多明代学者所批判,宗周集其成,而以理气是一或合一为其理气论的真正特色。高海波说见其著:《慎独与诚意:刘蕺山哲学思想研究》,第 78—81 页。对此,笔者有如下的回应:第一,宗周心目中之中气、浩然之气人人本有,此笔者从来都承认。本节所述,只意谓此人人本有之中气须通过修养工夫来彰显,此与明儒尝谓"即工夫见本体"之义实相通。第二,宗周的"气"与朱子的"气"不同,笔者没有异议。至谓宗周的气自身具活动能力、具条理规范的存在,也就是理气合一,此至少就形式或表面而言,笔者也没有异议。第三,笔者用"实然的气"一词,来源之一是朱子"然"与"所以然"之"然",而说之为"实然","实然的气"也就相当于朱子的"气"。此在宗周实属于其所谓"暴气"或"温凉寒燠""风雨露雷""愆阳伏阴"之气。"暴气"乃由"中气"或"浩然之气"所化,此高海波亦知之,但他却由此不承认宗周言两种气。其实,中气善而变质为暴气之善恶,此固一气所化,但方便地分之为二,似亦未尝不可。至于春夏秋冬和喜怒哀乐,固属中气或浩然之气,为宇宙与心性之本然而须通过修养工夫以彰显与恢复者。此非由修养工夫而新得的结果也。第四,理气之"紧吸说",实承自牟宗三,而欲进一步(唐君毅言蕺山之气须高看,便含此义),意在表示宗周之气具有超越或形而上的意义。此意义之气亦可说一主宰的流行,或流行的主宰,即气之本身便是理,而没有一理气先在的紧张关系。第五,宗周理气论在某一意义上近于理气不离不杂乃至紧吸说,此笔者在本节已明白承认。但笔者亦言此紧吸说在宗周理气论中已进一步被超越,而为一理气是一之本然之境。此与朱子的理气论已然不同。总之,笔者相信,就宗周的理气论而言,笔者与高海波同样承认理气是一或合一且本然如是,但彼此主要的分歧,是他从经验的观点看理气合一,而笔者则从超越的视域观之。从经验的观点看,理气合一而终归是二(形式与质料是二);从超越的视域观,理气辩证地通而为一(存在之理与存在通而为一)。笔者认为,后者才符合宗周之意。

五、心与性

（一）从心说慎独与从性说慎独

根据以上的讨论，我们已知宗周的慎独不但是道德修养的工夫，而且是道德修养的境界。通过主静及中和之观念的探讨，我们更知独是吾人生命道德的本体，甚至关联着万物而为形而上的实体。在体证此终极的形而上的实体的境界中，一切归根复命，即理即气而理气分别之相亦泯，只是一气平铺，一切皆是宇宙的绝对的真实。

现在，就让我们来看看独体的两个层面：心与性及其关系。必须要指出的是，宗周的心性论对其思想的形态有着决定性的作用。[①] 在宋明儒学的传统中，有所谓“性即理”和“心即理”，分别代表程、朱与陆、王两个主要派系的思想。前者意谓性就是理，但心并不等同性、理。作为吾人想念行为主宰的心，并不直接就是至善的根源。后者则意谓心就是这个根源，它是理，同时也就是性。我们将会发现，宗周的义理形态较为特别，而与两系不同。

我们首先回到《大学》与《中庸》里的慎独。宗周发觉这两部经典正分别反映着慎独的两种不同的意义，或者是两个方面或层次。宗周说：

> 《中庸》之慎独与《大学》之慎独不同。《中庸》从不睹不闻说来；《大学》从意根上说来。[②]

---

① 黄宗羲在归纳宗周的思想特色时，虽有提及心性的关系这一点，但首先重视此义而提出此是决定宗周思想系统的关键的，是牟宗三。见牟宗三：《从陆象山到刘蕺山》（台北：台湾学生书局，1979），第 452—458 页。

② 《刘子全书》，卷十，《学言上》，第 18 页。

依宗周，所谓“不睹不闻”其实就是说性，而“意根”则属于心。下面一段可为证：

> 独是虚位。从性体看来，则曰：莫见莫显。是思虑未起，鬼神莫知时也。从心体看来，则曰：十目十手。是思虑既起，吾心独知时也。然性体即在心体中看出。①

“莫见莫显”即是“莫见乎隐，莫显乎微”，此与“戒慎乎其所不睹，恐惧乎其所不闻”之“不睹不闻”同出于《中庸》。“不睹不闻”表示“思虑未起，鬼神莫知”，而宗周总括之，说是“从性体看来”。另一方面，“十目十手”即是“十目所视，十手所指”，此与“诚其意”之“意”同出《大学》。“十目十手”正表示“思虑既起，吾心独知”，而宗周总括之，说是“从心体看来”。“独是虚位”是说独体可从《中庸》言性的方面来看，也可从《大学》言心的方面来看，而“性体即在心体中看出”。很明显，心体与性体指的都是独体，它们也可以说是独体的两个方面。我们相信，宗周正是从《大学》与《中庸》之言心言性，结合自身修养的体会，而提出“性宗”与“心宗”的说法的。

（二）性宗与心宗

性宗是什么？或者说性体的内容是什么？单从上面的引文我们不易了知其究竟。宗周在别处则有较详细的解释。他说：

> 君子仰观于天，而得先天之易焉。维天之命，于穆不已，盖曰

---

①《刘子全书》，卷十，《学言上》，第18页。

> 天之所以为天也。是故君子戒慎乎其所不睹，恐惧乎其所不闻。此慎独之说也。至哉独乎！隐乎！微乎！穆穆乎！不已者乎！盖曰心之所以为心也。则心一天也。[①]

从下文来看，这段话是形容性体的。我们可以看到，性体就是天，就是那不可睹闻、幽隐微妙而又于穆不已的独体。性也是不可离开心而说的，它是心之所以为心，作为天的心体其实就是性体了。宗周接着说：

> 独体不息之中，而一元常运，喜怒哀乐四气周流，存此之谓中，发此之谓和，阴阳之象也。四气，一阴阳也；阴阳，一独也。其为物不贰，则其生物也不测。故中为天下之大本，而和为天下之达道，及其至也，察乎天地，至隐至微，至显至见也。故曰：体用一源，显微无间。君子所以必慎其独也。此性宗也。[②]

这是以中和说独体，而以此意义的独体说性体。盖在独体之中，一元之气常运，化为阴阳之四气，四气化育万象。万象而四气而元气，又皆统于中和之内，而即中即和，最后归于一独。若以中为独体，则即中即和就是即体即用，故说"体用一源，显微无间"。个中曲折，我们已详论于未发之中与已发之和一节，此处不再赘论。此段之下宗周有按语云：

> 喜怒哀乐即仁义礼智之别名。以气而言，曰喜怒哀乐；以理而言，曰仁义礼智是也。理非气不著，故《中庸》以四者指性体。[③]

---

① 《刘子全书》，卷二，《易衍》《第七章》，第 13 页。
② 同上。
③ 同上，第 13—14 页。

以仁义礼智说性，是一般的共识，但宗周又以喜怒哀乐四气指性体，便与宋明儒学主流的说法不侔。这里面的问题，我们亦已辨之于理与气一节。总而言之，宗周认为吾人之本性、性体，其实就是中体、独体，而且是作为形而上的实体的独体。这便是他所谓“性宗”的含义。

然则心宗的含义是什么？如果性是不可离开心而说的，那么心还可有什么别的内容？试看宗周如何解释心宗：

> 君子俯察于地，而得后天之易焉。夫性，本天者也。心，本人者也。天非人不尽，性非心不体也。[①]

虽然宗周没有明言，但从他整个思想来看，此段是说心宗无疑。[②] 我们注意此处的心并不就是天。宗周把性与天、心与人分属两个不同的范畴。虽则“天非人不尽，性非心不体”，天必须通过人的道德实践以彻尽其奥蕴，否则天不成其为天，性亦必须通过心之自觉以体证之，否则性不成其为性，然而天与人、心与性究不能直接等同。如果吾人的道德实践未能纯乎其纯，而达到极致，也就是未能真正立人之极，此时吾人便不能配同于天，而是后于天，所谓“后天而奉天时”。同样地，此时吾人的心亦不能是无限的宇宙心或形而上的实体，它是有限的，只能为道德界的主宰，却不能是存在界的根源。当然，这个有限的心并不表示它就是经验的、感性的。宗周接着说：

> 心也者，觉而已矣。觉故能照，照心尝寂而尝感，感之可以喜

---

① 《刘子全书》，卷二，《易衍》《第八章》，第 14 页。

② “心宗”一词，可见于宗周著述的其他地方，如《刘子全书》，卷十二，《学言下》，第 21 页。

> 而喜，感之可以怒而怒，其大端也。喜之变为欲、为爱，怒之变为恶、为哀，而惧则立于四者之中，喜得之而不至于淫，怒得之而不至于伤者。合而观之，即人心之七政也。七者皆照心所发也，而发则驰矣。众人溺焉，惟君子时发而时止，时返其照心而不逐于感，得易之逆数焉。此之谓后天而奉天时，盖慎独之实功也。①

一般来说，我们说心都表示经验的、感性的心。但依宗周的心宗，心是觉心。此觉心与经验心不同，然而并非意谓觉心即完全独立于经验心之外。就如性体在心体中看出，觉心也是在经验心中看出。借用宗周自己的话，觉心是照心。所谓"寂然不动，感而遂通"（《易传》语），此照心是寂而常感的，感而为喜怒哀乐，乃至变为喜怒哀惧爱恶欲之人心之七情或七政；照心也是感而常寂的，即常照于七情而不逐于感，使复返于喜怒哀乐之性情之正。众人溺于七情之发，此时的心便是经验心。君子则照于七情而不溺于驰逐，是以通过此慎独之实功，七情复合于四情之本，此时的心便是照心。心之为经验的与否端赖觉或不觉。在自觉的状态下，心便是照心或超越的本心了。于是，我们可以总结为宗周心宗的心是照心，是一超越的心体。

（三）心性之关系

心宗与性宗之义既明，心与性之关系亦可得而明。前述"性即理"与"心即理"两系，前者的心是经验心，并不等同性、理，而与性理为二，即使说到心性为一，也只是关联的合一。② 后者的心是超越的本心，等

---

① 《刘子全书》，卷二，《易衍》《第八章》，第 14 页。

② 此处对"性即理"一系的判断，主要是根据牟宗三的看法。牟先生对此系的看法散见于《心体与性体》。如《心体与性体》（一），第 44—45 页。

同于性理，而心性是一。心性是一是二是决定两系不同的本质的关键，然则宗周的心性的关系又如何？从上文已知，宗周的心是超越的，但此超越的心与性的关系却与上述两系不同。有人问宗周："心性两字，是一是二？"宗周回答："心只是此心，言心而性在。天下无心外之理。"①以下一段宗周说得更清楚：

人心惟危，道心惟微。道心即在人心中看出，始见得心性一而二、二而一。②

"人心惟危，道心惟微；惟精惟一，允执厥中"。这几句见于《尚书·大禹谟》，是宋明儒所谓的十六字心传。依宋明儒的传统，一般都以人心为人欲，道心属天理，但宗周却以人心为心，道心为性，而说心性一而二、二而一。所谓一而二、二而一，是说心性不一不异（二）。一方面，心性毕竟是相同的（不异），但另一方面，它们仍可说有不同（不一）。这当如何理解？试看他说：

《大学》言心不言性，心外无性也。《中庸》言性不言心，性即心之所以为心也。有说乎？曰：善非性乎？天非心乎？故以之归宗于慎独，一也。③

此段前半大概是学生的提问，但揆之宗周整个思想，亦必是他承认的说法。从此段来看，心性到底归宗于慎独，同是独体，在这个意义下它们

---

① 《刘子全书》，卷十三，《会录》，第31页。
② 同上，卷十，《学言上》，第19页。
③ 同上，卷十二，《学言下》，第21页。

是不异的。然而，宗周虽承认“心外无性”，却没有说“性外无心”；虽说“性即心之所以为心”，却没有说“心即性之所以为性”。相比之下，在宗周心目中，性似乎较心更为根本，在此它们又不一。宗周又说：

> 《大学》言心到极致处，便是尽性之功，故其要归之慎独。《中庸》言性到极致处，只是尽心之功，故其要亦归之慎独。独，一也。形而上者谓之性，形而下者谓之心。①

此处把心性的分别说得更清楚。虽然言心到极致便是尽性，言性到极致便是尽心，心性是一，但宗周却同时认为性是形而上的、心是形而下的。一般来说，依宋明儒学的传统，形而下代表有形有相，是属于经验的层次。但宗周的心既是超越的本心，便不可能是经验的。如是，他所谓的形而下便当有别解。我们认为，正如上一节已提到的，宗周的形而下是即于形而上，是上通于形而上的。就如气即于理而无理气之分，只是一气平铺；形下之心亦即于形上之性，而无心性之别，言性体已含心体，言心体已通于性体。然而，若不从究竟处言，心性毕竟有别。以形上形下言心性，表示性无形相而心有形相。当然，依宗周，心有形相并不意谓它就是经验的、感性的心。如果我们回到本节第二段引文，宗周以“思虑未起，鬼神莫知时”说性体，以“思虑既起，吾心独知时”说心体，便刚好印证以形下形上言心性的提法，因为“思虑未起”正表示无形无相，故不可知，“思虑既起”则有了形相，故可独知。当然，形下即于形上，性体在心体中看出，思虑未起与思虑既起亦非前后两时，而是显微无间，互藏其宅，如此又通于未发之中与已发之和，即中即和之义。不

① 《刘子全书》，卷十，《学言上》，第25页。

过，中体固可与性体相当，心体却不能完全等同于和。盖性体在心体中看出，心体是吾人实现道德的转化的关键，而和却不是。

虽然形下即于形上，但我们发现，宗周以形上说性，以形下说心时，不只是平列地区分两者，实更意味着两者有上下，甚至高低之别。他说：

> ……然则尊心而贱性可乎？夫心，囿于形者也。形而上者谓之道，形而下者谓之器也。上与下一体而两分，而性若踞于形骸之表，则已分有常尊矣。故将自其分者而观之，灿然四端，物物一太极；又将自其合者而观之，浑然一理，统体一太极。此性之所以为上，而心其形之者与？即形而观，无不上也。离心而观，上在何所？悬想而已。①

尊心而贱性固然不可，尊性而贱心当然亦不可。虽不可尊性贱心，但性毕竟较为尊崇，理由是心是囿于形的，而性则否。"囿于形"正是宗周所谓形而下的意思。形而上与下本来一体，形下即于形上，而将之二分者，乃是方便地就无相说形上，有相说形下。有相则不免着于形迹而有限，不若无相之为无限。于是无形之性便恍若居于有形之上，而位置较尊了。如是，自心性之分言，性借心而呈现，心现为四端，而为万事万变。心于所现之相而不着，每一物之相皆即有限而可通于无限，故说"物物一太极"。自心性之合言，心归统于性，相而无相，浑然一理，故说"统体一太极"。因此，就心之为有形而观，无形之性无不在上位而较尊。然而，离开有形之心而言无形之性，性亦无着落，只流于一片空无

① 《刘子全书》，卷七，《原旨》《原性》，第2—3页。

的悬想而已。是以虽尊性而亦不可贱心，而心亦尊贵。

心尊贵，而性更尊贵，此义亦见于下面一段：

> 子思子从喜怒哀乐之中和指点天命之性，而率性之道即在其中，分明一元流行气象。所谓不识不知，顺帝之则，全不涉人分上。此言性第一义也。至孟子因当时言性纷纷，不得不以善字标宗旨，单向心觉处，指点出粹然至善之理，曰恻隐、羞恶、辞让、是非，全是人道边事，最有功于学者。虽四者之心未始非喜怒哀乐所化，然已落面目一班，直指之为仁义礼智名色，去人生而静之体远矣。学者从孟子之教，尽其心以知性而知天，庶于未发时气象少有承当。今乃谓喜怒哀乐为粗几，而必求之义理之性，岂知性者乎？①

宗周以喜怒哀乐之气之存于中言中体、性体，已不成问题。我们注意他说《中庸》言天命之性“不涉人分上”，至孟子以心言性，以善标宗而曰恻隐、羞恶、辞让、是非之仁义礼智，“全是人道边事”，“已落面目一班”，“去人生而静之体远矣”。如此则心性有差距甚显然。虽说心性不可截然二分，学者尽其心便可知性知天，但在某一义上，心性确非完全等同。像这种心性的关系，宗周在经典中亦找到根据，他说：

> 心之官则思，思曰睿，睿作圣。性之德曰诚，诚者不勉而中，不思而得，从容中道，圣人也。此心性之辨也。故学始于思，而达于不思而得。又曰：诚者，天之道也；思诚者，人之道也。②

---

① 《刘子全书》，卷六，《证学杂解》《解十九》，第 9 页。
② 同上，卷十，《学言上》，第 18 页。

所谓“心之官则思”(《孟子》)、“思曰睿”(《尚书·洪范》)、“思诚者，人之道”(《中庸》)，都是属于心宗的说法。至于“睿作圣”(《尚书·洪范》)、“诚者不勉而中，不思而得，从容中道，圣人也”及“诚者，天之道”(《中庸》)则属性宗之说。而“学始于思，而达于不思而得”即表示由心转进而为性的历程。如是，配合宗周以“先天之易”说性，以“后天之易”说心，心性之别便非常清楚了。但必须立刻强调，心性有分别、有差距，是属第二义的。从究竟处言，心性毕竟是一。宗周说：

> 性情之德，有即心而见者，有离心而见者。即心而言，则寂然不动，感而遂通，当喜而喜，当怒而怒，当哀而哀，当乐而乐。由中导和，有前后际，而实非判然分为二时。离心而言，则维天于穆，一气流行，自喜而乐，自乐而怒，自怒而哀，自哀而复喜。由中导和，有显微际，而亦非截然分为两在。然即心离心，总见此心之妙，而心之与性，不可以分合言也。故寂然不动之中，四气实相为循环；而感而遂通之际，四气又迭以时出。即喜怒哀乐之中，各有喜怒哀乐焉。如初喜属喜，喜之畅属乐，喜之敛属怒，喜之藏属哀，余仿此是也。又有逐感而见者，如喜也而溢为好，乐也而溢为乐，怒也而积为忿懥，一哀也而分为恐、为惧、为忧、为患。非乐而淫，即哀而伤。且阳德衰而阴惨用事，喜与乐之分数减，而忿懥、恐惧、忧患之分数居其偏胜，则去天愈远，心非其心矣。①

所谓“即心”是指心，“离心”是指性。就心言，“寂然不动，感而遂通”，感物而当喜则喜，当怒则怒，以此类推。寂然不动是中，感而遂通是和。

① 《刘子全书》，卷十一，《学言中》，第8页。

由中至和，好像先是寂然不动，然后物来感而顺应，而有喜怒哀乐之情，两者似有前后的关系。实则即寂即感、即中即和，心体已超越了时间，在其寂然而感通之中，并无真正的前后可言。就性言，“维天于穆，一气流行”，而化为喜怒哀乐四气之相互循环。维天于穆之一气流行是中，四气之相互循环是和。由中至和，好像于穆之一气是微、四气是显，两者有显微之分际。实则即中即和，维天于穆之一气乃即于四气之相为循环，并无真正显微的分际，是以谓之显微无间。此是分说之心性，但并不是意谓心之外别有一性。若总体地言之，此心性亦不过是一“寂然不动，感而遂通”之心而已。只是就寂然不动一面为主而说性，遂不见四气之翕辟起伏，而见其相为循环；又就感而遂通一面为主而说心，遂不见四气一几自然之运，而见其迭以时出。然即寂即感，四气之迭以时出又即于四气之相为循环，而性又毕竟即是心，故曰“心之与性不可以分合言也”。然则此处之心与性毕竟是一，而其方便地分为二，却是平等并列之二，不是上下高低之二了。以下说喜怒哀乐之中又各有喜怒哀乐，此则易明。至喜怒哀乐之化为七情，甚至为忿懥、恐惧、忧患，则“去天愈远，心非其心”，意谓本心之超越性已丧失，此时的心已变成经验的、感性的心了。

我们总括以上所言，宗周思想中心与性的关系，就正如他自己所说，两者是一而二、二而一的。所谓一，是从究竟处言，心性指的都是独体，心性是一。所谓二，是说心性指独体的两个方面，甚至是独体的两个不同的层次。当心性是独体的两个层次时，性是就独体之作为一形而上的宇宙的实体而说，心则就独体之作为一超越的道德的本体而尚未达至形而上的实体而说。于此，宗周以“先天之易”和“后天之易”，以及“诚者天之道”和“思诚者人之道”等来区别性与心，意思十分明确，这也就是他所谓“形而上者谓之性，形而下者谓之心”之意。但当心性是独体的两个方面，也就是当思诚而至不思而得之诚之化境时，在此仍可分言心性，仍可就形而下说心、形而上说性，然而此时之形而下已彻底地通透于形而上，形下形上再也不是高低层次的不同，而是并列的两个方面。这便是宗周所谓"即心离心，总见此心之妙"之心与性，也就如下面所说的心与性：

> 天穆然无为，而乾道所谓刚健中正，纯粹以精，尽在帝中见。心浑然无体，而心体所谓四端万善，参天地而赞化育，尽在意中见。离帝无所谓天者，离意无所谓心者。①
>
> 心中有意，意中有知，知中有物，物有身与家国天下，是心之无尽藏处。性中有命，命中有天，天合道，道合教，教合天地万物，是性之无尽藏处。②

第一段言天也就是言性，所谓"性本天"是也。凡此所言之心性均是平等并列地言，是作为形上实体的独体的两个方面。宗周有时甚至以心为主而言心性：

> 好恶从主意而决，故就心宗指点。喜怒从气机而流，故就性宗指点。毕竟有好恶而后有喜怒，不无标本之辨。故喜怒有情可状，而好恶托体最微。③

这大概是就"性体即从心体中看出"而说。心之好恶既然托体最微、最

① 《刘子全书》，卷十二，《学言下》，第9页。
② 同上，卷十一，《学言中》，第11页。
③ 同上，卷十二，《学言下》，第21页。

为根本，则此时心宗的心必然是作为形上实体的独体了。所谓“心一天也”。是以谓从究竟处言，心性是一也。

像这种心性一而二、二而一的关系，若更扼要地言之，我们可以“尽心即性”一语来概括。盖心之推扩至尽即回复心之本来面目，此即是性，故心性是一。心之未尽时，它只是超越的道德的本心，尚不是作为涵盖宇宙的形上实体的性体，故心性是二。心之尽，则与性分别表示独体之两面，此时心性是一而二。于是，心性一而二、二而一所包含的三层意义（即心性是一、心性是一独体之二面及心性乃高低之两层）皆涵摄于“尽心即性”一语中。此与程、朱“性即理”一系及陆、王“心即理”一系对心性的看法显然不同。依程、朱，尤其是朱子的传统，心是经验心。此气之灵的经验心须通过渐进的道德修养的历程而自我转化，与超越的性、理合一。但依宗周，心自始便是超越的，而通过道德修养，心体扩充至尽而成性。在本心的自我转化中，心并非与性合一，而是回复至心之所以为心的本然，也就是性。在陆、王的传统方面，心性是一，两者只是同一物之就主观或客观方面而言，并无任何本质上的分别。虽然陆、王皆以心为道德的本心，亦同时以之为形而上的宇宙的实体，但他们始终不像宗周之以心宗性宗分言心性。就因为这一点，遂令宗周与阳明的思想分流，也使得他成为阳明学派的批评者。

在本章，我们借主静立极、中和、理气及心性这几对观念的探讨来发掘宗周慎独哲学的内容。从主静立极的角度看，独不但是超越动静的修养境界，它更是一超越的本体，我们称之曰静体、独体。独体即是中体，而即中即和，和则指天地万物之得其位育。如是独体便成一形而上的宇宙的实体。在独体之为形上实体的境界中，以气为其本质的万事万物皆一起提升至理的层次，以物自身之身份而存在。另外，独体之作为道德的本体及形上的实体又分别纳于心宗与性宗,而为独体之两层。至心尽则与性平列,而为独体之两面,最后归于一独。于是,尽心即性便成为宗周慎独哲学的基本架构,与传统的性即理与心即理两系均有不同了。

第三章

慎独哲学的完成
——诚意说的确立

这一章所谓慎独哲学的完成，是根据宗周 59 岁时提出对诚意之新解而说的。宗周诚意说的确立实标志着他的哲学正式进入成熟的阶段。但此处所说的成熟，并非意谓他的思想系统至此方完成。事实上，宗周的思想架构在此之前已具备，至此则把其架构贯注到诚意之观念上，遂产生全新的理解。在重新诠释下的诚意被纳入宗周的思想系统中，占据主导的地位，使之更充实和丰富。我们所谓慎独哲学的完成，即就此一背景而说。

宗周之重新注意诚意一观念，与当时思想界的风气有莫大的关系。当时王学风行天下，但也出现极大的流弊。宗周就是在面对这些流弊而迫着重新检讨阳明的学说，遂提出诚意的理论。因此，要透彻地了解宗周思想的这一面，我们便不得不注意他如何面对当时思想界的问题，乃至他对这些问题的根源——阳明学说的态度。

一、诚意说确立的背景

（一）明末思想界的危机

在宗周《阳明传信录》的后记中，黄宗羲的弟子陈奕昌说：

……有明之学，白沙开其端，至阳明而闻性道之蕴，今日学脉嗣续而不绝者，伊谁之力欤？阳明其人也。于殁后，其门下持论不无过高，即教法四句已不能归一，故其后流弊以情识为良知，以想象为本体，由择焉而不精也。子刘子悉加辩正，名之曰传信，所谓澄源端本，学者庶乎无他歧之惑矣。①

这篇后记告诉我们，宗周编辑《阳明传信录》的动机之一，便是要纠正阳明后学的错误。宗周认为他们“择焉而不精”，并不能继承阳明学的精神。所谓“以情识为良知，以想象为本体”，正好总结当时蔚然成风的阳明学的两大流弊。宗周对此非常不满，在他的著作及给朋友弟子的书信中，常流露出对这种状况的忧虑。他说：

今天下争言良知矣。及其弊也，猖狂者参之以情识，而一是皆良；超洁者荡之以玄虚，而夷良于贼，亦用智者之过也。……今之贼道者，非不知之患，而不致之患，不失之情识，则失之玄虚，皆坐不诚之病，而求之于意根者，疏也。故学以诚意为极则，而不虑之良于此起照，后觉之任，其在斯乎？孟子云：我亦欲正人心，息邪说，距诐行，放淫辞，以承三圣。又曰：能言距杨、墨者，圣人之徒也。予盖有志焉，而未之逮也。②

此处对阳明学的两个流弊有较详细的表述。首先是“猖狂者参之以情识，而一是皆良”，也就是前面所说的“以情识为良知”。良知本来是至善的，与情识有别。但如果没有相应的修养工夫的任持、扩充，或工夫

① 《刘子全书遗编》，卷十三，《阳明传信录三》，第 35 页。
② 《刘子全书》，卷六，《证学杂解》，第 14 页。

不足，良知便很容易与情识相混。此时学者以为其想念行为皆合乎道德，实则只是从人欲而来的主观意见而已。宗周认为，气质狂放者较易犯上此毛病。另一个阳明良知之学的流弊是“超洁者荡之以玄虚，而夷良于贼”，也就是前面所说的“以想象为本体”。一些人不能使良知在日常生活中时时起作用。他们舍离世累，希望体证良知之本体，但却不知道这只是静定中的玄虚的想象，真正的良知已在荡越而不能落实中放失殆尽。宗周认为，气质超洁者较易犯上此毛病。总之，无论是“情识而肆”或“玄虚而荡”，①宗周以为归根究底都是因为不能做到诚意。由此可见，诚意是一关键性的概念。引文中“意根”一词，其意谓作为根本的意，意即是根，可见意是一根本而重要的事物。宗周又以这两个流弊比作孟子时的杨朱、墨翟，立志如孟子之拒斥异端。他之视此两流弊所引申之问题为思想上的危机，亦于此可见了。

“情识而肆”与“玄虚而荡”是王学的流弊，恐怕是不争的事实。当时王学流行，遍于天下，但扼要言之，阳明学派之重要者不过三系，就是浙中、江右和泰州派。三系之中，宗周似乎对江右派的态度较温和。他曾称赞江右派的代表人物如邹守益（号东廓，1492—1562）及罗洪先（号念庵，1504—1564），说邹守益“卓然守圣矩无少畔援”，罗洪先则“卫道苦心”。② 相比之下，他对当时影响甚大的泰州派便不那么欣赏。他批评泰州派的代表人物王艮（号心斋，1483—1541）时说：

王门惟心斋氏盛传其说。从不学不虑之旨，转而标之曰自然，

① 这两个词语是牟宗三用来总括宗周所说的阳明学的流弊。见《从陆象山到刘蕺山》，第 454 页。

② 《明儒学案》《师说》，第 4—6 页。

曰学乐。末流衍蔓，浸为小人之无忌惮。[①]

此处之“小人之无忌惮”其实就是宗周所谓的狂放或猖狂者。他认为泰州派标宗自然，良知之觉悟不离日用常行之中，如此不学不虑，其末流便会导致道德修养上的轻率及沉溺于情欲而不自觉。这便是所谓的“以情识为良知”“猖狂者参之以情识，而一是皆良”了。

至于“以想象为本体”的流弊，大抵是来自浙中的王畿(号龙溪，1498—1583)。王龙溪是阳明的重要弟子，他把阳明的“四句教”推至极端，[②]提出“四无”之说：心是无善无恶之心，意是无善无恶之意，知是无善无恶之知，物是无善无恶之物。[③] 从表面看来，“四无”似乎很容易令人走向对善恶的否定，而达到禅宗所谓的空寂之境。像这种说法正好为当时的三教合一提供理论根据。然而，对宗周来说，一切虚无空寂之境皆不能达至宇宙最终极的实在；这些境界只能是禅定中的幻象而已。把良知本体的境界与这种虚无空寂的“悟境”等同起来，是犯了严重的错误。因此，宗周非常反对王龙溪的说法。他说：

> 王门有心斋、龙溪，学皆尊悟，世称二王。心斋言悟虽超旷，不离师门宗旨。至龙溪直把良知作佛性看，悬空期个悟，终成玩弄光景，虽谓之操戈入室可也。[④]

秦家懿教授已看出宗周以“操戈入室”说龙溪，是“异常严厉的批评”，因

---

① 《明儒学案》《师说》，第 6 页。
② 有关王阳明的“四句教”，可参考本章第二节。
③ 王畿：《王龙溪全集》(台北：华文书局，1970)，第 89—90 页。
④ 《明儒学案》《师说》，第 5 页。

为这等于是说他破坏了整个阳明学派的教法。[①] 在宗周心目中,即使是王心斋还未至于此!可见他对"四无",也就是"无善无恶"之说的反感的程度是如何。如果我们更深入了解宗周对龙溪的批评,便会发现宗周认为"无善无恶"之说不但是"玄虚而荡"的根源,而且也可导致"情识而肆"的流弊。他说:

> ……若吾儒日在世法中求性命,五欲熏染,头出头没,于是而言无善恶,适为济恶之津梁耳。[②]

依宗周,说无善无恶便等于否定道德在吾人生命中的价值。没有道德的标准,由情识而来的想念行为皆可被接受,结果便入于邪恶。难怪宗周以无善无恶之说会导致"以为良知中本无一切对待,由其说,将不率天下而禽兽食人不已"![③]

是故,宗周在当时正面对着思想界的两个危机。宗周认为,这两个危机都是来自阳明学的流弊,而将要引致严重的后果。用现代的术语来说,它们一是"玄虚而荡""以想象为本体"的虚无主义,一是"情识而肆""以情识为良知"的功利主义。宗周甚至将它们比作孟子时的杨朱和墨翟。在他处宗周更说:

> 学者终身造诣,只了得念起念灭工夫,便谓是儒门极则。此个工夫以前,则委之佛氏而不敢言;此个工夫以外,则归之霸图而不

---

① Julia Ching, ed., *The Records of Ming Scholars* (Honolulu: University of Hawaii Press, 1987), p.62.

② 《明儒学案》《师说》,第 4 页。

③ 《刘子全书》,卷二十一,《重刻王阳明先生传习录序》,第 18 页。

> 屑言。遂使儒门淡泊，为二家所笑，而吾儒亦遂不能舍二家以立脚。以故往往阳辟佛而阴逃禅，名圣真而杂霸术，虚无、功利之说纵横以乱天下，圣学不传。悲乎！①

宗周认为当时学者"只了得念起念灭工夫，便谓是儒门极则"，是不正确的。有关念起念灭的问题，下文续有讨论。这里只想指出，那"委之佛氏而不敢言"，而又往往"阳辟佛而阴逃禅"者，正是超洁者之荡之以玄虚；而那"归之霸图而不屑言"，而又往往"名圣真而杂霸术"者，正是猖狂者之参之以情识。前者虚无，后者功利，所谓"虚无、功利之说纵横以乱天下，圣学不传"，这正是宗周以为当前思想危机的写照。

（二）宗周与陶奭龄的分歧

我们已知，在宗周的时代王学非常盛行，而宗周却对王学的流弊极度不满。在这个背景之下，我们自然会想到宗周会否接触过王学的学者而跟他们有过争论？事实上，在崇祯四年(1631)，宗周成立"证人社"讲学，同主事者为陶奭龄。有趣的是，陶奭龄乃陶望龄之弟，陶望龄则是周汝登的弟子，他们都是泰州派的人物。

周汝登曾与许孚远有过"九解"与"九谛"之辩，主要是围绕"无善无恶"一观念而论。周汝登赞成此观念，而许孚远则立"至善"之论而反对之。② 我们已看过宗周如何批评"无善无恶"之说。很明显，对于这个

---

① 《刘子全书遗编》，卷十四，《人谱杂记一》，第 7—8 页。

② 从义理的角度言，"九谛""九解"是一重要的论辩，但由于不是本书的范围，此处只是把重点提出，不作详细的探讨。详情可参原文，见《明儒学案》，卷三十六，《泰州学案五》，第 374—378 页。有关现代学者对这个论辩的整理与讨论，可参蔡仁厚：《新儒家的精神方向》(台北：台湾学生书局，1982)，第 239—276 页。许孚远的"九谛"是：① 经传皆言善，而非无善无恶。② 善恶有别，不容（转下页）

问题他必然是站在老师许孚远的立场的。他说：

> 吾师许恭简公与周海门在南都有九谛九解，辨有辨无，可谓详尽。而师论辞严而理直，凛乎日月为照。今即从海门作妙解，亦只是至善注脚，终脱不得善字。[①]

宗周的立场很清楚，他认为“无善无恶”最多只能为“至善”之注脚，决不能取代之而为儒学的终极原则。至于与宗周同时讲学的陶奭龄，我们没有直接的证据显示他对这场辩论的态度。但从陶奭龄学问的背景，以及其弟子秦弘祐“以敬庵先生九谛为非，而信周海门先生之九解”[②]来看，陶奭龄赞同周汝登，承认“无善无恶”之说，是可以推想而知的。

宗周与陶奭龄在义理上不同的取向似乎已注定两人共同讲学失败的命运。在崇祯五年(1632)，也就是“证人社”成立后一年，宗周《年谱》载谓“诸生王朝式、秦弘祐、钱永锡等，奉石梁先生为师模，纠同志数十人，别会白马岩居，日求所谓本体而识认之”。虽然宗周“间尝过从”，但始终不能掩饰两者思想有分歧的事实。[③] 然而，必须指出的是，宗周与

(接上页)增损。③ 善为天下之大本。④ 人性本善。⑤ 世道之纯正，全靠秉彝之良。⑥ 志道者须下学而上达，改过迁善，而非顿悟无善之宗。⑦ 善不可有意而为，并不等于无善。⑧ 无善无恶之说恐非阳明之正传。⑨ 龙溪四无之说反足以病阳明之教。周汝登的“九解”是：① 经传中言心性处，善率不与恶对。② 以善与恶对，是增损法；不可增损者，绝名言无对待。③ 无一物可著者，正是天下之大本。④ 赤子之心无恶，岂更有善？⑤ 无作好无作恶之心，是彝之良。⑥ 无恶无善，修为无迹，才是真修为。⑦ 有意为善，虽善亦私之言，正可证无善之旨。⑧ 无善恶之旨，不与致良知异。⑨ 四无之说，并非自创，实千圣所传者。

① 《刘子全书》，卷十三，《会录》，第 51 页。

② 同上，卷十九，《书上》《与履思十》，第 14 页。

③ 同上，卷四十，《年谱上》，第 47—48 页。

陶奭龄终其一生都互相尊重。宗周曾称赞陶奭龄说：

> ……于吾乡得陶先生，学有渊源，养深自得，不难尊为坛坫，与二三子共绎所闻。每一与讲席，辄开吾积痼，退而惘然失所据也。一时闻者兴起，新建微传，庶几有托。①

宗周认为陶奭龄之学确有心得，能接王学之传。陶奭龄卒于崇祯十三年(1640)，宗周即为文祭之，谓其说“不出良知遗铎”。② 又勉励自己的学生以敦笃自修，不当党同伐异。③ 虽然宗周甚尊重陶奭龄及别会白马岩居的学者，但毕竟无法抹煞彼此为学路向的不同。刘汋在描述陶奭龄学术的谱系时曾有如下的评论：

> 越中自阳明先生倡学后，其门人最著者为王龙溪，由龙溪而传及周海门，海门同时为陶石篑，俱本良知为宗，而递衍递失其旨。石梁先生固尝从事于斯而有得。是时会讲，仍揭良知以示指归。④

刘汋明言阳明之学传至周汝登及陶望龄，已“递失其旨”。这似乎是暗示着虽然陶奭龄“尝从事于斯而有得”，但阳明学的流弊已在其中发露端倪。由此遂引致宗周不同意其说而有的一番讨论。⑤

与刘汋的评语相比，黄宗羲的批评便显得更强烈。黄宗羲说：

---

①《刘子全书》，卷十九，《书上》《答王金如三》，第 32 页。
② 同上，卷二十三，《祭文》《祭陶石梁先生文》，第 44 页。
③ 同上，卷四十，《年谱下》，第 2 页。
④ 同上，《年谱上》，第 47 页。
⑤ 同上，有关这番讨论的分析，见下文。

当是时，浙河东之学，新建一传而为王龙溪，再传而为周海门、陶文简，则湛然澄之禅入之。三传而为陶石梁，辅之以姚江之沈国谟、管宗圣、史孝咸，而密云悟之禅又入之。会稽诸生王朝式者，又以捭阖之术鼓动以行其教。证人之会，石梁与先生分席而讲，而又为会于白马山，杂以因果僻经妄说，而新建之传扫地矣。①

从黄宗羲的这段记录，可知阳明学之三传至陶奭龄以后，已杂入禅家思想，尤其是湛然圆澄（1561—1626）及密云圆悟（1566—1640）的禅学。而开启此通接禅学之方向的，恐怕与龙溪的四无及周汝登九解之言无善无恶不无关系。黄宗羲又谓陶奭龄及其弟子“为会于白马山，杂以因果僻经妄说”，这大概跟他自己的亲身经历有关：

石梁之门人皆学佛，后且流于因果，分会于白马山。羲尝听讲，石梁言一名臣转为马，引其疾姑证之。羲甚不然其言。②

可见黄宗羲对佛教因果轮回之说甚不以为然，而此“妄说”竟流传于阳明后学当中，遂目之为堕落，所谓“新建之传扫地矣”！

反观宗周，其言论虽不若门人黄宗羲之激烈，对陶奭龄及白马山诸生亦始终保持尊重的态度，但学术所关，彼此的同异，却仍是非常自觉的。他在给弟子的一封信中说：

……吾乡陶石梁子，雅为吾党推重。特其入门，不免借途于释

① 《刘子全书》，卷三十九，《行状》，第38—39页。

② 《明儒学案》，卷六十二，《蕺山学案》，第675页。

> 氏。一时从游之士,多以禅起家,卒难骤反于正,亦其弊也。仆与石梁持论每有异同,或至山穷水尽之日,将有废然而返者,未可知也。①

此处宗周明白地承认自己持论与陶奭龄不同,且不以其混杂禅佛之说为然。

也许因为彼此互相尊重,我们没有发现宗周与陶奭龄有过激烈争论的记录。这便印证了《年谱》中"先生与陶先生宗旨各异,然相对少有辨难,惟虚己请事而已"的说法。② 虽是如此,在他们共同讲学的一年中,对问题有不同意见也还是有的。除了一些如死生等课题之外,两人最显著的分歧是在本体与工夫的问题上:

> 陶先生曰:学者须识认本体。识得本体,则工夫在其中。若不识本体,说甚工夫?先生曰:不识本体,果如何下工夫。但既识本体,即须认定本体用工夫。工夫愈精密,则本体愈昭荧。今谓既识后,遂一无事事,可以纵横自如,六通无碍,势必至猖狂纵恣,流为无忌惮之归而后已。③

陶奭龄的说法反映了泰州派的风格,也就是自然与学乐。这便是为何陶奭龄强调识认本体的重要。盖本体即是良知,此良知之本体一旦呈现,工夫即在其中。真正的道德修养工夫必是在自然中的工夫,在自然中才可有游刃有余的乐趣,而这一切都是在良知之本体呈现下才有可

① 《刘子全书》,卷十九,《书上》《答王生士美》,第 36 页。
② 同上,卷四十,《年谱下》,第 7 页。
③ 同上,卷十三,《会录》,第 20 页。

能。然而宗周却不同意此说法。他并没有否认要识得本体，只是在识得本体后，仍须戒慎恐惧，存养此本体而勿失，所谓"认定本体用工夫"是也。此时离良知本体之充分呈现尚有一段差距。如果不强调工夫，本体便容易放失，于是情欲抬头，吾人之生命便浸假而为种种猖狂纵恣所淹没。我们仔细观察，便会发现宗周所批评者正是以情识为良知的功利主义！

然而，有人或许会同情陶奭龄的说法，因为从引文看来，他似乎没有真的抹煞工夫的重要性，只是工夫不离本体而已。事实上，陶奭龄的学生秦弘祐在崇祯七年(1634)即重提此论而企图替老师辩护：

> 秦弘祐谓陶先生言识认本体，识认即工夫，恶得以专谈本体少之？(宗周)曰：识认终属想象边事，即偶有所得，亦一时恍惚之见，不可便以为了彻也。且本体只在日用尝行之中，若舍日用尝行，以为别有一物，可以两相凑泊，无乃索道于虚无影响之间乎？①

秦弘祐认为识认本体之识认本身便是工夫，不可谓陶奭龄专言本体不重工夫。但宗周却认为秦弘祐所谓的识认只属想象，这已预设了本体是在日用常行之外，究其实，不过是一幻象而已。在日用常行之外的本体并非真本体，就如识认一幻象之识认并非真工夫一样。即使已真见得本体，仍须努力任持乃至扩充之以至尽，使之在日用常行中时起作用。否则良知之本体只流于恍惚之见、只停于抽象的状态而永不能落

① 《刘子全书》，第21页。有关此条的年份(崇祯七年)，是根据《刘子全书》，卷十三，《会录》，第24页的按语。《年谱》则系此条于崇祯五年，恐误；《姚谱》已订正之。

实。我们发现，宗周在此所批评的，正就是以想象为本体的虚无主义！[①]

由上可知，对宗周来说，阳明学的两大流弊均可见于陶奭龄及其弟子的教法中。在某一义上，这两个流弊可视为一体之两面，都是由于不能真正认清良知之本体所致。值得一提的是，宗周的批评似乎没有产生多大影响。虽然宗周“数致规正，诸生自信愈坚，先生遂不复与之辨”。[②] 陶奭龄殁后，其门下势力益盛，宗周则更为收敛，不与之争。[③] 这些别会于白马山的学者也许并不觉得自己的学说有问题。他们充满自信，是因为他们继承了王学的传统，在背后支持着他们的是王阳明的学说。

如果我们仔细检查宗周与白马山学者这两点争议，我们会发现，若从另一角度看，白马山学者的看法未必就如宗周所说的不堪。陶奭龄谓“学者须识认本体”，这是逆反而觉识本体的大前提，宗周不可能也并没有反对。至谓“识得本体，则工夫在其中”，大概是指“即本体即工夫”，这是阳明“致良知”教所蕴含之义，意味着离开本体之工夫并非真

① 尽管没有明显的争议，宗周与陶奭龄在“生死”的课题上似乎也呈现不同的见解。宗周说：“如何是闻道？其要只在破除生死心。此正不必远求百年，即一念之间一起一灭，无非生死心造孽。既无起灭，自无生死。又曰：尽语默之道，则可以尽去就之道；尽去就之道，则可以尽生死之道。生死非大，语默去就非小。学者时时有生死关难过，从此理会得透，天地万物便在这里，方是闻道。”陶奭龄则说：“有方故有往来，有体故有成坏。无方无体者，无往来成坏，而又何生死之有？明乎此，而后识吾身与天地万物始终于吾命，而吾命不随吾身与天地万物为始终，迥然无对，超然独存，至尊至贵，无首无尾，此吾儒生死之极谈，无事假途于葱岭者也。”见《刘子全书遗编》，卷一，《证人社语录》，第 26—28 页。从究竟无生死言，此两说实一致。但宗周从念之无起灭言无生死，陶奭龄从超越生死言无生死，在形上、形下的连接关系上，前说紧密而后说较疏阔，难怪宗周评阳明后学有流于歧形上、形下而导致虚无或功利的倾向。

② 《刘子全书》，卷四十，《年谱上》，第 47—48 页。

③ 《姚谱》，第 273 页。

工夫。至于秦弘祐所谓“识认即工夫”，其中“识认”可以广义地被理解为道德修养的本质工夫，也就是时时自觉此真实的自我、良知之本体。如果真的如此理解，宗周似乎没有必要加以反对。然则宗周为何提出异议？这恐怕是因为宗周已从他们的言行中看到了阳明学流弊的实质影响，而推源于其教法，虽然仍是阳明学的矩矱，但已有走作之势。换句话说，宗周的批评很可能是配合他们的言行而说的。而更重要的是，此走作之势似乎不但是阳明后学的问题，而且是阳明学本身的问题，阳明学实有以启之者。我们相信，正因为这个缘故，宗周遂重新检视阳明学说，使他回到《大学》，最后提出对《大学》“诚意”一观念的新解，成为他晚年的定论。

二、宗周对阳明学说的批评

（一）宗周对阳明学说态度之三变

到目前为止，我们有理由认为，标志着宗周哲学成熟的诚意说，是他面对当时思想危机的挑战而作的回应。宗周发现，“玄虚而荡”及“情识而肆”的流弊，已见于他的同辈如陶奭龄及其弟子的言论之中。而这些流弊又可溯源于阳明学派的泰州派及浙中派的王龙溪。当然，究竟王龙溪及泰州派是否如他所说，可以是另一问题，但至少宗周当时认为是如此。现在的问题是，这些流弊是否可进一步上溯至阳明思想本身？也就是说，阳明学说是否须对这些流弊的出现负责？宗周的答案是肯定的。但他的答案并不是一开始就提出来，而是对阳明学说经过一段长期的反省后的结果。这便说明了为何在他的著述中出现对阳明不同，甚至不一致的意见：他一方面十分推崇阳明，另一方面又严厉地批评阳明的学说。要厘清这些表面的混乱，我们实在有必要看看宗周对阳明学说态度转变的过程，如此才可确定他对阳明思想究竟作出怎样的评价。

首先，我们得感谢刘汋与黄宗羲，他们早已注意到宗周对阳明态度转变的问题。刘汋的陈述较黄宗羲详细。刘汋说：

> 先生于阳明之学凡三变，始疑之，中信之，终而辨难不遗余力。始疑之，疑其近禅也。中信之，信其为圣学也。终而辨难不遗余力，谓其言良知，以孟子合大学，专在念起念灭用工夫，而于知止一关全未勘入，失之粗且浅也。①

这大概就是宗周对阳明态度的一个清楚而忠实的记录。“念起念灭”中的“念”是一负面性的观念，它不但是宗周用来批评阳明的观念，而且在宗周的哲学系统中也具有一定的位置。此将于下节详论。依宗周，“知止”与“知先”“知本”意同，皆是来自《大学》，表示一极为根本的事物而为从事道德修养所必须觉知者。宗周认为阳明于此“一关全未勘入”。我们将会看到，“失之粗且浅”的确忠实地反映了宗周对阳明教法的最后评价。但达到这个判断以前，宗周曾经历两个不同的阶段，也就是“始疑之”和“中信之”的阶段。然而，虽然这三阶段所显示的变化好像很大，若小心观察，仍可发现三者之间实有一贯相承之迹。以下就让我们以此三阶段作为纲领，叙述宗周对阳明学说态度的转变。

1. 第一阶段：始疑之

第一阶段实鲜明地反映在宗周于万历四十一年(1613)给友人陆以

---

① 《刘子全书》，卷四十，《年谱下》，第 24 页。黄宗羲的说法则大同小异而较略，其言曰：“盖先生于新建之学凡三变，始而疑，中而信，终而辨难不遗余力，而新建之旨复显。”见《刘子全书》，卷三十九，《行状》，第 39 页。

建的信中。当时宗周 36 岁，信中明白表示不好象山、阳明之学。他说：

……然象山、阳明之学，皆直信本心以证圣，不喜谈克己工夫，则更不用学问思辨之事矣。其所言博学等语，乃为经传解释，非阳明本旨。要之，象山、阳明授受，终是有上截无下截，其旨险痛绝人，与龙溪四无之说相似。苟即其说而一再传，终必弊矣。观于慈湖、龙溪可见，何况后之人乎！①

宗周批评象山、阳明"终是有上截无下截"，换言之，他们只重本体不重工夫。此处所谓工夫，当是指克己及学问思辨之事。宗周认为，此流弊已见于他们的弟子杨简（号慈湖）及王龙溪，其后只会愈演愈烈。可见宗周在此时期对陆、王的传统并不满意。

在万历四十五年(1617)，也就是宗周 40 岁那年，他在《与王弘台年友》的信中说：

……然吾儒与释氏终异途径，即阳明先生未尝不涉足二氏，而其后亦公然诋之，且援子静为非禅，则必有独觉禅之为谬者。而后人辄欲范围三教，以谈良知之学，恐亦非先生之心矣。……阳明先生主脑良知，而以格物为第二义，似终与大学之旨有异。儒释之分，实介于此，在先生固已择焉而不精，语焉而不详矣，又何怪后人之滥觞乎？②

---

① 《刘子全书遗编》，卷四，《书上》《与陆以建二》，第 1 页。刘汋以此信中之语系于万历三十一年，误。见《刘子全书》，卷四十，《年谱上》，第 10 页。《姚谱》已正之；见《姚谱》，第 33 页。

② 《刘子全书》，卷十九，第 3 页。

依宗周当时的看法，阳明虽然也批评二氏，但他强调良知而以格物为第二义，便已违离《大学》的宗旨，而不能真与禅学划清界限。对宗周来说，虽则范围三教以谈良知之学并非阳明的本意，只是其后学所为，可是当他说阳明以格物为第二义，便已表示阳明不重工夫，或者即使言工夫，也不过是离物求心之工夫而非真工夫，如此实不能自别于禅学。[①] 像这样对阳明的批评，基本上是四年前的评论的引申。值得注意的是，宗周相信阳明的本意并非赞同禅学，但同时却认为阳明学说之"择焉不精，语焉不详"是引发问题之所在。这便是刘汋所谓宗周于阳明学之一变之"始疑之，疑其近禅也"。

2. 第二阶段：中信之

宗周对阳明学说态度转变，开始进入第二阶段，应该是在天启七年(1627)，当时宗周50岁。是年宗周编辑《皇明道统录》告成。大概就在编辑的过程中，宗周细读《阳明文集》，始信之不疑，非复早年的态度。[②] 他评论说：

> 先生承绝学于词章训诂之后，一反求诸心，而得其所性之觉曰良知，因示人以求端用力之要，曰致良知。良知为知，见知不囿于闻见；致良知为行，见行不滞于方隅。即知即行，即心即物，即动即静，即体即用，即工夫即本体，即下即上，无之不一，以救学者支离眩骛，务华而绝根之病，可谓震霆启寐，烈耀破迷。自孔、孟以来，未有若此之深切著明者也。……禅则先生固尝逃之，后乃觉其非而去之矣。……而求本心于良知，指点更为亲切；合致知于格物，

① 《刘子全书》，卷十九，第3页。
② 同上，卷四十，《年谱上》，第29页；《姚谱》，第127页。

工夫确有循持。……先生之言曰：良知只是独知时。[①] 本非元妙，后人强作元妙观，故近禅，殊非先生本旨。[②]

此处我们看到宗周对阳明态度的改变。他称赞阳明学说，且说它与禅学无关。阳明学之所以近禅，只是“后人强作元妙观”“殊非先生本旨”。此外，在万历四十一年(1613)，宗周曾批评阳明学说“有上截无下截”，只重本体不重工夫。现在却说他的致良知教“即工夫即本体，即下即上”，如此则阳明并非不重工夫，有上截亦有下截，原本具足，无些少欠缺。宗周又曾于万历四十五年(1617)批评阳明以良知为主，以格物为第二义，但此处却认为他“合致知于格物，工夫确有循持”。依阳明，《大学》的致知就是他的致良知。因此，当宗周说阳明“合致知于格物”，便意味着他不再认为阳明以格物为第二义了。

上面的一段引文代表宗周对阳明学说的第二阶段的意见，所谓“中信之，信其为圣学也”。宗周高度称赞阳明，说其教法“自孔、孟以来，未有若此之深切著明”，又说“先生命世人豪，龙场一悟，得之天启，亦自谓从五经印证过来，其为廓然圣路无疑”，更说“天假之年，尽融其高明踔绝之见，而底于实地，安知不更有晚年定论出于其间，而先生且遂以优入圣域”，[③]真可谓推崇备至。然而，我们同时也不应忽略在同一段文字中宗周对阳明的评语，虽然这句评语似乎不甚显著。

---

① 此语是阳明诗中的一句，见王阳明：《王阳明全集》，卷二十，第 385 页。

② 《明儒学案》，《师说》，第 3—4 页。宗周的《皇明道统录》已失传。但学者如姚明达、秦家懿及陈荣捷已指出，黄宗羲《明儒学案》《师说》的内容是来自《皇明道统录》。见《姚谱》，第 125 页；Julia Ching：*The Records of Ming Scholars*, pp.16 - 17, 50；及陈荣捷：《论明儒学案之师说》，收入《王阳明与禅》(台北：台湾学生书局，1984)，第 182—183 页。

③ 《明儒学案》《师说》，第 4 页。

宗周说：

> 特其急于明道，往往将向上一机，轻于指点，启后学躐等之弊有之。①

此处言“躐等”，是表示越过了或欠缺一段能达至道或良知之本体的工夫。没有这段工夫，道即不能达至，所呈现之本体亦非真本体，很可能已混情识于良知之本体而不自觉。宗周似乎在暗示，不单阳明后学，而且阳明本人也要为阳明的流弊负责。尽管阳明要负的责任轻微，但弊端毕竟由他那处开启。也许有人会说，宗周此时已与第一阶段不同，他不同意的只是阳明的教法，所谓“将向上一机，轻于指点”，而不是阳明的思想本身。但至少我们仍可说，即使在最肯定阳明哲学的时候，宗周心目中仍不能对它完全满意。事实上，我们将会看到，阳明的教法跟他的思想亦不无关系。

3. 第三阶段：终而辨难不遗余力

崇祯四年(1631)，宗周成立“证人社”，与陶奭龄一起讲学。大概就在这段时期，从与陶奭龄及其弟子的交往中，宗周直接面对他们思想中的虚无主义及功利主义两种趋势。很可能就在这种思想的刺激之下，宗周迫着要严肃地对待这两个趋势，并探讨其根源，由此遂引发他对阳明的重新评价。这重新评价从酝酿到成熟，应该是在崇祯九年(1636)，当时宗周 59 岁。这一年不但标志着宗周思想的成熟，也标志着宗周对阳明的态度开始进入“终而辨难不遗余力”的第三阶段。但正就在这第三阶段中，我们发现宗周对阳明有一些表面不太一致，容易令人觉得模

① 《明儒学案》《师说》，第 4 页。

棱两可的评述。

宗周大概以为阳明那著名的“四句教”跟阳明对《大学》的理解有关，于是便重新研究《大学》，结果提出自己的诚意说，认为阳明致良知教的毛病是来自阳明对《大学》中“意”的观念的误解。[①] 提出诚意说，表示宗周自己思想进一步的发展。认为阳明不明《大学》中的意，表示宗周对阳明的态度又有一重转变。虽然如此，宗周在崇祯十二年(1639，宗周 62 岁)于其所编的《阳明传信录》的《小引》中，仍对阳明学说有相当的肯定。宗周说：

> ……而先生之言良知也，近本之孔、孟之说，远溯之精一之传。盖自程、朱一线中绝，而后补偏救弊，契圣归宗，未有若先生之深切著明者也。……意者先生因病立方，时时权实互用，后人不得其解，未免转增离歧乎？[②]

这段话认为阳明思想乃纯粹儒学，只是在教法上“因病立方，权实互用”，后人不解，“未免转增离歧”，遂杂于禅而产生种种流弊。如此则阳明学的流弊又好像跟阳明的思想本身无关，而是由后学的不解所引致，这是“人病”，并非“法病”。这样的判断便与第二阶段的立场非常近似。而类似的对阳明思想持完全肯定的态度的说法亦见于宗周前一年的书信[③]及同一年的《重刻王阳明先生传习录序》中。[④] 这也许就是为何刘

---

① 在宗周的著述中，曾不止一次提到阳明误解《大学》中的“意”，如《刘子全书》，卷十，《学言上》，第 26 页；卷十一，《学言中》，第 15—16 页。

② 《刘子全书遗编》，卷十一，《阳明传信录》，第 1 页。

③ 《刘子全书》，卷十九，《书上》《答王金如三》，第 31 页；《答胡嵩高(岳)、朱绵之(昌祚)、张奠夫(应鳌)诸生》，第 35 页。

④ 同上，卷二十一，《序》，第 16—18 页。

汋于叙述宗周对阳明学说态度的三变之后说：

> 夫惟有所疑，然后有所信。夫惟信之笃，故其辨之切。而世之竞以玄渺称阳明者，乌足以知阳明也与！[①]

刘汋的按语正好呼应宗周编辑《阳明传信录》的动机。也就是说，宗周真正明白阳明学说的精神，而通过他的辨正，可以扫除阳明后学的歧出，回到阳明学说原有之义。这似乎意味着，宗周认为只须经过一番了解和辨正，阳明之学便会恢复其作为成圣之学的本来面目。前引黄宗羲述宗周对阳明学之态度谓："盖先生于新建之学凡三变，始而疑，中而信，终而辨难不遗余力，而新建之旨复显"，可见黄宗羲也有此看法。我们相信，在宗周对阳明态度的最后定论中，的确包含这一面，但如果只执着这一面，便很容易以为宗周只是阳明学说的修正者。事实上，在《阳明传信录》中，宗周曾强烈批评总括阳明学说的四句教，这表示他们的思想确存在基本的不同。[②] 尤有甚者，在《阳明传信录》的引言写定后一年，也就是崇祯十三年（1640，宗周 63 岁），宗周即有一信批评阳明说：

> 良知之说，本不足讳，即闻见遮迷之说，亦是因病发药。但其解《大学》处，不但失之牵强，而于知止一关全未勘入，只教人在念起念灭时，用个为善去恶之力，终非究竟一著。……然则阳明之学，谓其失之粗且浅、不见道则有之，未可病其为禅也。[③]

---

① 《刘子全书》，卷四十，《年谱下》，第 24 页。
② 《刘子全书遗编》，卷十三，《阳明传信录三》，第 34—35 页。
③ 《刘子全书》，卷十九，《书上》《答韩参夫》，第 41 页。

引文中“于知止一关全未勘入”“只教人在念起念灭”用工夫，以及“失之粗且浅”均见于刘汋言宗周对阳明态度三变之按语，可见刘汋按语乃本此而来，并认为此信之观点正好反映宗周对阳明学说的定论。如果我们注意引文的最后一句，便会惊讶地发现，虽然宗周毕竟不以阳明之学为禅，但却不但说它“粗且浅”，更说它“不见道”！面对这样的批评，我们还能说宗周只是阳明学说的修正者吗？

有学者认为宗周在62岁前以慎独合于良知之说，之后态度改变，便很少提到致良知，言慎独不再合于致良知之上。① 其实宗周本来就没有所谓合不合良知之说。62岁后亦非全不提良知。崇祯十五年(1642，宗周65岁)，宗周著《原旨》七篇，其中有借良知之说表达其哲学。② 但我们有理由相信宗周所提倡的良知并不完全是他心目中的阳明的致良知教。③ 崇祯十六年(1643，宗周66岁)，宗周在其著述中仍有肯定阳明的哲学。如说：

> ……夫阳明之良知，本以救晚近之支离，姑借《大学》以明之，未必尽《大学》之旨也。而后人专以言《大学》，使《大学》之旨晦，又借以通佛氏之玄觉，使阳明之旨复晦。又何怪其说愈详而言愈庞，卒无以救词章训诂之锢习，而反之正乎？……是故知本所以知至也，知至所以知止也，知止之谓致良知，则阳明之本旨也。④

---

① 此说见东方朔：《刘蕺山哲学研究》(上海：上海人民出版社，1997)，第304—305、343页。

② 同上，卷七，《原学中》及《原学下》，第5—8页。

③ 例如，在宗周专门批评阳明良知教的《良知说》中，宗周谓阳明与自己均言致知(在阳明来说致知即是致良知)。这表示他所说的致(良)知实不同于阳明。见同上，卷八，《说》，第26页。

④《刘子全书》，卷六，《证学杂解》《解二十五》，第14页。

此处谓“知本”“知至”“知止”都是阳明“致良知”之本旨，便与三年前谓阳明“于知止一关全未勘入”似有不同，好像又采取了肯定阳明的态度。但在前面又说阳明之良知“未必尽《大学》之旨”，其流甚至于“通佛氏之玄觉”，不能救正时弊，则似认阳明思想本身与阳明学流弊仍脱不了关系。宗周在他处又说他所反对的“四句教”“盖阳明先生偶一言之，而实未尝笔之于书，为教人定本”。[①] 可谓对阳明仍有回护之意。然而，我们不要忘记，在同一年宗周著《良知说》，虽在开首说阳明言良知“最有功于后学”，但随即就“四句教”严厉地批评阳明的致良知教。[②] 顺治二年(1645，宗周 68 岁)也就是宗周去世的那一年，在《答史子复》书中，宗周明说：“仆不敏，不足以窥王门宗旨，抑聊以存所疑。”[③]而在临终前数日，宗周告其婿秦祖轼曰：

> 为学之要，一诚尽之矣。而主敬其功也。敬则诚，诚则天。若良知之说，鲜有不流于禅者，吾今免乎！[④]

这段话的末句反映了宗周对阳明致良知教的最后定论。所谓“诚”，当然是指诚意，这其实就是慎独的另一表述。独即天，主敬即是诚，也就是慎的工夫。如是，这段话包含宗周哲学的核心意义，而宗周将之与阳明之良知说区分开来！[⑤]

---

① 《刘子全书》，卷十二，《学言下》，第 15 页。
② 同上，卷八，《说》，第 26 页。
③ 同上，卷十九，《书上》，第 60 页。
④ 同上，卷十三，《会录》，第 52 页。
⑤ 高海波认为宗周对阳明学“终而辨难不遗余力”的第三阶段当始于 66 岁，盖之前其对阳明的批评只是局部性的，至 66 岁著《良知说》，才真正系统地批评阳明的观点，且《年谱》亦系宗周对阳明之三变说于 66 岁条下。他也认为宗周是阳明学说的修正者，并引黄宗羲“新建之旨复显”及宗周《重修绍兴府儒学记》 (转下页)

总而言之，宗周对阳明思想态度之三变虽有很大的差异，但其间实也有共同之处。我们细心观察，便会发现无论在哪个时期，宗周都没有完全肯定或否定阳明的学说。在三变之中，宗周似乎都没有怀疑过阳明哲学动机的纯正。然而，宗周在第一阶段反对阳明学说，在第二阶段肯定阳明学说但不满其教法，在第三阶段则虽有回护但亦对其学说辨难不遗余力。一方面，宗周从第二阶段起已发现阳明学说确有独到处；另一方面，无论在任何阶段他都觉得阳明思想与自己的体会总有一段距离。如果我们能细体宗周的微意，便可从第三阶段那些表面不大一致的评述中看到他在最后期对阳明学说的一贯态度，即：宗周承认阳明哲学的洞见，以之为儒学之正传，并非禅学，然而此良知之洞见却失之粗且浅，遂启后学之近于禅之机，终至酿成“玄虚而荡”及“情识而肆”的虚无、功利的流弊。这便可解释为何他一方推崇阳明，因为阳明哲学确有所见，为圣学无疑，但一方又强烈批评之，因为其哲学之洞见终不免粗浅，可有极大的流弊。然则，在宗周看来，问题早已存在于阳明学说的本身了。

(接上页)为证，又以宗周临终谓“良知之说鲜有不流于禅者”之良知之说是指阳明后学而非阳明。见其著《慎独与诚意：刘蕺山哲学思想研究》，第422—439页。按笔者之意，关于第三阶段始于何时的问题，《良知说》其实只是总述或发挥宗周之前已有的对阳明的批评，而《年谱》系三变说于66岁条下，不必表示“终而辨难不遗余力”始于此时，或许是表示发展至极于此时亦不一定。笔者认为“终而辨难不遗余力”应始于59岁，所据在此年宗周出诚意说，对阳明“辨难不遗余力”的思想条件已经具备，而事实上他从此年开始已对阳明有所批评(尽管亦有所肯定，此种肯定在《良知说》中亦可看到)。关于宗周只是阳明思想的修正者，笔者认为，《重修绍兴府儒学记》之肯定阳明思想，就如此时期宗周之其他著作中也有肯定阳明学说一样，似乎作不得准。黄宗羲言宗周对阳明学说之三变，与刘汋之所言实同中有异，而以刘汋之说似较合实情，此上文已辨。至于宗周临终之言“良知之说鲜有不流于禅”，笔者看这段时期宗周对阳明良知教之批评，便不得不倾向以此中“良知之说”应指阳明而非阳明后学之说。也许可以这样说，从客观的理论效果言，宗周思想属广义的王学(见下文)，可以谓之阳明学的修正者；但从宗周自身的想法言，他大概会把自己理解为阳明学说的批评者。

(二) 宗周对四句教的批评

宗周曾谓阳明学说"深切著明",最后却认为它"失之粗且浅"。我们将会看到,宗周之发现《大学》诚意观念的"正解",便是使他改变对阳明学说态度的关键,也使他的思想进入成熟的时期。

现在是适当的时候看看宗周在第三阶段对阳明学说的批评,也就是他对阳明学说的定论。事实上,宗周的批评基本上是围绕着阳明的四句教。宗周认为,四句教是阳明理解《大学》的一个理论上的引申。四句教是:

> 无善无恶是心之体,有善有恶是意之动。知善知恶是良知,为善去恶是格物。①

四句教之所以重要,是因为它不仅包含阳明哲学的根本观念,而且是整个阳明哲学的浓缩。秦家懿已指出,四句教及阳明之倡《大学》古本及《朱子晚年定论》,同为后世带来长期的争论。尤其是四句教,其内容的"不确定性实容许多样的诠释"。② 在这些诠释当中,也许最著名的便是有关阳明两大弟子王龙溪与钱德洪(号绪山,1497—1574)的讨论。③ 上文已提到,龙溪把四句教推至极端,提出四无之说,并由四无说"先天之学",由四有说"后天之学"。④ 龙溪认为四句教只是阳明"先

---

① 《王阳明全集》,卷三,第 76 页。

② Julia Ching: *To Acquire Wisdom: The Way of Wang Yang-ming* (New York and London: Columbia University Press, 1976), pp.149 - 150.

③ 有关两人意见分歧的整理及讨论,可参看同上,第 150—153 页。又,刘述先:《黄宗羲心学的定位》(台北:允晨文化实业公司,1986),第 35—43 页。

④ 所谓四无,是指《大学》中心、意、知、物四条目均是无善无恶。所谓四有,则指心意知物均是有善有恶。龙溪认为四无是为上根人立教,四有是为中根及以下人立教。所以前者称为先天之学,后者称为后天之学。

生立教随时，谓之权法，未可执定”。但作为阳明忠实门徒的钱德洪却认为“此是师门教人定本，一毫不可更易”。当时阳明仍在世，曾评论两人的意见，谓应该“互相取益，使吾教法，上下皆通，始为善学”，盖龙溪所见之四无，是接上根人教法，德洪所见之四有，是接中根以下人教法。阳明并警告谓龙溪所见，人多信不及，“此颜子、明道所不敢言”。[①] 而更重要的是，阳明谓切不可失去四句教的宗旨。[②] 果如所言，则龙溪对四句教的理解虽不至违背师说，甚或是王学调适上遂的发展，但毕竟不是阳明的原意。反观钱德洪，虽然其说在阳明心中尚须“进此一格，始为玄通”，但他始终以四句教为师门定本，其理解实较龙溪为可靠。钱德洪说：

> 心体是天命之性，原是无善无恶的。但人有习心，意念上见有善恶在。格、致、诚、正、修，此正是复那性体工夫。[③]

秦家懿认为钱德洪以四句教的第一句表示心之本体在“中”之状态，而修养工夫的目的便是要回复此状态。其后三句则表示一以实践为中心的教法，是针对人心之已失去原初的天真与纯净而言。[④] 此外，唐君毅对四句教的解释也跟钱德洪类同。他说：“四句教作为一整体的意义只是对道德实践的循环历程的描述，此历程由超越善恶之分别开始，进而知善恶之分别，而为善去恶，最后又止于那超越善恶之分别的本心的状态。”[⑤]

---

① 以上引文均见《王龙溪全集》，第 89—92 页。

② 《王阳明全集》，卷三，第 77 页。

③ 同上，第 76 页。

④ Julia Ching：*To Acquire Wisdom*，p.151.

⑤ Tang Chun-i：“The Development of the Concept of Moral Mind from Wang Yang-ming to Wang Chi，” in Wm. Theodore de Bary，ed.，*Self and Society in Ming Thought*（New York and London：Columbia University Press，1970），p.112.

通过钱德洪及两位学者的叙述，我们对四句教的含义已大致知道一个轮廓。相信对阳明学说有过研究的学者都会承认，正如唐君毅所言，四句教“的确是阳明学说的总括”。[①] 至于龙溪对四句教的诠释，实多所发明，问题亦较复杂，然而非本书范围，姑置不论。[②] 但必须指出，虽则王龙溪与钱德洪对四句教的理解不同，他们都肯定四句教中“无善无恶是心之体”的一句。这一句正是导致后世长期争论的主要原因。有学者反对此句，认为它有取消本心之善的危险，而纯善的本心正是一切道德行为的超越根据。宗周的立场与这些学者相同。为了肯定阳明的地位，宗周曾说四句教非阳明教人定本，但他始终不能抹煞四句教是阳明所说，也就不得不批评之，说它“本欲易简，反涉支离”。[③] 宗周在其《阳明传信录》中也说：

> ……若心体果是无善无恶，则有善有恶之意，又从何处来？知善知恶之知，又从何处来？为善去恶之功，又从何处来？无乃语语绝流断港？快哉四无之论，先生（按指阳明）当于何处作答？[④]

宗周意谓如果心体真是无善无恶，则作为心体的呈现的意、知、物之用（依阳明，心外无物）也就不可能从中见到善恶的分别。依宗周，心体之

---

① Tang Chun-i："The Development of the Concept of Moral Mind from Wang Yang-ming to Wang Chi," in Wm. Theodore de Bary, ed., *Self and Society in Ming Thought* (New York and London: Columbia University Press, 1970), p.112.

② 牟宗三对王龙溪的四无四有之说曾作详细的分析。见所著《从陆象山到刘蕺山》，第 266—282 页。又可参刘述先：《黄宗羲心学的定位》（台北：允晨文化实业公司，1986），第 35—43 页。Julia Ching：*To Acquire Wisdom：The Way of Wang Yang-ming* (New York and London: Columbia University Press, 1976), pp.149 - 150.

③ 《刘子全书》，卷十，《学言下》，第 15 页。

④ 《刘子全书遗编》，卷十三，《阳明传信录三》，第 34 页。

无善无恶必可逻辑地推出意、知、物也是无善无恶；这正是龙溪所说的四无。他大概以为阳明如果坚持无善无恶是心之体，便不可能反对龙溪四无的提法。无论如何，在龙溪看来，四无实彰显出阳明教法的真正意涵，但依宗周，四句教之无可避免地转成四无，却将掉进禅佛教的深渊，这绝不是宗周所乐见的。就宗周来说，无善无恶之论只会导致虚无主义与功利主义，彻底地破坏至善的道德的标准。

究竟禅佛教是否蕴含对道德的否定，这并非我们要讨论的范围。至于阳明学说是不是有此倾向，却亟须我们考究一番。无可否认，阳明的确承认无善无恶之说，但他对无善无恶的理解却好像与一般的理解不同。阳明说：

> 无善无恶者理之静，有善有恶者气之动。不动于气，即无善无恶，是谓至善。……圣人无善无恶，只是无有作好，无有作恶，不动于气。①

对阳明来说，无善无恶即是至善，而圣人无善无恶，只是无有作好，无有作恶。也许有人会怀疑“无有作好，无有作恶”是否表示一种对道德冷漠的态度。在回答类似的问题时阳明说：

> 不作好作恶，非是全无好恶，却是无知觉的人。谓之不作者，只是好恶一循于理，不去又著一分意思，此即是不曾好恶一般。②

很明显，对道德冷漠只能是指“全无好恶”、无知无觉的人，而不是“不作

①《王阳明全集》，卷一，第19—20页。
② 同上，第20页。

好作恶”。后者“只是好恶一循于理”,也就是指修养工夫达至纯熟的境地时,好恶或对善恶的分别都没有丝毫的造作或执着。这是分别善恶而无分别之相,因此也就完全相应于理。所谓理,顺引文的脉络而言,是天理。依阳明,此天理就是道,也就是良知。

如果这段引文真的反映阳明无善无恶说的意思,宗周对无善无恶的批评便只能是误解。但宗周并不是不知道阳明这段话,而且还把它编入《阳明传信录》中,更评论说:“先生之言自是端的,与天泉证道之说迥异。”[①]所谓“天泉证道之说”,指的就是四句教。宗周在他处又谓“阳明先生所谓无善无恶心之体,未必然也”,但同时又肯定修养工夫上的吊诡的表达方式,如“有善非善”及“有其善,丧厥善”。[②] 这些都表示,一方面,宗周十分明白且承认“无善无恶”可以用来表示“至善”具体呈现的境界;另一方面,他始终不认同阳明四句教的第一句。这意味着宗周拒绝把阳明的第一句的无善无恶理解为至善的具体真实的呈现。试问宗周为何会如此?

从表面来看,宗周反对四句教的第一句似乎并不合理。但要知四句教曾经龙溪转手、浸假而导致虚无主义与功利主义的流弊。宗周不满此现象,甚至追溯其源而拒斥之,也许不是不可理解的事。然而,更重要的是,我们将会看到宗周对四句教第一句的判断并非只是有感于王学末流而发,而是经过理性分析后的结果。

这个理性分析的基础就在于宗周把第一句放在整个四句教的脉络中而作裁断。依宗周,阳明四句教的第二句“有善有恶是意之动”实犯上严重的错误,遂对四句教造成致命的伤害。宗周说:

---

① 《刘子全书遗编》,卷十三,《阳明传信录三》,第 13 页。
② 《刘子全书》,卷十九,《书上》《与履思十》,第 14 页。

> 意为心之所存，则至静者莫如意。乃阳明子曰：有善有恶者意之动。何也？意无所为善恶，但好善恶恶而已。好恶者，此心最初之机，惟微之体也。①

前文已说过，在面对当时王学末流的危机中，宗周迫着认真检视阳明的四句教，以至阳明对《大学》的诠释，最后提出自己对《大学》的新解。不用说，宗周不同意阳明对《大学》的解释，认为并不符合经典的原义。然而《大学》的原义历来都是众说纷纭，莫衷一是。宗周的不同意只能表示在阅读经典的过程中他与阳明的哲学取向并不相同。这不是符合经典原义与否的问题，而实际是哲学立场不同的问题。因此，就让我们姑且搁置《大学》的原义不问，而直接看看宗周如何批评阳明从他所理解的《大学》发展出来的教义吧。

回到刚才的引文，我们注意宗周说"意为心之所存"。宗周又说："意者，心之所存，非所发也。"②这句话指出了宗周与阳明理解《大学》的基本不同处。根据宋明儒的主流，无论是程、朱或陆、王的传统，通常都是把意解释为心之所发的。朱子在其《大学章句》中即以心之所发训意，而诚意即是实其心之所发。③ 阳明的"有善有恶是意之动"中的意当然也是心之所发的意思。言发便有发动之意，所以阳明有时即以发字动字连言，而以"心之发动"说"意"。④ 这样来看，作为心之所发的意，其实就是一般所说的意念。

可是，在重新检讨过《大学》之后，宗周却提出意不能是心之所发，

---

①《刘子全书》，卷十，《学言上》，第 26 页。
② 同上。
③《四书集注》，《大学》，第 6 页。
④《王阳明全集》，卷三，第 78 页；卷二十六，第 472 页。

而应被解释为心之所存。借用他自己的话，这个作为心之所存主的意是"意根"的意，非意念的意。意根是生命的总根源，是绝对的至静，其实就是心之所以为心的心之本体。宗周批评朱子与阳明以心之所发训意之非是。他说：

> ……如意为心之所发，将孰为所存乎？如心为所存，意为所发，是所发先于所存，岂《大学》知本之旨乎？①

他认为以心之所发训意实违反《大学》的原意。盖依《大学》八条目的次第，诚意为正心之本。如果意为心之所发，则诚意为正心之本，先诚意而后正心，便等于先诚心之所发的意念，先在意念上做工夫，然后回复心之纯正。但依宗周，心体之本身未正，如何可保其所发之意念必诚？这是违反《大学》要从根本上做工夫的宗旨。宗周更进一步说：

> ……（阳明）曰：无善无恶者心之体，有善有恶者意之动。夫正心而既先诚意矣。今欲求无善无恶之体，而必先之于有善有恶之意而诚之，是即用以求体也。即用求体，将必欲诚其意者先修其身，欲修其身者先齐其家，又先之治国平天下，种种都该倒说也。②

此处的"即用求体"，意谓不直接在体上用工夫，而只在用上做工夫以求体。若以诚意的意为心之所发，配合八条目的次第，便会产生即用求体的效果，这是宗周所不以为然的。宗周之强调工夫只能在体上用，与他"静存之外无动察"及"致中所以致和"的思路其实是相当一贯的。他认

---

① 《刘子全书》，卷十，《学言上》，第26页。
② 同上，卷十一，《学言中》，第16页。

为沿着即用求体的原则往下推，便会形成诚意先修身、修身先齐家、治国先平天下的倒说现象。这也许是引申太过。但宗周总认为若不从根本下手，便非向上一路，而且会有理论上的困难。他说：

> ……今（阳明）云：有善有恶意之动。善恶杂糅，向何处讨归宿？抑岂《大学》知本之谓乎？如谓诚意即诚其有善有恶之意。诚其有善，固可断然为君子；诚其有恶，岂不断然为小人？吾不意良知既致之后，只落得做半个小人。①

依宗周，诚意的意作为心之所存的意根，应该是有善无恶的。如今阳明以之为意念，则有善的意念，也有恶的意念，便成意有善有恶。于是，诚其善意当然为善，但诚其恶意岂不为恶？也就是说，在把意理解为心之所发的前提下，意有善有恶，诚意便不能保证人之为善，更遑论成圣？因为阳明曾说《大学》的根本之道在诚意，②宗周便质疑这样意义下的诚意如何可成为《大学》所描述的整个儒家道德事业的根本。我们也许可回答说，诚意之实在致知，也就是阳明所谓的致良知。是以四句教的第二句实不能孤立地看；在意上做工夫之实在良知之知善知恶、知善而存之、知恶而去之，此便是诚意之实功。由此遂有第三句之"知善知恶是良知"。这也就是为何宗周说"乃阳明宛转归到致良知为《大学》宗旨"。③

然而，这样回答似乎不能说服宗周，因为他已从四句教的第二及第三句之间看到了另一个严重的问题：

---

① 《刘子全书》，卷十二，《学言下》，第10—11页。
② 同上，第10页。又，《王阳明全集》，卷七，第58页。
③ 同上。

> 有善有恶意之动，知善知恶知之良。二语决不能相入，则知与意分明是两事矣。将意先动而知随之邪？抑知先主而意继之邪？如意先动而知随之，则知落后著，不得为良。如知先主而意继之，则离照之下，安得更留鬼魅？若或驱意于心之外，独以知与心，则法惟有除意，不当诚意矣，且自来经传无有以意为心外者。求其说而不得，无乃即知即意乎？果即知即意，则知良意亦良，更不待言。①

此处宗周列出阳明四句教的第二、三句的关系的三种可能，也就是意(念)先于知、知先于意(念)或知属于心而意(念)则否。宗周企图说明三种可能皆不合理。从宗周的立场看，第三种可能大概最接近禅佛教的态度，因为他心目中的禅是主张除去一切意念的。但这明显不是儒家的立场，儒家言诚意，且从来不以为意在心之外。至于第二个可能，大概最易为阳明后学所接受。但宗周却提出一个问题：如果知先于意，也就是良知之存在先于意念，则由纯善的良知而有善意不成问题，但试问恶意又从何生起？这个问题实不易回答，这等于问如果人性本善则恶从何来？当然，宗周的问法较具体而细微，然实则一致。我们将会看到，宗周在不同的思想脉络中实面对着同样的问题。

宗周大概认为第一个可能，也就是意先于知较符合四句教的原意。这个想法是很自然的，因为这不仅符合四句教先言意后言知的顺序，也好像合乎吾人从事道德修养的体验。就如唐君毅所说的："当吾人以知善知恶为首要且为道德实践的第一步时，原初的善与恶的想念与行为必定早已存在那里了。因此，知实际上是后于吾人所作的善与

① 《刘子全书》，卷十二，《学言下》，第 12 页。

恶的事物的。”[①]如果这真是四句教的第二、三句所要传达的讯息，便意味善恶的存在常先于知善知恶。对宗周来说，这同样会产生严重的问题，即对于所作之恶而言，良知将永远落于后着，不能保证善的优先性。这便是宗周所谓“知落后着，不得为良”。

同样地，宗周对四句教的第三句“知善知恶是良知”提出强烈的质疑。他批评说：

> ……即所云良知，亦非究竟义也。知善知恶与知爱知敬相似而实不同。知爱知敬，知在爱敬之中；知善知恶，知在善恶之外。知在爱敬中，更无不爱不敬者以参之，是以谓之良知。知在善恶外，第取分别见，谓之良知所发则可，而已落第二义矣。且所谓知善知恶，盖从有善有恶而言者也。因有善有恶，而后知善知恶，是知为意奴也，良在何处？又反无善无恶而言者也。本无善无恶，而又知善知恶，是知为心祟也，良在何处？且《大学》所谓致知，亦只是致其知止之知。知止之知，即知先之知；知先之知，即知本之知。惟其知止、知先、知本也，则谓之良知亦得。知在止中，良因止见，故言知止，则不必更言良知。若曰：以良知之知知止，又以良知之知知先而知本，岂不架屋叠床之甚乎？[②]

宗周认为阳明四句教中的良知并非究竟义。首先，既然善恶先在然后良知知善知恶，则良知与善恶是分开的。换句话说，良知是能知的主

① Tang Chun-i: "Liu Tsung-chou's Doctrine of Moral Mind and Practice and His Critique of Wang Yang-ming," in Wm. Theodore de Bary, ed., *The Unfolding of Neo-Confucianism* (New York and London: Columbia University Press, 1975), p.313.

② 《刘子全书》，卷八，《说》《良知说》，第25页。

体,而善恶是被知的对象。宗周认为四句教如此安排良知是“第取分别见”。宗周把四句教的知善知恶与知爱知敬(如知爱敬父母)区分开来。后者意谓知在爱敬中,知即是爱敬,更无不爱不敬;这种知便是良知。然而,前者则意谓知与善恶乃相对而不一;这种知也可从良知而来,但已落于第二义,而非真实的良知了。

所谓“知为意奴,良在何处”,前文已述,就是“知落后着,不得为良”的意思。这是相对第二句而来的诘难。至于关联到第一句,宗周亦看出其间的不一致,谓心体本无善无恶,而良知知善知恶,明显地已歧出本来无善无恶的范围,故说“知为心祟”,不可谓之为善。此说的根据显然是,如果心体是无善无恶,则作为心体之用的意知物,也应与之相应,均是无善无恶。

最后,回到《大学》原文,宗周认为致知的知即是《大学》中知止、知先及知本的知。在这些观念中,并没有能知的知及所知的止、先或本的主客的分别。所谓“知在止中,良因止见”,良知的意义实已蕴含于知止等观念之中,所以其实没有必要再提一良知的观念了。从宗周的立场看,阳明要以良知知止、知先、知本,便等于“架屋叠床”,作无谓的重复。而致知或致良知与知止等便形成两重工夫,成圣之学本是一以贯之,至此竟变得支离了。①

从宗周不能接受四句教的前三句看来,我们大概可以肯定他也不会认同第四句“为善去恶是格物”。依阳明,格物即是正物,而物即意之所在。② 因此,阳明认为格物即正其意之所在。但依宗周,就如意不能被解释为意念,物也不能被解释为意之所在。他说:“阳明子以格

① 《刘子全书》,卷十,《学言上》,第25—26页。
② 《王阳明全集》,卷一,第4页。

去物欲为格物，是以念为物也。后世心学不明如此。”[①]这是认为以念为物与《大学》的物字原意不符。此外，宗周又批评“为善去恶”，说：

……言为善便是去恶，言去恶便是为善，即阳明先生所谓去人欲便是存天理是也。以此思之，则阳明先生所谓为善去恶是格物，亦未必然也。[②]

宗周的意思是，如果物被理解为意念之所在，则意有善有恶，为善去恶的工夫便意味着一方面保存并发展善意，一方面却又要去除恶意。如是，为善去恶便成为两种不同的工夫。依宗周，由于物不是意念，在作为本体的物的呈现中，为善与去恶便只能是一个工夫——去恶即是为善，为善即是去恶。

由此看来，从四句教所反映的阳明致良知教遭到宗周强烈的批评。如果我们仔细观察这些批评，便会发现，宗周认为所有问题都是来自一根本的错误。借宗周自己的话来表达，便是：

只因阳明将意字认坏，故不得不进而求良于知，仍将知字认粗，又不得不退而求精于心。种种矛盾，固已不待龙溪驳正，而知其非《大学》之本旨矣。[③]

在宗周看来，阳明最关键的错误是在把意理解为意念。意念是属于经验心活动的范畴。意念既有善有恶，超越善恶的至善便不能在意念中

---

① 《刘子全书》，卷十一，《学言中》，第 14 页。
② 同上，卷十九，《书上》《与履思十》，第 14 页。
③ 同上，卷八，《说》《良知说》，第 25 页。

求。于是，阳明便只好把至善寄托在知，也就是他所说的良知之上，由良知来负责至善的存在。但在四句教的脉络中，意先于知，良知落于后着，非徒无益，反而有害。试看宗周说：

> 起一善念，吾从而知之。知之之后，如何顿放此念？若顿放不妥，吾虑其剜肉成疮。起一恶念，吾从而知之。知之之后，如何消化此念？若消化不去，吾恐其养虎为患。①

宗周以为，落于后着的良知纵然已知一善念或恶念之起，知之之后，如何顿放或消化，还是需要一番工夫，若稍有不慎，仍会后患无穷。于此良知实无甚补益。尤有甚者，此良知实更有害，宗周说：

> ……若知在善不善之后，无论知不善，无救于短长，势必至遂非文过。即知善反，多此一知，虽善亦恶。②

此段前一句与上段引文意同。后一句谓“多此一知，虽善亦恶”。意思很明显，即是说此落于后着的良知其实亦不过是意念而已——在心中别起一意念去觉知在前的意念。于是，这样的良知便只能是“第取分别见”“知为意奴”“知为心祟”“架屋叠床”而“反涉支离”，实在已丧失《大学》言致知的根本含义了。其影响所及，物之本体便不能达到，为善去恶的工夫亦不能一贯而奏效。在此意义下，宗周遂认为阳明“将知字认粗”，因为在其四句教之下，整个修养工夫都是在意念的起灭中进行，已失去一真正超越的含义。当然，宗周认为在意念的起灭中做真正的道

---

① 《刘子全书》，卷十二，《学言下》，第 21—22 页。
② 同上，第 21 页。

德修养工夫是不可能的。他说：

> (阳明)且教在意念上着实用为善去恶工夫，久之心体自明。蒙谓才着念时，便非本体。人若只在念起念灭上用工夫，一世合不上本体了，正所谓南辕而北辙也。①

在宗周心目中，也许阳明不是完全不知道他把良知认粗，不免仍陷于念起念灭之流中。宗周以为这便是为何阳明提出"无善无恶是心之体"的第一句，以心之体为超越善念恶念，企图保住本心的超越性。但这样"退而求精于心"，结果只会产生矛盾：心体之用的意知物都是有善有恶的，而心体之自身却是无善无恶，于是体用便不能一贯，分属两个不同的范畴。心之本体遂离用而存在，此是孤离之体，已非真实的本体了。

如果我们再仔细观察，便会发觉，在粗视之下的良知在念起念灭之流中，其实便是混于情识的良知，所谓"情识而肆"。而宗周谓阳明"求精于心"，但此心之精实际上已离意知物乃至人伦日用，而荡越开去，所谓"玄虚而荡"。这便说明宗周不愿把阳明的"无善无恶是心之体"理解为至善的具体呈现的理由，这是因为在四句教的脉络中，宗周看出此第一句实带有虚无主义性格的缘故。

如是，在看过宗周如何批评阳明的四句教后，我们可以了解为何宗周说阳明学说"失之粗且浅"，甚至说他"不见道"。依宗周，当中主要的问题是阳明以意为心之所发的意念，并以之为修养工夫的起点，结果便只在念起念灭之流上用工夫，合不上本体。阳明致良知教的超越的意涵，就在这个意义下被削弱了。十分明显，宗周相信在他同时期出现的

---

①《刘子全书遗编》，卷十三，《阳明传信录三》，第 34 页。

王学末流的虚无、功利的流弊，早已见于阳明的四句教。

(三) 宗周的四句[①]

宗周对阳明四句教的不满使他在晚年(大概是在59岁那一年)作出回应，提出自己的四句。虽然宗周没有十分强调他的四句，也没有对四句作详细的解释，但四句的确反映他对《大学》成熟的理解，而且在某一意义上，一如阳明的四句教，也算是宗周学说的总括。如是，我们便不应忽略它在宗周哲学中的地位。

在正式探讨宗周的四句之前，我们有必要理解一下宗周对《大学》中心、意、知、物的关系的看法。宗周说：

> ……先生(阳明)他日有言曰：心意知物，只是一事。此是定论。既是一事，决不是一事皆无。蒙因为龙溪易一字，曰：心是有善无恶之心，则意亦是有善无恶之意，知亦是有善无恶之知，物亦是有善无恶之物。不知(阳明)先生首肯否？[②]

宗周同意阳明"心意知物，只是一事"之说。龙溪也同意此说，并由此怀疑阳明的四句教，认为心既是无善无恶，则意、知、物也应是无善无恶；这便是龙溪那著名的四无。宗周却不同意龙溪的四无，以之近禅，而认为心、意、知、物四者都是有善无恶的。换句话说，宗周在"心意知物，只是一事"的前提下，赞成龙溪对四句教的质疑，但却不同意龙溪把四句教修正为四无——心、意、知、物四者皆无善无恶，而应该修正为四者皆有善无恶。

---

① 本节曾经修改刊于《中国文哲研究通讯》，第8卷第3期(1998)，第105—116页。
②《刘子全书遗编》，卷十三，《阳明传信录三》，第34页。

我们认为，宗周这样修正的背后，隐藏着他对四句教的一种判断。他认为，四句教是以心为体，以意、知、物为心体之用。但前者是无善无恶的，是超越善恶的，后者则有善有恶，是在有善有恶的经验的意识之流中。如是，体用便割裂为两层，不能一贯。在他的心目中，心、意、知、物应该都是超越的，而且是有善无恶的。所谓“有善无恶”，当然亦不是指经验意义下相对的有善无恶，而是指绝对的纯善而言。由此以观，心、意、知、物实际上只是从不同角度看同一物事，其中既没有如四句教所含的相对的善恶之义，也没有如龙溪四无的那种虚无主义的色彩。① 所以宗周说：

> 然则良知何知乎？知爱而已矣。知敬而已矣。知皆扩而充之，达之天下而已矣。格此之谓格物，诚此之谓诚意，正此之谓正心，举而措之谓之平天下。阳明曰：致知焉尽之矣。余亦曰：致知焉尽之矣。②

我们已知，宗周所谓知爱、知敬，知即是爱、敬，“知在爱敬之中”，并不是以爱敬为被知的对象。因此，知本身即是善的，而且知也就是物、意、心。阳明结合《孟子》与《大学》而提出致知即是致良知，宗周则从《大学》及《中庸》提出慎独及诚意。宗周并不反对重致知，在他看来，知与意、致知与诚意只是一事，以何者为其哲学的基础只是重点的不同，不构成实

---

① 宗周曾批评龙溪说：“龙溪四无之说，心是无善无恶之心，是为无心；意是无善无恶之意，是为无意；知是无善无恶之知，是谓无知；物是无善无恶之物，是谓无物。并无格致诚正，无修齐治平，无先后，无本末，无终始，毕竟如何是《大学》的义？曰不思善不思恶时，见本来面目，不更泄漏天机在？此龙溪意中事也，几何而不为异学？”见《刘子全书》，卷十，《学言上》，第 3—4 页。

② 《刘子全书》，卷八，《说》《良知说》，第 26 页。

质的分别。问题只是他不认为阳明真正了解《大学》致知的含义。

宗周认为心、意、知、物皆有善无恶，我们姑且称之为宗周的“四善”句。四善不同于阳明的四句教及龙溪的四无。四善意谓心、意、知、物皆是纯善的，而且是同一事物之从四种不同角度看。我们可以进一步问：这四种角度或侧面的内容究竟如何？这便把我们带到宗周的四句：

> 有善有恶者心之动，好善恶恶者意之静；知善知恶者是良知，为善去恶者是物则。①

正如杜维明所观察，这是重新改写阳明的四句教，而深刻地转化了其中的含义。② 我们首先可以注意到，心、意、知、物的先后次序与阳明的四句教相同，但宗周似乎更着重表示四者的次序所呈现的关系是完全符合《大学》本旨的。也就是说，他认为在《大学》里，正心以诚意为本，诚意以致知为本，致知以格物为本，而他的四句中的心、意、知、物的关系也是如此——心以意为本，意以知为本，知以物为本。与此相反，他认为阳明四句教中四者的次序虽表面上与《大学》相同，但四者的关系却非《大学》本旨。我们已说过，这本来只是对经典理解不同的问题。阳明的四句教未必不符《大学》原意，纵使不符，只是借经典的词语表达自己的学说，亦无不可。但在尊重经典的传统下，宗周从他自己的理解出发，认为阳明误解《大学》，且进一步认为这种“误解”正反映阳明学说本身的问题。

---

① 《刘子全书》，卷十，《学言上》，第 26 页。

② Tu Wei-ming："Subjectivity in Liu Tsung-chou's Philosophical Anthropology，" in Donald J. Munro ed.，*Individualism and Holism*：*Studies in Confucian and Taoist Values*（Ann Anbor：The University of Michigan，1995），p.226.

到目前为止，我们也许可简单归纳一下宗周对心、意、知、物的看法：① 心、意、知、物皆是有善无恶的，或是超越的纯善。② 心、意、知、事，只是一事。③ 心、意、知、物只是就同一物事的较根本的面向而言。以此为背景，我们可进而具体地看看宗周的四句。为了论述的方便，我们姑就第四句说起。第四句"为善去恶者是物则"，其中物字阳明曾训为"意之所在为物"，阳明又训格为正，于是格物便是正其意之所在，也就是正其不正的意念使归于正的意思。但如此释物字，物便成为经验层上生灭不停的意念，这决不是宗周所能同意的。为了突显物的超越义，宗周把四句教中的格物改为物则，以物为则，物即是则，故曰物则。这个则字大概是从格字转来。用"格者正也"的训释，则字便有法则之意。这个法则是什么？当然就是天则、天理，也就是那绝对普遍的道德法则。此道德法则当然也是超越的纯善而无恶的。人能服从此法则，或者说，人能在他的生命中呈现此物则、天则或天理，则他自然便能为善去恶。这便是"为善去恶者是物则"的意义。在此必须注意一点，即在作为天则天理的物的呈现之下，"为善去恶"的意义便不能像一般地被理解为有个善可为、有个恶可去，而去为善去恶——宗周大概会认为四句教中的为善去恶即含有此意；其实意应该是为善即去恶，去恶即为善。换句话说，在"为善去恶者是物则"中，并没有预设有善有恶的分别。在宗周心目中，"为善去恶"的意思，应该是如唐君毅所理解的，是通过吾人行为的法则（道德的法则、物则、天则、天理），吾人只见善的存在，不见恶的存在。① 恶只在经验层的意念之下才有其地位，在本性的

① Tang Chun-i："Liu Tsung-chou's Doctrine of Moral Mind and Practice and His Critique of Wang Yang-ming," in Wm. Theodore de Bary, ed., *The Unfolding of Neo-Confucianism* (New York and London: Columbia University Press, 1975), p.325.

源头处是无根的。在天理物则朗现的终极意义底下，一切莫不是天理的流行。

作为天理的物则既呈现，则知善知恶的良知亦当下呈现。宗周四句的第三句表面上与阳明四句教的第三句完全相同，"知善知恶者是良知"。但从上文的讨论，我们可立刻察觉，宗周的"知善知恶"与阳明——至少是他理解下的阳明——的"知善知恶"并不同。前者没有预设有善有恶，而后者则是。依宗周，良知知善知恶，并不是觉知这个是善、那个是恶，从而为善去恶。他曾批评四句教中的良知知善知恶，只是"知在善恶之外，第取分别见"；而相连第二句有善有恶之意，是"因有善有恶而知善知恶，是知为意奴"；又相连第一句无善无恶之心，是"本无善恶而又知善知恶，是知为心祟"；又认为《大学》致知的原意只是知先、知本、知止，如今更言良知，以良知之知知止、知先、知本，"岂不架屋叠床之甚乎？"[①]像这些批评，其根本，都是以为四句教中的良知，毕竟只是落在经验层面上对一切善念恶念的反省、觉识而已。表面上仍是觉知善恶，但实际上只是"以念止念""又添一分意思"，何尝清澈的本源？于是，这个以念虑为底子的"良知"，顺着经验而歧出，依着意念之有善有恶，遂见善恶之两在(有善有恶)。而知此善恶之良知，即在善恶之外，分别为主客、能所之对立("第取分别见")。既能所对立，则必先有善恶之存在，然后方有良知去知之，如是，良知便永远落于后着("知为意奴")。这落于后着永远只能随善念恶念而起的良知，也不可能是那无善无恶的心体的本来面目了("知为心祟")。此良知既不能是吾人

① 以上引文均见《刘子全书》，卷八，《说》《良知说》，第 25 页。亦可参上一小节之分析说明。此外，当代学者也有以宗周批评阳明为专题而作处理的，如杨祖汉：《从刘蕺山对王阳明的批评看蕺山学的特色》，收入钟彩钧主编：《刘蕺山学术思想论集》，第 35—65 页。可参看。

修养的根本，不是修养所当止之处，则要以此良知去知本知止，不更是支离走作吗（“架屋叠床”）？

其实，阳明四句教的良知是否真如宗周所批评，恐怕是大有商榷余地的。但我们也不应忘记，宗周对阳明学说的态度凡三变，而最后对良知教“辨难不遗余力”，是他晚年对阳明著作下过一番研究工夫的结果。这背后究竟是怎样的一个问题，此将于第五章详论。但无论如何，宗周认为阳明毕竟粗看良知，致使良知之知善知恶只成为经验层面上第二序的觉识或反省，则可无疑。与此相反，他所体会到而提出的良知当然就没有上述的种种毛病。首先，良知是超越的，它是在无有作好作恶的纯善的灵明的状态中，因此，它虽知善知恶，却无一毫黏滞于善恶，不去执定这个是善、那个是恶，不见善恶之两在，而只是物来顺应。其次，真正的良知是在爱敬之中，知爱知敬，知即是爱敬，当下全幅是爱敬的流露，而绝不是以爱敬为被知的对象。这里面并没有能所对立的分别之见。再者，良知既属超越层，则它能转化意念，不随着经验层上一切善恶意念之生灭而转，亦甚显然。良知之当体即心体之本来面目，更不能说“知为心祟”。最后，良知之知即是《大学》知本、知先、知止之知，彼此无二无别，并没有“架屋叠床”的问题。因此，宗周与阳明的第三句虽然表面完全相同，但如果了解宗周思想的背景，便知他实把同一句子赋予了更深刻的意义，至少他自己认为是如此。①

① 方旭东认为笔者以宗周 66 岁的《良知说》来解释宗周 59 岁的四句中的“知善知恶者是良知”与阳明“四句教”中的同一句的不同含义，是“完全不考虑蕺山言论的时间性”。见其著：《蕺山“前四句”的文本问题——基于耿宁工作的进一步讨论》，收入陈来、高海波主编：《刘宗周与明清儒学——纪念刘宗周诞辰 440 周年学术研讨会论文集》（天津：天津人民出版社，2020），第 73 页。对此，笔者的想法是，宗周在 59 岁建立诚意说，思想已臻成熟，实已具备批评阳明“四句教”的思想条件。事实上，在同一年他已在批评阳明，至 66 岁著《良知说》，只是把（转下页）

宗周四句的第二句是“好善恶恶者意之静”。上文已说过，宗周心目中的意，是心之所存，并不是心之所发。心之所发者只能是意念，或曰念。宗周说：

>……意之好恶，与起念之好恶不同。意之好恶，一机而互见；起念之好恶，两在而异情。以念为意，何啻千里。①

所谓“以念为意，何啻千里”，这样严分意与念，把它们分属两层，是宗周晚年思想成熟时期的一个创见。他便是由此而提出他的诚意说，与他的慎独说合起来成为他思想中两个最重要的观念。

意的超越性很可以从“意之静”看到。此与阳明“有善有恶者意之动”中的“意之动”适成对比。一般的意念都是心所发动，刹那生灭变化，所以说“动念”。宗周此处说“意之静”，当然不是指意念静止下来，而是以静来形容意，这便显出意的超越性。这个静字并不是偏向一边而与动字相对的静。它是“静而无静”的，实际就是宗周“主静”的静，也就是慎独的独体。有关主静与慎独，我们已在上章交代过了。

这个“意之静”的意，或超越的意，其特色是“好善恶恶”的。“好善

(接上页)之前已有的意见作一较详细的总述。笔者认为，在宗周59岁撰四句时，他心中已多少具有《良知说》中的观点，只是未经整理或未具体言之而已。是以把其之前已有但后来才说得清楚的具体的说法来描述之前者，应该还是可以的。更何况依笔者对四句的解释，四句与《良知说》在义理上根本相通。就如《良知说》末句：“阳明曰：致知焉尽之矣。余亦曰：致知焉尽之矣”，意谓阳明与“余”(指宗周自己)同言致知(致良知)，但彼此的含义实不相同。以此看宗周数年前从阳明“四句教”转化而来的四句，正好互相呼应，说明在宗周心目中，四句与“四句教”中的第三句，“知善知恶者是良知”，虽字句相同而含义实不相同吗？

①《刘子全书》，卷十一，《学言中》，第6页。

恶恶”并不是意念上的好善恶恶。意念上的好善恶恶是分化而相对的，有个善为我所好，有个恶为我所恶，不但善恶相对，更有好恶与被好恶的主客对立，所谓“两在而异情”是也。超越的意的好善恶恶却是“一机而互见”，好与善、恶与恶之间并无能所相对，且好善即是恶恶，彼此同摄于一机，在一机湛然之中，无有作好作恶，而只是一“渊然有定向”的纯善之意而已。

既然意、知、物只是一事，则形容此三者的“好善恶恶”“知善知恶”和“为善去恶”其实亦是一事。在宗周四句的脉络底下，它们虽然都具有“善恶”这对词语，但却没有预设有善有恶，或善恶之两在，否则意知物便将下委而为经验层上的意念，生灭无常，不可能成为道德实践上的超越的根据。既然没有预设有善有恶，则在某一义上“无善无恶”也不是完全不可说。是以宗周说：

> 心无善恶，而一点独知知善知恶。知善知恶之知，即是好善恶恶之意。好善恶恶之意，即是无善无恶之体。此之谓无极而太极。①

这里以无善无恶说心之体。无善无恶之所以受到宗周的肯定，是因为宗周把它放在自己四句的脉络中看，而不是从他认为的阳明的四句教来看。因此，无善无恶遂得以被理解为至善的心体的具体呈现，而可以无病。然而，依宗周的思想，他大概不会喜欢用无善无恶一词。虽然在正确理解下的无善无恶可以无病，但此词毕竟是易与阳明后学的流弊相混，助长虚无、功利之势，这不是宗周所能接受的。由此推论，宗周绝

① 《刘子全书》，卷十一，《学言中》，第6页。

不会像阳明一样，在他的四句的第一句中以无善无恶言心。我们很容易想到宗周会把第一句所言的心规定为超越的有善无恶（纯善）的本心。可是，宗周却说："有善有恶心之动。"

表面上，这第一句与本节一路下来的解释是相违反的。如唐君毅便把这句理解为吾人的经验意识中具有种种意念，而意念是有善有恶的。他更认为这句相当于阳明四句教的第二句：有善有恶意之动。① 但如果我们采取唐君毅的解释，我们便会遇到下面的困难，即宗周四句所言的心与"四善"所言的心并不一致，前者是有善有恶的，后者则有善无恶；后者是超越的，与意、知、物为相同，前者是经验的，与意、知、物分属不同的层次。同是一心，宗周为何容许有截然不同，甚至相反的解释？论者或谓此实无关紧要，因为宗周本可不必相应他的"四善"而言四句，或四句而言"四善"。只要不影响到他的思想系统，厘清分际，偶尔从经验一面言心，或从超越一面言心，皆无不可。盖言心本可有此两面，传统所谓"道心""人心"，正是就此而言。

我们设想的这个说法表面言之成理，实则不然。关于道心、人心的问题，在上章已略为述及，现在且仔细看看宗周如何解释两者：

> 虞廷十六字，为万世心学之宗。请得而诠之曰：人心，言人之心也；道心，言心之道也，心之所以为心也。可存可亡，故曰危；几希神妙，故曰微。惟精，以言乎其明也；惟一，以言乎其诚也，皆所谓惟微也。明亦可暗，诚亦可二三，所谓危也。二者皆以本体言，

① Tang Chun-i："Liu Tsung-chou's Doctrine of Moral Mind and Practice and His Critique of Wang Yang-ming，" in Wm. Theodore de Bary, ed.，*The Unfolding of Neo-Confucianism*（New York and London：Columbia University Press，1975），p.325.牟宗三对宗周四句的首句也有类同的看法，见其著：《宋明儒学的问题与发展》（台北：联经出版事业有限公司，2003），第 298—299 页。

非以工夫言也。至允执厥中，方以工夫言。……后之儒者，……因以上援虞廷，分精分一，既分精分一，则不得不分人分道，种种支离，而圣学遂不传于后世矣。①

宋明理学的传统都是以道心为超越的，以人心为经验的。但宗周此处却释人心为超越的本心，而道心只是指这本心之所以为本心的那个道。换句话说，人心与道心其实是一。所谓"人心惟危"，亦不过是指这超越的本心"可存可亡"，容易亡失，故危险矣，并不是因为它是经验心，在念虑浮沉中作不得主，所以危险。若穷究此超越的本心，则几希神妙，惟微而精明诚一，所谓"道心惟微，惟精惟一"是也。至"允执厥中"，则又指敬谨地执持中体，亦即本心之体的工夫。如是，道心只是就人心或本心之根本处说，两者实不可分。末句更表示分开人心与道心的支离的做法，正是圣学不传于后世的原因。宗周虽承认有经验层的意念，但他只是以"念"来代表这一层。关联着心来说，都是心念对扬。试看下面一段话：

心意知物是一路，不知此外何以又容一念字。……故念有善恶，而物即与之为善恶，物本无善恶也。念有昏明，而知即与之为昏明，知本无昏明也。念有真妄，而意即与之为真妄，意本无真妄也。念有起灭，而心即与之为起灭，心本无起灭也。②

这是十分明显地区分心、意、知、物属超越一路，而"念"则属经验一路。面对这些证据，我们还可以坚持宗周四句中的心属经验层，与意、知、物

---

①《刘子全书》，卷十二，《学言下》，第34页。
② 同上，卷十一，《学言中》，第11页。

区别开来吗？即使不理会“四善”句以及宗周论心的其他文字，只独立地看四句之言心，认定心属经验层，我们仍不能避免下述的困难，即四句是一整体，不能割裂言心的第一句于言意、知、物的其他三句以外观之；如是，则宗周言心之有善有恶，然后有意之好善恶恶，于是意之好善恶恶便永远落于后着，如何可证心性之本善？这正就是宗周批评四句教的“知为意奴，良在何处”！宗周有没有可能犯上他自己激烈批评的毛病？或者说：不能这样看第一句及第二句的关系。因为依宗周，意是心之所存，非心之所发，它是超越地蕴含于心，不是随着心之善恶而后起之好善恶恶之意念。这样理解当然也可以，但始终不能令人心安的是：宗周若置有善有恶的经验心于首句，与阳明“有善有恶意之动”意思相同，则他就阳明此句而批评阳明只教“在意念上着实用为善去恶工夫，久之心体自明”为不妥，认为“才着念时便非本体，人若只在念起念灭上用工夫，一世合不上本体”，[①]如此一面批评阳明，一面又重蹈覆辙，岂不是以己之矛，攻己之盾？

宗周在批评阳明的四句教时，总爱强调“心意知物，总是至善中全副家当”。[②] 如果我们正视这句话，便不致认为宗周从四句教转手而来的四句，会犯上他自己批评的错误。如是，把四句的第一句“有善有恶者心之动”理解为经验心之有善有恶，恐未必得其实。但从文字的表面意思看来，第一句实难有别解。不过，如果我们深入宗周的思想，便可发现这一句的确是另含深意。在《刘子全书》中，四句之后即载有一条云：

> 心何以有善恶？周子所谓“形既生矣，神发知矣，五性感动而

① 《刘子全书遗编》，卷十三，《阳明传信录三》，第 34 页。
② 同上，卷八，《说》《良知说》，第 25 页。

> 善恶分，万事出矣”。正指心而言。……周子曰：几善恶，正所谓指心而言也。[①]

光看这段话，对其中含义似乎还不易掌握。且看看他如何解释周濂溪的“几善恶”：

> 濂溪曰：几善恶，即继之曰：德，爱曰仁，宜曰义，理曰礼，智曰智，守曰信，此所谓德几也，道心惟微也。几本善，而善中有恶，言仁义非出于中正，即是几之恶，不谓忍与仁对，乖与义分也。先儒解几善恶，多误。[②]

我们注意前面一段的“五性感动而善恶分”及后面一段的“几善恶”。先儒怎样理解这两句话，且不管。宗周的意思大概是五性（仁、义、礼、智、信）本是纯善的，感于外物而动，遂有善恶之分。也就是说，本然纯善的五性因感应外界而有所呈现，而一旦呈现，遂有形相而落于善恶相对的分别中。同理，“几善恶”者，“几本善，而善中有恶”，此即是说，本然纯善之几本非无有，就在其微微发露呈现之际，即落于形相而有善有恶。宗周认为这正是指心而言，因为依宗周，心之动是必然地关联着形相的，它是“囿于形”的，是“形而下”的。我们还记得，宗周“心宗”意义下的心正是如此。但“囿于形”“形而下”，并不表示它就是经验的。[③] 一

---

① 《刘子全书》，卷十，《学言上》，第26—27页。

② 同上，卷十二，《学言下》，第11页。

③ 宗周曰：“夫心，囿于形者也。”见同上，卷七，《原性》，第2页。又曰：“形而下者谓之心”，见同上，卷十，《学言上》，第25页。所谓“囿于形”“形而下”，是表示待形而彰著之意，并非意谓心是经验的。可参上章第五节。亦可参牟宗三：《从陆象山到刘蕺山》，第492、496、508页。

如周濂溪所谓几善恶而几本善，宗周所言的心是囿于形而有善恶，却不妨碍它本身是超越的纯善。

依宗周，心是超越的而又可“有善有恶”。我们不禁追问：这毕竟如何可能？因为既是超越的，便是超越善恶，如何同时又堕于善恶的相对之中？关于这个问题，我们必须了解，四句中第一句的“有善有恶”，实不必表示经验层上的善念恶念。问题的关键是在心是囿于形的，即心是通过形相以呈现它自己的。当心通过形相以呈现它自己，却滞着于此形相，则心便失去其自身之超越性，而堕于经验的意识之流中。此时的心，便是经验的。在宗周看来，决定善恶者是在于心能否保有其虚灵而不滞着于相，抑或是逐相而沉。若是前者，它便是善的；若是后者，便是恶。严格地说，堕于经验层上的善意亦不能算是真正的善，因为它着于形相，已不是真实的道德的呈现了。

至此，宗周自觉其“有善有恶者心之动”实不同于阳明的“有善有恶是意之动”，应该是很明白的。宗周更借濂溪与阳明的对比再说明此问题：

> 濂溪曰：几善恶。故阳明亦曰：有善有恶。濂溪曰：动而未形，有无之间者，几也。阳明亦曰：意之动。然两贤之言相似而实不同，盖先儒以有无之间言几，后儒以有而已形言几也。曰善恶，言有自善而之恶之势，后儒则平分善恶而已。①

“先儒”指濂溪，“后儒”指阳明。依宗周，濂溪的“几善恶”与阳明的“有善有恶”表面相似而实不同。后者的善恶是两在而相对，而前者则无此

① 《刘子全书》，卷十二，《学言下》，第 11 页。

义。宗周认为“几善恶”是指心而言。心本善，而其中有“自善而之恶之势”。此“自善而之恶之势”，正是指心通过形相以呈现它自己，而容易滞着于形相而言。心滞着于形相，即落于经验层，念念生灭，善恶相对，纷扰不停，宗周即视之为恶。当心通过形相呈现而不滞于形相，常在虚灵不昧的状态中，它即保有其本来之纯善，而无恶。是以心之“有善有恶”是“几善恶”，指有“自善而之恶之势”，并不是落于经验中的善恶。在道德实践中，学者戒慎恐惧，此心即常保其超越的纯善的本然状态；若偶一不慎，心即顺形着之势，逐相而沉，遂一往而不返。此正宗周上文所谓人心“可存可亡，故曰危也”之意。

宗周的“有善有恶”是“几善恶”，与阳明的“有善有恶”不同，然则两人“心之动”与“意之动”之“动”字的意思当然亦不同。借用上引文的话，宗周“心之动”的“动”是“动而未形，有无之间者”，阳明“意之动”的“动”则是就“有而已形”言。所以前者之动相实较后者更精微深细。顺着上文的疏导，这个结论自然也是十分清楚的。

我们已把宗周的四句及其意涵详细地叙述了一遍，尤其是第一句，的确容易令人产生误会。我们也已看出，宗周的四句，就如他的“四善”句，其中心、意、知、物都是超越的，而且是纯善的，它们都是就同一物之较内在或根本的面向而言。如果我们沿着此一思路再细心观察，便会发现四句实隐含另一个重要的讯息。依宗周，“物即是知”“知藏于意”而“意蕴于心”，[①]四者其实是一。然而，当“心”是在“几善恶”的背景下被理解时，它仍是超越的本心，但因它毕竟是关联着形相而言的，已多少着于形相，已有自善而之恶之势。这样，它便是“后天而奉天时”的心，也就是宗周“心宗”意义下的心体。至于意(即是知即是物)，它不是“几善

---

① 《刘子全书》，卷十，《学言上》，第25页。有关宗周对心、意、知、物关系的看法，下节还会有较详细的分析。

恶”，而是“几”之本身，是纯粹至善而并无自善而之恶之势的。宗周说：

> 或曰：“意非几也。”则几又宿在何处？意非几也，独非几乎？[①]

这是以反问的方式质疑或人之认为意非几。在宗周心目中，作为意根的意就是几，而独体也是几。下面一条说得更清楚：

> ……吾请以孔子之言折之曰：“几者，动之微，吉之先见者也。”曰“动之微”，则动而无动可知。曰“先见”，则不着于吉凶可知。曰“吉之先见”，则不沦于凶可知。此诚意真注疏也。周子曰：“几善恶”，正所谓指心而言也。[②]

很明显，那动而无动不着于吉（善）凶（恶）的至善的几就是意，而几善恶则指心而言。如是，这好善恶恶的意已是一毫不黏着于善恶之相者，因此，它真可说是形而上的，是“先天而天弗违”的心，也就是宗周“性宗”意义下的性体。当然，形下实即于形上，因此，心、性（或宗周四句中的意）到底是一。有关此点，我们在上章已讨论过了。

从上面的分析，我们发现，在宗周批评阳明乃至提出自己的四句的背后，是隐含着他的慎独的两重架构，也就是心宗性宗的思想架构。这个架构是独特的，与其他思想系统不同。无可否认，宗周哲学的终极意义在于性宗（当然，尽心即性，此时的心宗即与性宗相当）。因此，等同于性体的意，也就在宗周的四句中扮演着关键性的角色。

除了心意知物的四句外，宗周大概在同一时期也提出另外的四句，

---

① 《刘子全书》，卷十二，《学言下》，第 11 页。
② 同上，卷十，《学言上》，第 26—27 页。

称为“体认亲切法”，也值得一提。宗周说：

> 身在天地万物之中，非有我之得私；
> 心包天地万物之外，非一膜之能囿；
> 通天地万物为一心，更无中外可言；
> 体天地万物为一本，更无本之可觅。①

此四句甚能体现宗周对心、性了解的深度。首句言道德心呈现，虽仍与物为外，但由于私欲之去除，已能予万物以一真诚之尊敬或尊重。二句言摄物归心，就如陈白沙所谓“才觉便我大而物小，物尽而我无尽”，②已能体会心包万物，亦即本心之超越万物。三句表示已能体认天地万物与我为一体，即心即物，此时绝对的唯心即是绝对的实在，并非一般意义的唯心论说。末句体天地万物为一本，此本是心之所以为心之本，是意根、独体、性体，而此意是无意之意，性是性无性之性，故曰更无本之可觅。③ 此四句可视为同一境之不同面向，也可视为工夫次第所至之境。一般言至第三句，已为究竟，但宗周从深微处更辟一境以为说，至此方为化境，可谓深造自得。我们认为，以此四句与言“心意知物”之四句作对比，“体认亲切法”之前三句（“身在天地万物之中……心包天地万物之外……通天地万物为一心……”）属心宗之三层，实相当于“心意知物”四句中言心之首句（“有善有恶者心之动”）；“体认亲切法”之末句（“体天地万物为一本……”）属性宗，相当于“心意知物”四句

① 《刘子全书》，卷十，《学言上》，第29页。
② 陈献章：《陈献章集》（北京：中华书局，1987），卷三，《与林时矩》，第243页。
③ “无意之意”见本书第三章第三节第二点。“性无性”见《刘子全书》，卷七，《原性》，第1页。

中言意知物之后三句（“好善恶恶者意之静，知善知恶者是良知，为善去恶者是物则”）。两种四句或详于心宗，或详于性宗，开合不同，而隐含心、性之两重则一。当然，心、性终归是一是不待言的。宗周在“体认亲切法”的四句后有一小注曰：“予尝有诗赠参禅者曰：只圈圆相形容似，才点些儿面目肥。更当参看彼家之失。”按四句各句之前皆附一图以佐说。末句之图为一圆圈中有一点，示心中之意根或性体。此小注意谓禅家体认意根、性体，已有走作之失。若以图示，便好比把圆圈中的一点点得略肥了。

通过以上的讨论，我们已知意的基本含义。以下我们将正式考察其内容，看看作为意根的意以及诚意的意是如何反映着宗周慎独哲学的另一个重要的侧面的。

三、宗周的诚意说

（一）诚意说的先驱

上文已经说过，除了慎独的宗旨之外，宗周更在晚年（崇祯九年，1636，宗周59岁）提出诚意说。他对这个观念的创造性的诠释使其内容与慎独完全一致。这不仅表示他重新理解《大学》，还反映他对阳明致良知教的最后判断，甚且标志着他思想的成熟。随着宗周思想的发展，他的慎独哲学除了扎根在《中庸》及其他经典之外，至此更重新以《大学》为基础，把《大学》的重要观念纳入其系统中，使其各得其恰当的位置。

宗周把意解释为心之所存，非所发。黄宗羲即认为此是宗周思想另一个重要的特色。[①] 但这个足以使宗周有别于其他重要的宋明儒者

① 《刘子全书》，卷三十九，《行状》，第37页。

的洞见其实并非始于他本人。宗周的弟子黄宗羲与董玚均承认，早在泰州派的王栋（号一庵），已有意不能是心之所发的说法。[①] 王栋说：

> 旧谓意者心之所发，教人审几于动念之初。窃疑念既动矣，诚之奚及？盖自身之主宰而言谓之心，自心之主宰而言谓之意。心则虚灵而善应，意有定向而中涵。非谓心无主宰，赖意主之。自心虚灵之中，确然有主者，而名之曰意耳。……人心所以能应万变而不失者，只缘立得这主宰于心上，自能不虑而知。不然，孰主张是？孰网维是？圣狂之所以分，只争这主宰诚不诚耳。若以意为心之发动，情念一动，便属流行。[②]

虽然王栋并没有用相同的语汇，但他以意不能是心之所发，而应为心之主宰，实无异宗周的意为心之所存。王栋似乎不像宗周之以意为几，[③]不过可以肯定的是，他所说的心是超越的，是“虚灵而善应”，而意则涵于心中而定向于善，也是超越的，与有善有恶的意识的流行的念虑不同。

王栋与宗周另一个非常类同的地方，便是王栋主张诚意即是慎独。他说：“诚意工夫在慎独。独即意之别名，慎即诚之用力者耳。”又说：“知诚意之为慎独，则知用力于动念之后者，悉无及矣。”[④]很明显，在王栋来说，独并非独处或独知之谓。一如心之主宰的意，独是本心之体而超越于意识的念虑。此与宗周之言独也十分近似。

---

① 《刘子全书》，序，第 1 页；《卷首》《抄述》，第 5—7 页。
② 《明儒学案》，卷三十二，第 325 页。
③ 同上。
④ 同上。

宗周未尝见王栋的遗集，而当他提出意为心之所存的说法时，曾备受学者的质疑。因此，后来黄宗羲与董玚发现王栋的遗教，自然感到欣慰，认为先师并非孤立，其所见至理之所在，与前人不谋而合。[①] 虽然如此，若从哲学史的角度看，我们便要进一步比较两人对此新观念的阐发其完备程度如何。无可否认，以意为心之所主的观念先见于王栋，但我们也不能否认，宗周不曾看过王栋的著述，两人对意字的解释的确是不谋而合的。然而，在叙述王栋以意为心之主宰的看法时，唐君毅已看到"他的说法并不是很详尽"，而"他的意与心之其他方面的关系不甚明朗"。[②] 事实上，对意作出详细而有系统的诠释的，仍推宗周。而且，意在宗周性宗思想的脉络底下，实蕴含一微妙而深远的意义。既然意这个观念在王栋的思想中未见有充尽的发挥，我们便不能确定王栋对意的理解是否已达到宗周那微妙而深远的程度。

除了王栋之外，唐君毅也发现另一位不以心之所发言意的重要学者，他便是江右派的王时槐(号塘南)。王时槐说：

> ……阳明曰：《大学》之要，诚意而已矣。格物致知者，诚意之功也。知者意之体，非意之外有知也。物者意之用，非意之外有物也。但举意之一字，则寂感体用悉具矣。意非念虑起灭之谓也，是生几之动而未形、有无之间也。独即意之入微，非有二也。[③]

---

① 《刘子全书》，序，第 1 页；《卷首》《抄述》，第 5—7 页。又见《明儒学案》，卷三十二，第 324 页。

② Tang Chun-i："The Criticisms of Wang Yang-ming's Teachings as Raised by His Contemporaries," in *Philosophy East and West* 23 (1973), p.183.又可参见唐君毅：《中国哲学原论：原教篇(下)》(香港：新亚研究所，1979)，第 472—474 页。

③ 《明儒学案》，卷二十，第 198 页。

就如王栋与宗周一般，王时槐区分意与念，而且把意与独等同起来。无可否认，他的意与宗周所谓的心之所存非常相似，至少是属于同一层次的。他更将意比作“生几之动而未形、有无之间”。如果我们还记得宗周亦尝引用此濂溪之语来说意，便知王时槐与宗周对意的理解真是何其接近。根据唐君毅的观察，王时槐更“把意表述为心之生理之呈露，而源于心之性者，又以之与心之其他方面联系起来，把王一庵（按即王栋）言意之学推进一步”。①

然而，即使从王时槐的思想看到对意的更有系统的陈述，我们仍没有证据说宗周的说法必定受王时槐的影响。宗周的哲学大抵都是他自己的创发。而更重要的是，尽管两人某些观念相同，他们的思想系统似乎并不一样。其中最关键的分别在于王时槐“不以性等同心之知与意”。② 对王时槐来说，知与意属于心，均是性之呈露，所以性是“心之创造性之源”，且“是超越于其所呈露的而与之不同”。③ 王时槐的这个立场实不能与宗周心宗、性宗的说法相混，因为从究竟处言，宗周的心与性毕竟是一。④

我们没有打算深入王栋与王时槐的思想内部进行研讨，否则便会逾越本书的范围。我们只想说明，通过以上粗略的对比，可见宗周的诚意说仍不失其独特的价值与贡献。

---

① Tang Chun-i:“The Criticisms of Wang Yang-ming's Teachings as Raised by His Contemporaries,” in *Philosophy East and West* 23 (1973), p.183.又可参见唐君毅:《中国哲学原论：原教篇（下）》（香港：新亚研究所，1979），第472—474页。

② 同上。

③ 同上。又可参《明儒学案》，卷二十，第200页。

④ 牟宗三更批评王时槐之区分心、性实脱离阳明学说之思路而反近于朱子。见牟宗三：《从陆象山到刘蕺山》，第421—447页，尤其是第446—447页。如果依照牟先生的看法，便不可能产生王时槐思想系统中的意与宗周的意含义相同的结论。

(二) 意与念

除了以意为心之所存之外,宗周言意的另一个重要特色便是严分意与念。念是经验的,无论善念恶念,都是在意识的起灭不断之流中。意则是超越的本心或纯粹意识之所存主,是绝对至善而不见有起灭不断之流的。我们已看到,王栋与王时槐亦有类似的说法。

虽然如此,宗周则更把意放在《大学》的脉络中,而发明意的另一个重要而深微的含义,就如宗周四句的第二句所言,他认为意是好善恶恶的。如此言意实际是源于《大学》。《大学》有云:

> 所谓诚其意者,毋自欺也,如恶恶臭,如好好色。此之谓自谦,故君子必慎其独也。①

此处的"如恶恶臭,如好好色"正是宗周以好善恶恶言意的文献及义理上的根据。但如此说却立刻出现问题:要知好恶属情,是属于经验意识的层次,试问如何可以好恶来形容超越的意根?有人曾问宗周类似的问题,试看他怎样回答:

> 意者,心之所存,非所发也。或曰:好善恶恶非发乎?曰:意之好恶,与起念之好恶不同。意之好恶,一机而互见;起念之好恶,两在而异情。以念为意,何啻千里。②

其实,我们在上一节论宗周的四句时已引用过这一条,并对好善恶恶稍作说明。现在就让我们较详细地说一说。宗周的回答是认为意之好恶

---

①《四书集注》《大学》,第6页。
②《刘子全书》,卷十一,《学言中》,第6页。

与念之好恶并不相同。后者的观点易明，可以常识的角度来了解。当吾人好或恶某事物时，必有一对象为吾人所好或恶，无论此对象是具体的事物，或抽象的观念，总之不得不成为一被好或恶之对象。此被好或恶之对象决定吾人好恶之不同内容。此外，就好恶本身来说，两者都是情，是好之情便不得是恶之情，是恶之情便不是好之情。于是好善不等同恶恶，所以说"两在而异情"。此念之好恶的另一特点是念是在生灭不断的意识之流中，因此，好恶之情亦不能常住而不变。吾人此时此地所好或恶之事物，并不能保证在异时异地亦好或恶之。

至于意之好恶，其中情况便不同。在意之好恶中，一切好恶与被好恶的主客的分别、好之之情与恶之之情的分别，乃至由好到恶、由恶到好的变动不居，皆被超越。意只是渊然定向于善，且其好善即恶恶、恶恶即好善。意之好恶只是"一机而互见"。意之体是一，好恶只是一体之两用。体不离用，体即是用，所以无论是好善或恶恶，皆是意之体的全幅的呈露，于是好恶便非两在，而是互相渗透而无有作好作恶。此外，好恶并无与之相对的对象；若非要说一对象不可，则此是无对象相之对象，或说是对象之自身，对象之在其自己。由于意乃定向于善，其所好之善乃作为真实存有之善，其所恶之恶乃作为非真实存有之恶。恶在终极存有之性上是无根的。

至此我们应该很清楚，意之好恶之情绝不是一般的好恶之情，它可以说是一种超越之情。[①] 这很容易令我们想起上章提过的喜怒哀乐之

① 此处所谓超越之情，实际上可包括宗周所谓意之好恶之情及喜怒哀乐之四情，而可与念之好恶之情及七情，乃至等而下之各种情区别开来。此超越之情其实亦相当于唐君毅论宗周哲学时所提出的天情或纯情。见其所著《中国哲学原论：原教篇（下）》，第 477—504 页。亦可参考他的"Liu Tsung-chou's Doctrine of Moral Mind and Practice and His Critique of Wang Yang-ming," in Wm. Theodore de Bary, ed., *The Unfolding of Neo-Confucianism*, p.320。

四情，也是超越之情。也许有人会问这两种超越之情在宗周哲学中的关系是如何？宗周说：

> 正心章言好乐，见此意之好者机；言忿懥，见此意之恶者机；言恐惧忧患，见忿懥之变者机。盖好恶之性发而为四端矣。只为意不诚，则此心无主，往往任情而发，不觉其流失之病有如此者，乐而淫，怒而恚，哀而伤，余谓只此是心不正供状。[①]

问题的答案就在当中“好恶之性发而为四端”一句。四端是仁义礼智，依宗周，即理即气，即性即情，所以也就是喜怒哀乐。换言之，好恶之情发而为喜怒哀乐之情。由好恶而四端，乃至任情而发，不觉其流失而为好乐、忿懥、恐惧、忧患，则已落于经验，为等而下之者。若回到超越之情，则只是喜怒哀乐。宗周说“诚通处便是喜而乐，诚复处便是怒而哀”，[②]可见四情之中，乐由于喜，哀由于怒，实以喜怒为根本。而喜怒又从好恶而来，所谓“毕竟有好恶而后有喜怒，不无标本之辨，故喜怒有情可状，而好恶托体最微”。[③] 以喜怒之有情可状为标，好恶之托体最微为本，可知此好恶幽深微妙，绝非一般的好恶之情可比。然而，由好恶而喜怒而四情，它们一皆是超越的，一皆不着于其自身之相而可互相渗透，是故喜怒哀乐不过一好恶，好恶亦不过一意之体而已。

意之好恶的含义厘清以后，我们自然会发现宗周修养工夫的重点全都落在保任此意之上。意是本体，因此，“诚其意”或“诚意”并不表

---

① 《刘子全书》，卷十二，《学言下》，第 15 页。
② 同上，卷二，《易衍》，第八章，第 14 页。
③ 同上，卷十二，《学言下》，第 21 页。

示意本不诚或有善的意有恶的意待吾人去诚，否则意便滑落而为心之所发的意念。如是，则宗周诚意说中的诚字究当如何理解？我们可以看出，在宗周的思想脉络底下，此诚字其实并无实义。宗周解释说：

> ……意本如是，非诚之而后如是。意还其意之谓诚，乃知意者心之主宰，非徒以专主言也。①

由此可知，“意本如是”，诚不过是“意还其意”，如此诚便是一虚说的诚，并无实质的意义。但有时宗周也会以诚字来形容意之本体，称之曰“诚体”，所谓“意根最微，诚体本天”。② 在此意义下，诚字便有实义，其含义便与意根相当。

于是，依宗周，诚意便是意还其本来，而此意是意根的意，非意念的意。但这样区分意与念又把我们带到另一个问题：如果意之本体是根本，是本来至善的，恶则来自念，然则念又从何来？这个有关恶的来源的问题其实在整个宋明儒乃至儒学传统中都是普遍地存在着的，因为人性本善是大部分儒者，尤其是宋明儒的共同信念。孟子首先提出性善之论，在当时已处理过这方面的问题。③ 至宋明儒，则对这个问题有更进一步的发挥，如区分义理之性与气质之性而以恶来自气质，便是显例。在宗周的哲学中，这同样的问题以更精微的姿态出现，就是念从何来的问题。而宗周对此的回答很可以加深我们对他的意与念的关系的了解。宗周说：

---

①《刘子全书》，卷十二，《学言下》，第 8 页。

② 同上，第 18 页。

③ 有关孟子在这方面的讨论，可参考《孟子》《告子上》。

> 心意知物是一路，不知此外何以又容一念字。今心为念，盖心之余气也。余气也者，动气也。动而远乎天，故念起念灭，为厥心病。……故圣人化念归心。[①]

如果我们真的了解宗周的心宗及其四句的第一句，则他这段话的意思便很容易掌握。毫无疑问，意（包括心、知及物）是超越的，而念则属经验。两者虽然分属两层，但并不是截然分开。事实上，念是从心意而来，是心之所发，也就是宗周此处所谓的“心之余气”。余气是指心每次活动之后所遗留下来的势能。[②] 这余气其实就是一种习气。[③] 当心感于物而应之，即呈现一形相。感应之后，过化存神，心本来是不着于那形相而回复原本主静的状态，如此心便保有其超越性。然而，在心呈现为一形相的过程中，心即累积一股势能，产生一未了之余波，使心留驻于其所呈现之形相，而不能回复其原来之主静。心之着于相，不复其原来之主静，遂落于一动态中，而为意念之起灭。换言之，念是心之呈现所积聚而成的余气，它是僵化、破裂了的心，使心成为一生灭不断的意识之流。此是心之病，也就是恶的根源。

如是，要回复心意本来之至善，便须对念施行对治。宗周坚持修养工夫只在念上用，实无济于事。这便是为何他批评阳明的四句教，因为他认为在四句教中良知之知在有善有恶的意念之后，如此落于后着，便只能是另一重意念，不是真正的良知。对宗周来说，以念止念只会令情

---

① 《刘子全书》，卷十一，《学言中》，第 11 页。

② 可参考 Tang Chun-i：“Liu Tsung-chou's Doctrine of Moral Mind and Practice and His Critique of Wang Yang-ming,” in *The Unfolding of Neo-Confucianism*, p.318。

③ 有关习气或习的问题，宗周有一文专论之。其义与此处所言心之余气实相通，可参考。见《刘子全书》，卷八，《说》《习说》，第 19—20 页。

况更坏。但吾人亦不能除念，因为念来自心之呈现，实与心并存。依宗周，唯一的办法便只有回到此超越的本心之源，戒慎恐惧，不让余气在心之呈现之际累积，使心于相而不着。于是，念不是被消除，而是在余气不再累积而为着于相的势能之下被转化，而回复至心之本然。因此，宗周说“圣人化念归心”。此种转化或修养工夫之基础，永远是落在超越的本心之上，而不能是在相对的生灭之流的意念之上。

除了“化念归心”之外，宗周亦说“化念归思”。“思”的字面意思是思想，但其实它不应该是一般意义下的思想，而实具有更深刻的意涵。也许它可以被理解为能照察一切念虑的智慧。宗周说：

> ……夫学所以治念也。与思以权而不干之以浮气，则化念归思矣。化念归思，化思归虚，学之至也。夫思且不可得，而况于念乎？此为善去恶之真法门也。上蔡举天下何思何虑。程子曰：尚说的蚤在。已而曰：正好用工夫也。[①]

此处之“浮气”实即“心之余气”，而“化念归思”亦即“化念归心”。然而宗周更说“化思归虚”，以此为“学之至”。此“化思归虚”实值得我们注意。

我们认为，宗周的心宗与性宗的思想架构正好反映在“化念归思（或心）”和“化思归虚”这两个概念之中。前者表示心宗，后者则表示性宗。“虚”字正好表示性体及意根的境界。盖在性体的境界中，“天下何思何虑”，[②]正是由思而至不思而得，也就是一切思虑皆完全合于天理

---

① 《刘子全书》《治念说》，第 24 页。
② 此语源自《易传·系辞传》第五章。

的境地。至此一毫皆着不得，宗周甚至认为“谓性本无性焉亦可”。[①] 所谓“性本无性”，正是“虚”一语之所示。

“虚”这个观念也与意根的境界相应，因为作为心之主宰的意，实亦无主宰之相可言。宗周即谓“其实诚意则无意”。[②] 宗周又说：

> 此个机缘，正是意中真消息。如定盘针在盘子中，随盘子东西南北，此针子只是向南也。圣人学问到此，得净净地，并将盘子打碎，针子抛弃。所以平日用无意工夫，方是至诚如神也。无声无臭，至矣乎！[③]

宗周之意谓意为心之所存，就好比指南针在指南针盘之中。随盘子如何动，针只是向南，就如意蕴于心，只是渊然定向于善。但到了圣人境界，便如将盘子打碎，针子抛弃一般，达到至诚如神、无声无臭的境地。这也就是“无意”的境界。但这“无意”并不表示在意之上更有一“无意”，在诚意之外更有“无意”工夫。如前所说，“其实诚意则无意”，无意只表示意而无意，意作为心之主宰只是“有主而无主”。[④] 所以宗周说：

> 此个主宰，要它有，又要它无。惟圣为能有，亦惟圣人为能无。有而无，无而有，其为天下至妙至妙者乎！[⑤]

这是无意，同时就是虚，也就是诚意的真实具体的呈现。值得一提的

---

① 《刘子全书》，卷七，《原旨》《原性》，第 3 页。
② 同上，卷九，《问答》，第 19 页。
③ 同上，第 13 页。
④ 同上，第 19 页。
⑤ 同上，第 13 页。

是，此处“无意”“虚”及“性无性”都不能与龙溪的“四无”相提并论。在宗周心目中，不但龙溪的“四无”，甚至阳明的“无善无恶”，都已含有虚无主义的倾向。

(三) 意在《大学》中的地位

通过与念的对比，我们对意的内容已有一定的了解。现在就让我们看看宗周如何把他所想的意与《大学》其他重要观念关联起来。宗周中年(崇祯二年，1629，52 岁)有《大学古记》《大学古记约义》及《大学杂言》，至晚年(顺治二年，1645，68 岁)作《大学古文参疑》。从宗周 59 岁立诚意说看来，以上著作当以后者才能完全反映宗周对《大学》的最后意见。[①] 大抵宗周对诚意的新解启发了他对《大学》八条目的整体的体会。他认为八条目其实是一个有机的结构。他说：

> 身者，天下国家之统体，而心又其体也。意则心之所以为心也。知则意之所以为意也。物则知之所以为知也，体而体者也。物无体，又即天下国家身心意知以为体，是之谓体用一源，显微无间。又云：《大学》八条目，如常山之蛇，击其首则尾应，击其尾则首应，击其中则首尾皆应。[②]

我们从宗周的四句已知他所谓的心、意、知、物是一而四、四而一的。现在加上身、家、国、天下，八目实连成一体。如是，物格的物、知致的知、意诚的意、心正的心、身修的身、家齐的家、国治的国及天下平的天下，

---

① 有关宗周对《大学》看法的转变，可参林庆彰：《刘宗周与〈大学〉》，收入钟彩钧主编：《刘蕺山学术思想论集》，第 317—336 页。
②《刘子全书》，卷十，《学言上》，第 25 页。

都回到了其自身。因为它们是连成一体的，如常山之蛇，所以如果一目回到了其自身，其他七目亦回到其自身；而另一方面，任一目之真回到其自身，亦必须其他七目之回到其自身才有可能。所谓回到其自身，是指在慎独的境界下，一切皆升上来而具形上的意义，每一目之物自身的身份皆得以呈现，物物皆互相渗透而连成一有机的整体。这是一个物自身的世界，而非现象的世界。借宗周的话来说，这是真实的世界，而非妄世界。①

然而，虽则八目可通而为一，但无论在存有或修养工夫上，前者实较后者更为根本。这便是为何宗周说"身者天下国家之统体"。在修身中当然要正视本心。在正心中当然须注意本心更内在的面向，也就是意、知与物。我们在讨论宗周的四句时已说过，心、意、知、物是就同一物的较内在而根本的面向而言。宗周在他处更对它们的关系给予了清楚的说明：

> 《大学》之言心也，曰忿懥、恐惧、好乐、忧患而已。此四者，心之体也。其言意也，则曰好好色，恶恶臭。好恶者，此心最初之机，即四者之所自来，所谓意也。故意蕴于心，非心之所发也。又就意中指出最初之机，则仅有知好知恶之知而已，此即意之不可欺者也。故知藏于意，非意之所起也。又就知中指出最初之机，则仅有体物不遗之物而已，此所谓独也。故物即是知，非知之所照也。《大学》之教，一层切一层，真是水穷山尽学问，原不以诚意为主，以致良知为用神者。②

① 《刘子全书》，卷六，《证学杂解》《解二》，第1页。
② 同上，卷十，《学言上》，第25页。

有关此段，首先要说明的是，宗周以为《大学》之言心，是以忿懥、恐惧、好乐、忧患为心之体。此处的“体”是体段，非本体之意。上文已说过，忿懥、恐惧等已落七情，已属经验的层次。然则以此等情为心之体段是否表示心就是经验的？我们相信，宗周如此说，是想表示心是形而下的，并非要说它是经验的。形而下在宗周的思想中有别于一般的含义，是表示囿于形、借形而彰之意。形而下的心有自善而之恶之势，故以忿懥、恐惧等言之，并非谓心已完全下落至此。《大学》言心之原意我们且不管，但就宗周而言则必然是超越的，否则如何可与其他七目连成一体，如常山之蛇？如心已下落为经验心，则“击其中则首尾皆应”，七目岂不皆下塌而落于经验层？落于经验层，则相对显然，又如何可以连成一体？是以揆之宗周对心的一贯看法（此上文已言），以及他晚年对《大学》的见解，此处所言之心必不是经验心便很明白了。

心是形而下的，其以后的身、家、国、天下当然也是形而下的，但形而下即于形而上，形而上内处于形而下，如是就此心之往上往内而推，便见那形而上的意、知与物。配合上两段引文而言，“意则心之所以为心”“意蕴于心，非心之所发”；“知则意之所以为意”“知藏于意，非意之所起”；“物则知之所以为知”“物即是知，非知之所照”，正好说明心、意、知、物四者一层深入一层，前者以后者为本的关系。但要知这种“更为根本”的关系并不表示与“心、意、知、物，原是一事”之说有冲突。心、意、知、物不是异质异层的，在形而下即于形而上的基础上，它们是同质的。它们不但是同质，而且更是同一个事物。同一事物，而说为四者，只是就此物事中“指出最初之机”，指出它内在的，或内在又内在的面向而已。至于意“非心之所发”，知“非意之所起”，物“非知之所照”，很可能是对阳明或一般儒者对意知物的理解，以意为心之所发是阳明乃至宋明儒学传统的看法。以知为意之所起是宗周考察阳明四句教，看到知落于意的后着而得的结论。以物为知之所照是就阳明意之所在为物而说，其中的照当然不是觉照，而是认知关系之照。这些意义下的意知物，都是落于经验的，当然不是宗周所能同意的了。[①]

如上所言，无论在存有或道德修养上，宗周都应以物为最根本。首先，以格物为最根本的工夫本来就是《大学》所明言。更何况宗周说“就知中指出最初之机，则仅有体物不遗之物而已，此所谓独也”，正是以物为独体，此非最根本而何？是以宗周说：“一心耳，以其存主而言谓之意，以其存主之精明言谓之知，以其精明之地有善无恶归之至善谓之物。识得此，方见心学一原之妙……”[②]然则为何宗周不顺着《大学》原文强调格物，反之却重诚意？宗周解释说：

> 《大学》之教，只要人知本。天下、国、家之本在身，身之本在心，心之本在意。意者，至善之所止也，而工夫则从格致始。正致其知止之知，而格其物有本末之物，归于止至善云耳。格致者，诚

① 熊十力曾对上引宗周言心意知物的一段话作严厉的批评。如宗周谓《大学》言心曰忿懥、恐惧、好乐、忧患，四者是心之体，熊以此“专以情言心体，则心乃佛氏所呵为无明之心”；宗周谓《大学》言意，则曰好好色、恶恶臭，好恶乃此心最初之机，即四者之所自来，熊以此“好好色恶恶臭之情，是与形骸俱起之习气所成，非真性”；宗周谓意蕴于心，非心之所发，熊以此“明明将心与意，区别两层来说”；宗周谓意中指出最初之机，则仅有知好知恶之知，此即意之不可欺，故知藏于意，非意之所起，熊以此“好恶之情中，而有知善知恶之知，则此知必是佛家随惑中，所谓不正知，必非良知之知”。总之，熊十力把宗周此处之心意知皆视为属于经验者。熊说见《答唐生》，收入其著：《十力语要初续》（台北：洪氏出版社，1977），第152—156页。此中的“唐生”，应该就是唐君毅。原来当年熊十力与唐君毅（还有牟宗三）对宗周的思想有过讨论。于此，郭齐勇曾作出整理，他的结论是较倾向唐君毅，认为熊十力“并没有虚怀体察蕺山学对阳明学的改造与推进”。见郭齐勇：《论熊十力与唐君毅在刘蕺山“意”与“诚意”观上的讨论与分歧》，收入武汉大学中国传统文化研究中心编：《玄圃论学集——熊十力与中国传统文化国际学术研讨会论文集》（武汉：湖北教育出版社，2002），第251—258页。我们同意郭齐勇的观点。

② 《刘子全书》，卷十九，《答史子复》，第55页。

> 意之功，工夫结在主意中，方为真工夫，如离却意根一步，亦更无格致可言。故格致与诚意，二而一，一而二者也。①

依宗周，《大学》的主旨是教人知本。这个本不但是人事之本，而且是天地万物之本。宗周认为这个本就是意，也是至善栖止之地。在致知中，知是知此意，知即是意。在格物中，物即是知，也即是意。因此，在宗周心目中，其实诚意已具有终极的意义。吾人若强调知与物，不是不可以，但宗周似乎认为意字更显得落实而具体。所以他说"工夫结在主意中，方为真工夫"，而格物致知皆已蕴含在诚意之内。一旦意得以诚，意还其意，或意回到其自身，则一切皆得成就，所谓"慎独而天下能事毕矣"。

结合上面所引有关心意知物的几段话来看，宗周的意思实甚显豁而顺适，但有学者比对这些资料后，却认为宗周把其中知止之知混杂于"知藏于意"之知，遂使"物即是知，非知之所照"一语出现问题。盖知止之知是虚位字，而"知藏于意"之知是良知，是实体字，两者本不可混，但宗周却混而同之，使"物即是知"之知本应是实体性的知，却有了知止之虚位字的知的嫌疑。此犹如在"知良知"一语中，前面的知是虚位字，与实体性的良知之知不同。若问为何"物即是知"之知可引出此歧义，此一方面固然因为宗周在其著述中多次以知止之知言致良知之知，没有分开两者；另一方面则因按宗周的原文，"物即是知"的上文是"就知中指出最初之机，则仅有体物不遗之物而已，此所谓独也"，其中"体物不遗之物"，物是独，体物即体独，如此体字犹知止之知，顺此而下，"物即是知"之知便带上体字之作为虚位字的意思了。②

---

① 《刘子全书》，卷十，《学言上》，第25页。

② 有关这个批评的详细内容，见牟宗三：《从陆象山到刘蕺山》，第473—484页。

我们认为这个批评是源于对宗周的误解。宗周的思想其实非常一贯，没有任何混杂。首先，我们必须认定宗周言物字，至少在上引几条资料中，基本上都是独体的意思。即使言“格其物有本末之物”，物字仍是独体。所谓“物有本末”，正是“物无体，又即天下国家身心意知以为体”之意，并不可理解为有本物，亦有末物，盖如此物便不成其为独体了。至于“仅有体物不遗之物而已，此所谓独”，便须有简别。我们认为句中前物字与后物字不同。后物字固指独体，前物字则指万物。宗周没有明言两物字之不同，很可能是以为援用《中庸》“体物而不可遗”之语，其中物指一切事物，应是普遍接受的理解。其次，或许更重要的是，“体物不遗之物”的两物字正表示“物有本末”，前物字是物之末，即万物，后物字是物之本，即独体。宗周说：“盈天地间皆物也。自其分者而观之，天地万物各一物也。自其合者而观之，天地万物本一物也，一物本无物也。”[①]正好表示他的“物有本末”之意(须知宗周的“物有本末”，绝非意谓有本物，有末物，将本末分开来说，而是指一物之体用，即独体之体用。物之体或本乃独体自身，物之用或末乃万物，两者之义皆涵于一物字之中)。于是全句之意便应是：仅有能遍体万物而没有遗漏的这个物而已，所谓独体便是。如此解则体万物之体便与一般意义下的知止之知不同，不可相提并论。再说知止与致(良)知，如顺《大学》原文，则知止之知确是虚位字，与良知不同。但宗周解《大学》自有其一套，我们只应注意其解释，不必计较其解释是否与《大学》原意相符。试看他说：“且《大学》所谓致知，亦只是致其知止之知。……惟其知止、知先、知本也，则谓之良知亦得。知在止中，良因止见……”[②]评者谓宗周以知止谓之良知亦得，“实则并不得”。其理据只在知止之知是虚位字，

① 《刘子全书》，卷三十八，《大学古记约义》，第 6 页。
② 同上，卷八，《说》《良知说》，第 25 页。

与良知之知之为实体字不同这一点。但宗周明说“知在止中，良因止见”。评者又谓此两语非孟子、阳明说良知之意。[①] 究竟孟子、阳明是否赞同此两语并不重要。重要的是此两语说得通否？我们认为是说得通的。盖依宗周，知止犹知先、知本，所以止就是先、本，而本即独体。独体是至善的，是以“良因止见”一语没有任何问题。问题只在“知在止中”，因为止即独体或良知，知止即知独体或知良知，如此便好像陷于评者的质疑，即虚位字的知与实体性的良知（止）不同，如何可混杂而说“知在止中”？然而我们细心想一想，如阳明所谓“致良知”是如何致法。这其实没有任何可绕出去的巧妙办法，还是靠良知本身。良知本身自有不容已地涌现出来的力量，所以“致良知”实即良知之自致。同样地，知良知之知，如果不只是认知意义下的知（此知只是外部地知，甚至等如不知），而具有实践意义的话，则知良知到底仍是良知之自觉自知，仍是良知之自我活动自我扩充而已。是以知良知（止）之知虽是虚位字，实可转化为实体字，与良知无别。于是，知止之知谓之良知亦得，而“知在止中”亦可得而说。我们相信，宗周正是从这一角度而说出上述那些话，而“物即是知，非知之所照”一语究竟亦无病。宗周言心意知物时并无混杂与缴绕，应该是十分明显的。

通过本节的分析，我们已看出，在宗周思想里，诚意在《大学》八条目中实具有最根本及关键性的地位。他曾说诚意是“《大学》之专义”，也是“《大学》之完义”。一言以蔽之，“《大学》之道，诚意而已矣”。[②]

当然，诚意不但是《大学》之道，而且是宗周哲学中的主导性的观念。我们已说过宗周的意根即独体即性体，因此，不难发现宗周时有“诚意之功，慎独而已”“指此意而言，正是独体”及“独即

① 评者语见牟宗三：《从陆象山到刘蕺山》，第481页。
② 《刘子全书》，卷二十五，《杂著》《读大学》，第1页。

意"等的话。[①] 宗周在他处更说:"静中养出端倪,端倪即意即独即天。"[②]诚如刘汋所说,"先君子学圣人之诚者也。始致力于主敬,中操功于慎独,晚归本于诚意"[③]。因此,在独体、静体、中体、性体及心体(尽心即性)之外,宗周更提出意根诚体,成为他的哲学中另一含有终极意义的观念。宗周对诚意的创造性的诠释丰富了诚意的内涵,而这诚意的新内涵又丰富了宗周的哲学,使宗周思想迈进成熟的阶段。

虽然如此,诚意说的出现并没有改变宗周哲学的基本架构。正如上章所言,这个思想架构可以心宗、性宗来代表,亦可见于宗周四句之言心意知物,乃至他的"化念归思(心)"及"化思归虚"之中。让我们一再强调,这个基本架构使宗周学说成为独特的、有别于其他重要的宋明理学的思想系统。

---

① 三语分别见于《刘子全书》,卷十九,《书上》《答门人》,第 29 页;及《答史子复》,第 55 页。

② 同上,卷十三,《会录》,第 28 页。

③ 同上,卷四十,《年谱下》,第 50 页。

第四章

慎独哲学的实践
——《人谱》的分析

一、《人谱》的结构[①]

《人谱》可说是宗周最具系统及最通行的一部著作。"表面上，它是一幅图像、图形、记录表或教本，用以教人迁善改过以成就其道德的生命。然而，这部论著的基础是建立在通过慎独工夫而得的对自我修养的整体性的洞察。"[②]

《人谱》作于崇祯七年(1634)，时宗周57岁。[③] 但根据刘汋的说法，《人谱》曾经宗周一再修订，直至他在顺治二年(1645)临终前一个月为止。[④] 毫无疑问，这部著作代表宗周的最后定见。除此之外，宗周更有《人谱杂记》，这是根据《人谱》所列的条目，收集历史人物的嘉言善行而分类编排的一本汇集。宗周未能完成此著作，临终授命，由刘汋补述而

---

① 本书附录一载有《人谱》的全文，读者可参看。

② Tu Wei-ming: "Subjectivity in Liu Tsung-chou's Philosophical Anthropology," in Donald J. Munro ed., *Individualism and Holism: Studies in Confucian and Taoist Values*, p.231.

③《刘子全书》，卷一，《人谱》，第1页。

④ 同上，第16页。

成。[①] 尽管《人谱杂记》充满着许多古人的事迹，内容丰富，也很有意义，但由于没有显著的哲学讨论，所以并非我们要探讨的对象。值得我们注意的，是《人谱》。它充分表现宗周的实践理论，亦即工夫论。当然，他的工夫论与其本体论是不可截然分开的。

《人谱》可分为三部分：《人谱正编》《人谱续编二》及《人谱续编三》。在《人谱正编》中，有"人极图"及"人极图说"。很明显，宗周是模仿周濂溪的"太极图"及"太极图说"，转化了其中的意涵而纳入自己的慎独哲学之中。周濂溪的"太极图"原本共有五图，但宗周的"人极图"却把"太极图"的第二图，即阳动阴静之图，分而为两，以阳动之图置于阴静之图之前，共成六图。而更重要的是，在"太极图"的第二图中，本来代表阴静的部分，在"人极图"中却成了阳动之图；本来代表阳动的部分，在"人极图"中却成了阴静之图。宗周已明白指出这些改变，但却没有给予说明。[②] 然而，我们不难看出，宗周以阴、阳之图互易，是要表示即阴即阳，两者实无法真正地分开之意，所谓"阴阳互藏其宅"是也。"人极图"中的阳动之图，是表示无而未始沦于无，即无而有之"中"；而阴静之图，则表示有而未始着于有，即有而无之"和"。至于置阳动之图于阴静之图之前，是因为在道德修养上要以中为本。当然，阳动之动是"动而无动"之动，阴静之静是"静而无静"之静，而即阴即阳，即中即和，在其妙合无间中，中便是本体、独体、心体（心一天也之心）、性体、天或太极，凡此皆以第一图来表示。至于第四、五、六图，其意易明，不烦多说。"人极图"之后是"人极图说"，对"人极图"每一图都有扼要的说明，最后，以尽人之学的意义作结。

---

① 《刘子全书遗编》，卷十五，《人谱杂记二》，第 48—49 页。
② 《刘子全书》，卷一，《人谱》，第 2 页。

在《人谱续编二》中，有“证人要旨”，里面说道德修养或证人的六个步骤，所谓“六事功课”。这六个步骤与“人极图”的六个图相应，以第一个步骤较第二个步骤为根本，第二个步骤又较第三个步骤为根本，如此类推。相应第一图“无极太极”，第一个步骤是“凛闲居以体独”；相应第二图“动而无动”，第二个步骤是“卜动念以知几”；相应第三图“静而无静”，第三个步骤是“谨威仪以定命”；相应第四图“五行攸叙”，第四个步骤是“敦大伦以凝道”；相应第五图“物物太极”，第五个步骤是“备百行以考旋”；相应第六图“其要无咎”，第六个步骤是“迁善改过以作圣”。严格来说，第六事其实不能算是步骤，而是统摄前五者的工夫。

《人谱续编三》则包括“纪过格”“讼过法”“改过说一”“改过说二”及“改过说三”。在“纪过格”中，“人极图”的六图均作了一些改变，表示“六事功课”实践不当时所出现的过错。于是，相应具反面意义的第一图“物先兆”，便是“微过，独知主之”；相应具反面意义的第二图“动而有动”，便是“隐过，七情主之”；相应具反面意义的第三图“静而有静”，便是“显过，九容主之”；相应具反面意义之第四图“五行不叙”，便是“大过，五伦主之”；相应具反面意义的第五图“物物不极”，便是“丛过，百行主之”；相应具反面意义的第六图“迷复”，便是“成过”，成过为“众恶门”；“微过成过曰微恶”，此是“祟门”；“隐过成过曰隐恶”，此是“妖门”；“显过成过曰显恶”，此是“戾门”；“大过成过曰大恶”，此是“兽门”；“丛过成过曰丛恶”，此是“贼门”。虽是如此，“人虽犯极恶大罪，其良心仍是不泯，依然与圣人一样，只为习染所引，坏了事。若才提起此心，耿耿小明，火然泉达，满盘已是圣人”。所以说“以克念终焉”。[①]“纪过格”之后便是“讼过法”，亦即“静坐法”，教人如何在静坐中反省自己的过

①《刘子全书》，卷一，《人谱》，第 11 页。

恶。"讼过法"之后便是"改过说"三篇，都是有关改过的理论。"改过说一"认为改过工夫总在微处得力；"改过说二"言人心自明而之暗，工夫只在明上提醒，不在暗中除暗；"改过说三"则说知过即改过，知过之知即改过之行的知行合一的道理。

以上便是《人谱》的结构及其内容大概。[①]

二、《人谱》的特色

我们没有必要详细阐述《人谱》的全文，读者只要参看原文，便可一目了然，宗周的论述是十分清楚的。[②] 无论如何，单从上节言《人谱》的纲领已可知，《人谱》对吾人的道德实践及过恶作了系统的分析，而这系统的分析又以宗周的道德的形上学为基础。从宗周对《人谱》的重视来看，它的确是宗周著述中最具代表性的作品。它不但包含宗周哲学的根本要素，而且很可以反映其学说的性格。以下就让我们从几个方面阐发《人谱》所蕴含的意义。

（一）去恶即是为善的严正道德意识

首先，如果我们把《人谱》放回它的历史脉络中，便会发现宗周著《人谱》的目的，并不只是要表达有关道德修养的观念，它实际是宗周面对当时哲学危机而作出回应的产物。表面看来，《人谱》是宗周为了反对袁了凡（1535—1608）的《功过格》及颜壮其的《迪吉集》而作的。[③] 事

---

① 有学者以《人谱》为中心展示宗周整个哲学思想。可参考张瑞涛：《心体与工夫：刘宗周〈人谱〉哲学思想研究》（北京：人民出版社，2014）。

② 本书附录一载有《人谱》的全文，读者可参看。

③ 《刘子全书》，卷一，《人谱》，第 1 页；《刘子全书遗编》，卷六，序，《初本证人小谱序》，第 9 页。

实上，他是有感于秦弘祐的《迁改格》而著《人谱》。《年谱》载："是时秦弘祐仿袁了凡《功过册》，著《迁改格》一书，善与过对举：一理性情、二敦伦纪、三坊流俗、四广利济。陶先生(案即陶奭龄)序而行之。……因有感而著《人谱》。"[①]我们在上章已看过，宗周其实对陶奭龄及其弟子们的言论所流露的虚无与功利的倾向非常不满。在《人谱》自序中，他再次批评这两种倾向，说：

> ……今之言道者，高之或沦于虚无，以为语性，而非性也；卑之或出于功利，以为语命，而非命也。非性非命，非人也，则皆远人以为道者也。[②]

宗周认为虚无、功利，皆不合于人之性命，已从人之所以为人的本质脱落开去。像这样的批评，是深刻且严厉的。宗周紧接着说："然此二者同出而异名，而功利之惑人为甚。"[③]如此说其实是针对秦弘祐的《迁改格》而发。在同一时期给秦弘祐的信中，宗周说：

> ……大抵诸君子之意，皆从袁了凡、颜壮其来。了凡之意，本是积功累行，要求功名得功名，求子女得子女。其题目大旨，显然揭出，虽是害道，然亦自成一家言。诸君子平日竖义，本是上上义，要识认求良知下落，绝不喜迁改边事。一旦下稍头，则取袁了凡之言以为津梁，浸入因果边去。一上一下之间，如以为打合得一，则

---

① 《刘子全书》，卷四十，《年谱上》，第 50 页。
② 同上，卷一，《人谱》，第 1 页。
③ 同上。

是道差也；以为打合不得一，则是教差也。二者宜何居焉？①

这明显是针对《迁改格》而来的话。依宗周，袁了凡的《功过格》及颜壮其的《迪吉集》都是本着佛教的因果观念，主张行善求福。在宗周看来，此已落于功利而非儒学。如今秦弘祐及白马山房的学者仿袁了凡刊行《迁改格》，一方正落入行善求福的功利，一方又与他们日求识认无善无恶之心体之说相矛盾。盖依宗周，如果作为上上义的无善无恶说能正确地被理解及实践，则功利的观念便没有滋长的余地。然而《迁改格》中正含有功利思想，这便意味着秦弘祐等人的无善无恶说只是"玄虚而荡"的虚无，适为"情识而肆"的功利的基础。信中言"一上一下"，盖指虚无与功利，两者分途，不能打合，"如以为打合得一"，便不合道理，便是"道差"。"如以为打合不得一"，固然没错，但虚无、功利各有所偏，实不能成教，以之教人，便非正当的教法，是为"教差"。总之，一旦落入虚无与功利，无论两者合一与否，都成问题。

如是，《人谱》之作正显示宗周对当时功利思想(亦即虚无思想，两者"同出而异名")的回应。在给秦弘祐的另一信中，宗周明白表示他反对秦弘祐的理由，并提出自己的意见。我们相信，这个意见便成为他撰写《人谱》"纪过格"的主导原则。他说：

《迁改格》"广利济"一款宜除，此意甚害道。百善、五十善，书之无消煞处，不如已之。纪过则无善可称，无过即是善，若双行便有不通处。愚意但欲以改过为善。今善恶并书，但准多少以为销折，则过终无改时，而善之所列，亦与过同归而已。有过，非过也；

① 《刘子全书》，卷十九，《书上》《与履思十》，第14—15页。

> 过而不改,是谓过矣。有善,非善也;有意为善,亦过也。此处头路不清,未有不入于邪者。至于过之分数亦属穿凿,理无大小多寡故也。今但除入刑者不载,则过端皆可湔除,似不必分多寡。但有过而不改,入于文,直须记千万过耳。平日所讲专要无善,至此又说为善,终落在功利一路。仆以为,论本体,决其有善无恶;论工夫,则先事后得,无善有恶可也。凡此皆道之所在,不可不谨。[①]

从前面的引文来看,我们已知秦弘祐的《迁改格》是模仿袁了凡的《功过格》的,其大概是要学者依照某种标准把一日所为的功与过记录下来,至月底时详细地考核与检讨。尽管这样做对一些中根以上的人来说也许较笨拙,但这实不失为一切实可行的修养方法。表面来看,如果不太拘泥,容许一些弹性,以之律度吾人的道德行为,使归于正,实未尝不是一种方便。然而,宗周却看出其背后的一个严重问题:这种纪功纪过双行的办法,以功补过,以功求福,实预设着一功利的心态。如此实已丧失吾人道德生命的自主性、自律性。而且以功补过,功过可以相抵消的想法并不能保证过而能改,盖可以将功赎罪,则只要不断为善有功以作补赎之资,过恶便可姑息而延续下去。试问这样又如何可说是道德修养?尤有甚者,依宗周,以功求福,正是有意为善。有意为善,虽善亦有过,因为此时有意为善之心已落于意念的层次,已脱离纯善的本心之体了。宗周所批评的功利,正是"情识而肆"的功利主义,对纯正的道德行为实有严重的损害。这便是为何宗周说"此意甚害道",又说《迁改格》为"害道之书也"。[②]

于是,宗周提出自己的见解,认为从本体言是有善无恶,从工夫言

---

① 《刘子全书》《与履思九》,第 13 页。
② 同上,卷四十,《年谱上》,第 50 页。

则无善有恶。乍看之下,这好像本体、工夫有矛盾,实则不然,或许需要解释一下。盖一般来说,吾人都以“为善去恶”为道德实践的主要内容,而为善与去恶,又是两头工夫——多作善的想念行为,去除恶的想念行为,两者并不相同,去恶不是为善,为善不是去恶,故须两面兼顾。但从宗周来看,此一般意义下的为善去恶已非真正的道德实践,已落入情识的功利计较。我们回顾上章,宗周所说的“念之好恶,两在而异情”,意谓好善不是恶恶,正包括此一般意义的道德实践而言。盖由念之好善恶恶而来的为善去恶,已落于情识,并不真能成就为善去恶,因为在情识的念虑之流中,好善恶恶皆无定准,随之而来的为善去恶,亦无一定。若要真能成就为善去恶,便须推高一层,在意上立根。“意之好恶,一机而互见”,于是好善即恶恶,恶恶即好善,由此意之好善恶恶而来的为善去恶,便成为善即去恶,去恶即为善,两者同是一机。在一机湛然之中,即工夫即本体,工夫上之去恶,即是为善,亦即是本体之善的呈现。此便是宗周说“论本体,决其有善无恶;论工夫,则先事后得,无善有恶”的含义了。

由此而观,“去恶即是为善”便是《人谱》言实践工夫的原则。它之所以可能,是因为它不是一般世俗或经验意义下的为善去恶,而是有了道的参与。换言之,真正的为善去恶是在独体或心体的呈现下进行的。依宗周,若不能从独体之根本下手,一切为善去恶的道德实践均成戏论。于此可见宗周道德实践意识之严正,至少已超过当时的同侪后辈,特别是白马山房的学者。

另外,此工夫上的有恶无善或去恶即是为善的原则也说明了《人谱》“纪过格”言过不言功的理由。在此意义下,宗周的改过思想自然也与一般的改过不同,而更具深层的意义。《人谱》“改过说一”云:

天命流行,物与无妄,人得之以为心,是谓本心。何过之有?

> 惟是气机乘除之际，有不能无过不及之差者。有过而后有不及。虽不及，亦过也。过也而妄乘之，为厥心病矣。乃其造端甚微，去无过之地，所争不能毫厘，而其究甚大。譬之木，自本而根而干而标，水，自源而后及于流，盈科放海。故曰："涓涓不息，将成江河；绵绵不绝，将寻斧柯。"是以君子慎防其微也。防微则时时知过，时时改过。俄而授之隐过矣，当念过便从当念改；又授之显过矣，当身过便从当身改；又授之大过矣，当境过当境改；又授之丛过矣，随事过随事改。改之则复于无过，可喜也。过而不改，是谓过矣。虽然，且得无改乎？凡此皆却妄还真之路，而工夫吃紧，总在微处得力云……①

上章言宗周以恶源自念，而念者心之余气。此处则以过恶来自本心之"气机乘除之际"之"不能无过不及之差者"。两说实相通。一言以蔽之，过恶毕竟于心性上无根。虽然，过不能不有，而宗周改过与一般改过之不同，乃在宗周认为"工夫吃紧，总在微处得力"，即是说，宗周要直究至过恶甚微之造端而去之，才算是真正的改过。盖在事上所犯之丛过，从境上所犯之大过，从身上所犯之显过，乃至从念上所犯之隐过，莫不是从微过积来，所谓差之毫厘，谬以千里。若不在造端甚微之处斩截，则盈科放海，蔓不及图。届时要改，已觉繁难；即使能改，病根犹在。可见宗周要求改过之彻、反省之深，已不是一般经验上的、皮相上的改过所可同日而语。

进一步言之，微过是种种过恶的病根，但要察知微过而去之，又须心体之发现。是以改过毕竟以本心之发现为根本。《人谱》"改过说

---

①《刘子全书》，卷一，《人谱》，第 13 页。

二”云：

> 人心自真而之妄，非有妄也，但自明而之暗耳。暗则成妄，如魑魅不能昼见。然人无有过而不自知者，其为本体之明，固未尝息也。一面明，一面暗，究也明不胜暗，故真不胜妄，则过始有不及改者矣。非惟不改，又从而文之，是暗中加暗、妄中加妄也。故学在去蔽，不必除妄。
>
> 孟子言：“君子之过，如日月之食。”以喻人心明暗之机，极为亲切。盖本心常明，而不能不受暗于过。明处是心，暗处是过。明中有暗，暗中有明。明中之暗即是过，暗中之明即是改。手势如此亲切。但常人之心，虽明亦暗，故知过而归之文过，病不在暗中，反在明中。君子之心，虽暗亦明，故就明中用个提醒法，立地与之扩充去，得力仍在明中也……①

凡此皆以本体之明为根源之地。此处一立，群妄皆消，一切过恶之暗亦转而复明。我们注意“学在去蔽，不必除妄”，改过并不是在妄中除妄、暗中去暗，如此落于对待，只会妄上加妄、暗中加暗，最多只能治标，决不能治本。就如宗周所谓以念止念，实无济于事。真正得力的工夫，是在妄暗之根源之明处提醒。一真既立，一切过妄便立与消融，是以宗周总说静存之外无动察，致中所以致和，总要在本体上立根，否则“头路不清，未有不入于邪者”。

本心之体呈现，则知过而去之。此知过之知是良知之知，并非一般的认知。良知是体知，已具有实践的意义，故说即知即行。《人谱》“改过说三”云：

---

①《刘子全书》，卷一，《人谱》，第 14 页。

……夫知有真知，有常知，昔人谈虎之说近之。颜子之知，本心之知，即知即行，是谓真知。常人之知，习心之知，先知后行，是谓常知。真知如明镜常悬，一彻永彻；常知如电光石火，转眼即除。学者繇常知而进于真知，所以有致知之法。……谁谓知过之知，非即改过之行乎！致此之知，无过不知；行此之行，无过复行。惟无过不知，故愈知而愈致；惟无过复行，故愈致而愈知。此迁善改过之学，圣人所以没身未已，而致知之功，与之俱未已也……①

宗周区分真知与常知。真知是本心之知，常知是习心之知；真知即知即行，常知先知后行。真知是超越的，常主而贞定，故如明镜当悬，一彻永彻。常知是经验的，起灭而不断，故如电光石火，转眼即除。以谈虎为例，知虎噬人，是常知，至谈虎色变，方是真知。真知非常知，但亦非弃绝常知以求真知，否则只是悬空的想象。如是，知过即是改过，知过之知即是改过之行。迁善改过之学，到最后，只是时时提起本心之知而已。

由此可知，"为善去恶"的道德实践，在宗周《人谱》中，已被深刻地转化为去恶即是为善、改过即是迁善的改过思想。这是在本体呈现的前提下所迫至的结论。当然，宗周这个见地不是独特的。凡对本心有亲切体会的儒者皆可见及此，只是宗周在其严正的道德意识下特别提出此义，将之表彰出来。

（二）对过恶深微的洞察

在儒学的著述中，绝少有像《人谱》那样，对人的过恶作系统而细致的描述。这主要的原因之一恐怕是宗周的严正的道德意识所使然。从

① 《刘子全书》，卷一，《人谱》，第15—16页。

"纪过格"所述的独知之微过、七情之隐过(溢喜、迁怒、伤哀、多惧、溺爱、作恶、纵欲)、九容之显过(指足容、手容、目容、口容、声容、头容、气容、立容及色容之过)、五伦之大过(父子之过、君臣之过、夫妇之过、长幼之过、朋友之过)、百行之丛过(如色、食、财、气等过)以及为众恶门之成过,可知宗周描述过恶之系统而具体的程度。但一旦涉及具体行为之过恶,便会产生某具体行为是否真正过恶之争论。如刘人鹏便从女性主义的角度指出《人谱》及《人谱杂记》中所指出之"过恶"实不乏对女性贬抑排斥的意涵。由于刘人鹏的文章牵涉范围颇广,这里只就其直接有关《人谱》的部分略作讨论。①

《人谱》"纪过格"中,第四"大过,五伦主之"下之"夫妇类"列有"交警不时、听妇言、反目、帷薄不谨(如纵妇女入庙烧香之类)、私宠婢妾、无故娶妾、妇言逾阈"七项,注云"以上夫妇类,皆坐为人夫者,其为妇而过可以类推";"长幼类"所列诸项中有"听妻子离间"一项。凡此皆属大过。刘人鹏认为以上"除了'反目'一项是'夫妻反目'之外,其余皆是夫为道德实践的主体,而'妻'或'妾'则是一种潜在的对德行的'破坏性',一种防范的对象,而不是同样具有心性良知情感意志的'人'"。她解释谓"听妇言"之为过的重点在"妇"而不是"言";"帷薄不谨"和"妇言逾阈"之为过是绝对禁闭女人与妇言;"私宠婢妾"和"无故娶妾","婢""妾"皆圣学同意之社会存在,唯"私宠""无故"者为大过;"交警不时"是不能警戒丈夫不要留于宴昵之私,此实意味论述者一方面不否认女人这个领域的存在甚至必要性,一方面又在道德修养的语言中极力赋予负面印象;"听妻子离间"之为过实不将妻子视为情感血肉之躯,而仅想

① 见刘人鹏:《圣学道德论述中的性别问题——以刘宗周〈人谱〉为例》,收入林庆彰、蒋秋华主编:《明代经学国际研讨会论文集》(台北:台湾"中央研究院"中国文哲研究所筹备处,1996),第485—516页,特别是第508—516页。

象并规定为男性家族维护的一种功用的说辞。①

这些批评之所以有力，是因为我们很难想象宗周会从上述为人夫之过类推而说妻子之过，而有像“听夫言”“夫言逾阈”或“听丈夫离间”之为过这一类的话。当然，“离间”“逾阈”都可以是过，但在传统社会或家族中，很少会认为这些过错是由丈夫引起，是以根本没有“夫言逾阈”或“听丈夫离间”之为过的问题。至于“听夫言”，在传统本来就被认作应分之事，何过之有？要说有过，也只能说“听夫不正之言”为过，但类推回去，丈夫便应以“听妇不正之言”为过，而非以“听妇言”为过。宗周明说“听妇言”为大过，其论述岂非含有贬抑女性的成分？然而，面对这些质疑，我们首先要明白的是，宗周所谓“大过”，并非指严重的过错，而是相对前面独知之微过、七情之隐过及九容之显过而就五伦之发露为明显之行为而说的大过。其次，宗周以“听妇言”等为过，可能不是凭空而说，而是就当时的实际环境而言。盖传统社会重男轻女，妇女所受教育有限，多无知之言，宗周盖有见于此，遂为之说。“听妇言”等之为过，很可能是因当时的社会环境，为中下人立法，并非严格的普遍命题。但这样说并非意谓可洗脱宗周的论述中含有贬抑女性的嫌疑。平心而论，从刘人鹏的分析可知，宗周乃至许多传统的道德论述都有贬抑女性地位的现象。但单就宗周而论，此并不足以表示宗周就以妻妾的女性为“防范的对象”，为“不是同样具有心性良知情感意志的人”。人性本善、人人皆可为尧舜，其中人人便包括男性与女性，这是宗周从未动摇过的信念。也许可以这样说：宗周尊重女性，但他所尊重的女性是在传统男性中心社会扮演附属角色的女性。这大概就是刘人鹏的文章所

---

① 见刘人鹏：《圣学道德论述中的性别问题——以刘宗周〈人谱〉为例》，收入林庆彰、蒋秋华主编：《明代经学国际研讨会论文集》（台北：台湾“中央研究院”中国文哲研究所筹备处，1996），第514—516页。

要指出的。毋庸讳言，此乃宗周时代的局限。须知在传统社会重男轻女、男尊女卑的氛围下，要有观念的突破，乃至社会风气、制度的变革，诚非易事。于此批评宗周，就好比批评传统儒者服从帝王专制政治而为奴儒一样。批评并不是完全没有道理，但却似乎忽略历史发展的艰难。人活在时代中，受时代的限制，总有其反省所一时未能触及者。然而，重要的是，这类反映男女不平等的道德论述，将随时代的变迁、反省所触及而被扬弃。宗周所立的大过以及丛过的项目，都是因当时实际环境而设，并无绝对的必然性，就如"礼仪三百，威仪三千"，可以随时代的不同而斟酌损益。如果认为宗周始终要为贬抑女性的论述而负责，此诚是一过故，则依《人谱》改过之精神，他亦将认真正视此过而去除之。这并不影响他的慎独哲学。但这样说便会带出一个问题：像"听妇言"这些含有贬抑女性的论述，其背后是男尊女卑的观念，而男尊女卑又是镶嵌在道德论述的最高位置，是来自儒者对道的体会，则去除男尊女卑的观念，岂非等于否定常道，又怎么不会影响其慎独哲学？

或谓何以见得男尊女卑的观念已镶嵌在道德论述的最高位置？于此，刘人鹏提出例证，如《人谱》"人极图说"将本体论、宇宙论、价值论混合，认为"统三才而言谓之极，分人极而言谓之善，其义一也"，接着引《易传·系辞传》"继之者善也，成之者性也"，注曰"动而阳也，乾知大始是也""静而阴也，坤作成物是也"，其后并有"乾道成男，即上际之天；坤道成女，即下蟠之地。……至此以天地为男女，乃见人道之大"等语。这是从《易传·系辞传》"天尊地卑，乾坤定矣""乾道成男，坤道成女"的思考传统而来。天尊地卑就意味着男尊女卑。再证之以宗周《读易图说》的话："故盈天地间阳尝为主而阴辅之，阴不得与阳拟也明矣。"①

① 《刘子全书》，卷二，《读易图说》，第 7 页。

"以阳统阴"的意义再被强调。于是,刘人鹏认为"当男性知识分子将男/女、阳/阴、动/静、上/下的配置关系,系之于乾/坤、天/地时,人间社会秩序便被定义为宇宙自然的秩序,'男'之位居尊上,成为他在宇宙中的位置"。由此引申,传统五伦的关系(父子有亲、君臣有义、夫妇有别、长幼有序、朋友有信),尤其是夫妇一伦,便无可避免地带着上下先后的层级性。"人极图说"于乾坤、阴阳、动静之后,接着说:

> 繇是而之焉,达于天下者,道也。放勋曰:"父子有亲,君臣有义,夫妇有别,长幼有序,朋友有信。"此五者,五性之所以着也。五性既着,万化出焉;万化既行,万性正矣。①

如此,则五伦真是天经地义。但刘人鹏却看出,"夫妇的关系是尊卑先后的宇宙自然绝对位置,父子、君臣、夫妇、长幼因而是父君夫长在上,而子臣妇幼在下的层级秩序"。"男女有别"的意义是男先于女,"将妇女纳入维护父系秩序的第一线""将女性隔离于男性成圣成王的治国以至于平天下的政治、教育等公共领域之外"。②

关于这些批评,无可否认,传统的五伦关系很多时是带上三纲(父为子纲、君为臣纲、夫为妻纲)的色彩。但一些当代的学者已经提出,传统是可以经过解咒或解消神话的手续,而抉发其中的精义。③ 首先,传统的上下尊卑的关系,并不必然就是宰制与被宰制的关系。即使到了现今,至少在君(上司)臣(下属)一伦上,仍须保有上下的层次,这里面

---

① 《刘子全书》,卷一,《人谱》,第 2 页。

② 此段的意思,详见刘人鹏:《圣学道德论述中的性别问题——以刘宗周〈人谱〉为例》,第 508—514 页。

③ 可参刘述先:《"理一分殊"的现代解释》,收入所著《理想与现实的纠结》(台北:台湾学生书局,1993),第 161 页。

本可不涉及宰制与否的问题。由此而观其他的人伦关系如夫妇，传统的“夫妇有别”大概是倾向于说夫妇有尊卑内外之别，个中原意很可能是希望通过尊卑的层序及内外的分工以达到夫妇关系的和谐，实无意将女性隔离于男性的公共领域之外。但在理想落实的过程中，尊卑内外的关系便很容易滑落而为宰制与被宰制的关系，成为观念与现实。是故，解咒的第一步，便是推源尊卑内外的关系，觉知其本意是通过一层序及分工，以达至夫妇彼此之和谐，成就彼此之生命，从而解消宰制与被宰制的劣义。这样“男尊女卑”便可被提起来而在一义上有其正面的价值。但至此仍未足够。盖“夫妇有别”之相互成就之价值可通过“男尊女卑”来实现，亦可通过“女尊男卑”或“男女平等”来实现。尤其是到了当代，女性不再扮演附属男性的角色，而有其独立的主体。因此，夫妇的关系便不应再是尊卑的关系，而应是相互平等的关系。这便是解咒的第二步。在此一义下，传统的“夫为妻纲”(乃至整个三纲)便须被扬弃。但“夫妇有别”(乃至整个五伦)则仍须保留，盖夫妇之别已非尊卑之别，而是相互平等对待之别。夫妇一伦已经转化而非复传统习俗之义。但这不是一种创新，只是通过转化重新抉发夫妇相互成就其生命的本义而已。通过某种相互的关系而成就彼此的生命，这是五伦的本义。但如此仍须面临一问题，就是刚才说过的，男尊女卑的观念既已雕刻在道德论述的最高位置，解消此观念岂非就等如否定常道？于此，我们需要对有关道的论述进行解咒。这是解咒的第三步。宗周说：“故盈天地间阳尝为主而阴辅之，阴不得与阳拟也明矣。”依此，可以说阳主阴辅、阳尊阴卑。但阴阳其实是功能性的概念，并非实体性的概念，它们只代表宇宙人生的两种倾向或势能。这两种倾向或势能无论在男性或女性的生命中皆存在着。传统以乾道(阳、天)成男、坤道(阴、地)成女，只是顺男性之较表现阳刚之气质而以乾阳配之，顺女性之较表现阴柔之气质而以坤阴配之，两者之间无绝对的必然性。如果有一日，女之阴主阳位，呈一阳之气质，男之阳主阴位，呈一阴之气质，则阴阳可以易位，以阳为女，以阴为男。这就如母系社会或女儿国中，女主外而男主内，妇唱而夫随，只要是真诚地成就彼此的生命，采取若何之相互的方式或管道，均无不可。此实无碍于传统之以一阴一阳之谓道，而宗周之以阳主阴辅言道，仍可得而说。于是，宗周的慎独哲学乃得与时推新。表面看来，与时推新的代价好像是扬弃其系统不合时宜的部分，甚或自我解构，实质只是独体不息，一元常运，万变不离其宗而已。

以上是从宗周言具体行为的过恶而涉及刘人鹏的文章所引起的讨论。我们可以看到，尽管宗周对过恶的分析甚仔细而具体，其所谓大过及丛过之项目，毕竟是为中下人立教，其实是可以斟酌损益，与时推移的。宗周分析过恶的真正贡献，乃在他对过恶的深微观察。由成过之恶到丛过、大过、显过、隐过以至微过，宗周对其百行、五伦、九容、七情以至独知之体，由内至外，由显至微，都有极深的照察。他指出，一切过恶之源，在独知之微过，并形容微过为“独而离其天”之“妄”。他说：

> 以上一过（案指微过），实函后来种种诸过，而藏在未起念以前，仿佛不可名状，故曰“微”。原从无过中看出过来者。
>
> “妄”字最难解，直是无病痛可指。如人元气偶虚耳，然百邪从此易入。人犯此者，便一生受亏，无药可疗，最可畏也。程子曰：“无妄之谓诚。”诚尚在无妄之后。诚与伪对，妄乃生伪也。妄无面目，只一点浮气所中，如履霜之象，微乎微乎。妄根所中曰“惑”，为利、为名、为生死；其粗者，为酒、色、财、气。①

---

①《刘子全书》，卷一，《人谱》，第7页。

从宗周的描述可见他对微过有极深的体验。如果没有深刻的反省与体证,要说出这番话恐怕不容易。宗周好用微字来形容独体。此处他亦以微字来说过,此微过是妄,是"独而离其天",可知在他心目中微过或妄实与独体并行。是以宗周说微过"原从无过中看出过来者",而"妄无面目","直是无病痛可指","如人元气偶虚耳"。牟宗三即以微过比作佛家的"同体无明",而谓独体深至何处,妄即随之深至何处;独体达至无限,妄即随之达至无限;独体是终极的,妄即随之为终极。[①] 此真是"最可畏也"。我们很少看到其他儒者对过恶的根源有如此深微的描述。然而,说妄与独体并行并非表示至善与恶源同在。依宗周,微过或妄之为恶的根源,究其实,不过是心体呈现时所积聚之余气或浮气,并不是存有论上的究极的存在。但吾人必须时时戒慎恐惧,避免心体中余气的积聚,即使性体或独体朗现,偶一不慎,仍可为一点浮气所中,百邪由此而生。此即是说,证成人之所以为人的道德事业,是一永无休止的不断自我转化的过程,这其实就是天道的生生不已的过程。在宗周看来,做人即是证人,已远远超过一般心理学意义下的社会关系的调整或人际间的和谐了。

因此,勿谓儒家主张性善,便忽略罪恶的观念。西方的早期学者如鲁思·本尼迪克特(Ruth Benedict, 1887—1948)曾有罪恶文化与羞耻文化的区分。罪恶文化(guilt culture)是指一个强调绝对的道德标准的社会,这个社会的价值是建立在人民的良心及对罪恶的悔悟之上,罪恶必须透过忏悔与赎罪才得以消除。羞耻文化(shame culture)的社会则较着重外在的制裁以促进人的善行,但却没有提供令人忏悔的文化资源。尽管一个人的恶行不为人知,但他仍可因为自己的罪恶而感受

---

① 牟宗三:《从陆象山到刘蕺山》,第 532 页。

痛苦，但羞耻则只是对别人批评的反应。[①] 当本尼迪克特讨论罪恶及羞耻文化时，她所指的分别是美国和日本。她虽然没有提及中国，但她对羞耻文化的解释很容易令人联想与日本同属东方文化的中国。“羞耻”无疑在日本或中国道德文化中都是一个重要甚至具有代表性的项目。但至少在中国儒学的传统中，羞耻并不只是外在的制裁，一种对别人批评的反应；它实际上是一种对自身过恶的自觉之情，不论这些过恶是重于泰山，或轻于鸿毛。宗周的《人谱》更追溯过恶的根源，为本心之体的一点浮气，所谓微过之妄。是以罪恶感在儒学的传统中从未被忽略，而宗周的改过思想也说明了在中国的羞耻文化中，最深微的过恶亦可透过反思内省的道德修养工夫而被去除。张灏在探讨“幽暗意识”在儒学传统中的发展时，曾肯定宗周对人性的过恶的透视：

> 这种生命的感受，在晚明刘宗周的思想里有更明显的流露，造成幽暗意识在宋明儒学里一个空前的发展。例如他在《人谱》一书中，把成德的实践过程分成六步，每一步都有罪咎的潜伏，都有陷溺的可能。他在总结第六步——“迁善改过以作圣”时，曾有这样的话：“学者未历过上五条公案，通身都是罪过，即已历过上五条公案，通身仍是罪过。”接着在《人谱续编・纪过格》里，他对这“通身的罪过”有极详尽的抉发和分析。他把罪过分成六大类，每一大类再细分成各色各种，其中第一大类，刘宗周称之为“微过”，最足以表现他对罪过勘查的细微：“以上一过，实函后来种种诸过，而藏在未起念之前，仿佛不可名状，故曰‘微’。原从无过中看出过来者。

① Ruth Benedict: *The Chrysanthemum and the Sword* (Boston: Houghton Mifflin Company, 1946), pp.222 - 223.

> ‘妄’字最难解,直是无病痛可指。如人之气偶虚耳,然百邪从此易入。人犯此者,便一生受亏,无药可疗,最可畏也。”《人谱》里面所表现的罪恶感,简直可以和其同时西方清教徒的罪恶意识相提并论。宋明儒学发展到这一步,对幽暗意识,已不只是间接的映衬和侧面的影射,而已变成正面的彰显和直接的透视了。①

所谓“幽暗意识”,简言之,便是对宇宙或人性的阴暗面的正视。② 就此而言,宗周的《人谱》的确表现强烈的幽暗意识。张灏还认为,幽暗意识在宋明儒学中得到空前的提升,可能跟一些外部的因素如大乘佛教的刺激,及儒学思想中内化的趋势有关,但这始终仍未突破圣王观念所代表的儒家终极的乐观精神。③ 张灏教授的提法,是从思想史的角度,参照西方基督教传统而立论。然而,我们单就《人谱》而观,宗周的“证人要旨”及“纪过格”,一正一反,其中所表现的成圣观念及幽暗意识可以没有任何冲突。有关这一点,牟宗三曾有具体的说明。他说:

> 罪过,过恶,是道德意识中的观念。道德意识愈强,罪恶观念愈深而切,而且亦只有在道德意识中始能真切地化除罪恶。儒圣立教自道德意识入。自曾子讲守约慎独后,通过宋明儒的发展,这道德意识中的内圣之学,成德之教,至蕺山而为更深度更完备地完成。是故道德实践中正反两面更为真切而深入,而过恶意识亦更为彻底而穷源,此为内圣之学所应有之文章。相应真体之天而化

① 张灏:《超越意识与幽暗意识》,收入所著《幽暗意识与民主传统》(台北:联经出版社,1989),第72—73页。
② 同上,第4页。
③ 同上,第73—75页。

> 除此彻底穷源之过恶之妄乃是道德实践之本分,故对于过恶能有如此彻底穷源清楚明确而且真切之理解,其他教皆不及也。勿谓儒家偏于乐观,对于人生之负面感受不深。此皆世俗之论,无真正之道德意识者也。焉有自道德意识入而无深切之罪恶感乎?俗儒自是俗儒,焉可为凭?以往因重视当下道德实践,又顾及风教故,故多讲正面话,反面者多引而不发,然不发非无深入之感也。岂在言之多少乎?真有道德意识而作道德实践者,若非徒为世俗之好人,或徒为具道德之文貌而无道德之精神者,则必正反两面皆深入,正面必透悟至心体与性体,反面必透悟至知险与知阻。其多言正面者重在立体立本,而险阻则在实践中随时遭遇之,即随时本正面以化除之,此并非可争辩之问题,故无暇多言也。岂在视作专题而分析之,如存在主义者之所为,多言而详言之以挑动人乎?当然多言而详言之亦自有价值。然必在道德实践中随吾人之意识及之,多言而详言之,此多言而详言始有真切而痛切之价值;否则徒为挑动人而为文学性之戏论,此则理学家所不欲而亦不忍多言者也。……故吾人若不言负面则已,若欲言之,则必套于道德意识中始能彻底而穷源,清楚明确而真切,而且真能实践地化除之。以往言之不及,亦只是一时之不及,非其本质不能入也。故云至蕺山而完备。①

牟先生这段话很可以表示宗周言过恶对儒学之贡献。总之,儒家主性善,少言人性的阴暗面,这容易给人儒家抱有过分的乐观精神的印象。实则凡真有道德意识而作道德实践者,对罪恶莫不有深切之感,

---

① 牟宗三:《从陆象山到刘蕺山》,第537—539页。

亦莫不知工夫之无尽，成圣之艰难。我们至少可以说，对人性深层的体会，对过恶深微的照察，已经很清楚且系统地展现在宗周的《人谱》中了。

（三）慎独的思想架构

细心观察，我们可以发现，宗周的思想架构实亦反映在《人谱》之中。我们知道，《人谱》“证人要旨”的“六事功课”，言道德实践的六个步骤，与“纪过格”所言的六过相对应。既然微过是一切过恶之源，则对治微过的第一事，“凛闲居以体独”，便是最根本而重要的道德实践工夫。宗周解释其意义说：

> 学以学为人，则必证其所以为人。证其所以为人，证其所以为心而已。自昔孔门相传心法，一则曰慎独，再则曰慎独。夫人心有独体焉，即天命之性，而率性之道所从出也。慎独而中和位育，天下之能事毕矣。然独体至微，安所容慎？惟有一独处之时可为下手法。而在小人仍谓之“闲居，为不善，无所不至”，至念及，掩着无益之时，而已不觉其爽然自失矣。君子曰：“闲居之地可惧也，而转可图也。”吾姑即闲居以证此心。此时一念未起，无善可着，更何不善可为？止有一真无妄在。不睹不闻之地，无所容吾自欺也，吾亦与之毋自欺而已。则虽一善不立之中，而已具有浑然至善之极，君子所为，必慎其独也。夫一闲居耳，小人得之为万恶渊薮，而君子善反之，即是证性之路。盖敬肆之分也。敬肆之分，人禽之辩也。此证人第一义也。①

① 《刘子全书》，卷一，《人谱》，第3—4页。

在宗周心目中，这个最根本最重要的实践工夫，当然就是慎独。慎独是证成人之所以为人的第一义。慎独的独就是凛闲居以体独的独，是独体而非独处独知之意。后者是《大学》《中庸》言慎独的独字的本义，到了宗周，便将其义转化而为独体，其本义反却成为"凛闲居而体独"中的"闲居"了。独体即"天命之性"，是"率性之道所从出"。很明显，独体便是作为形而上的宇宙本体的性体，是以宗周接着即以中和说之，谓"慎独而中和位育，天下之能事毕矣"。具体地说，在独体的境界中，"一念未起，无善可着，更何不善可为？止有一真无妄在。不睹不闻之地，无所容吾自欺……则虽一善不立之中，而已具有浑然至善之极"。所谓"一念未起"，是念复其初之无念之境，也就是回复意根独体之本然。此时意而无意，故无善可着；无意而意，故无不善可为。就在有而未始着于有、无而未始沦于无之几微之际，正是那不可睹闻之地。说"之际""之地"乃是方便，实则已超越时位，只是那一真无妄、无所容吾自欺之常惺惺之独体。独体即是性体、中体，在此独体性体之一善不立之中，已具浑然至善之极，万化由此而出，万物由此而育。我们可以看出，此段话的含义，其实就相当于宗周的性宗。

依宗周，学为人，必证其所以为人。证其所以为人，便要证其所以为心。证其所以为心，便是要证此作为性体的独体。但要证得此独体性体，真是谈何容易！宗周提出慎独，但慎之一字，仍不易捉摸。宗周又提出敬肆之分，肆则为万恶渊薮，为禽为兽；敬则善反，为证圣之路。由此开个路头，但似嫌未够切实。于是，宗周再开方便，认为独处闲居之时可为下手法。这闲居独处之下手法，其实就是静坐。是以宗周在上引文之后即补充说：

> 静坐是闲中吃紧一事，其次则读书。朱子曰："每日取半日静

坐，半日读书，如是行之一二年，不患无长进。”①

从这句话可知宗周不废读书，其实读书亦为慎独工夫所必含。当然，读书不是于心外求闻见，而是从闻见印证独体之不息及广大。但至少就初学者来说，要证得性体，读书实不及静坐来得直接。所以宗周姑置读书为第二义，而以静坐为闲中吃紧一事。我们不禁仍要问：此静坐究竟是如何的静坐方法？于此，《人谱》中有“讼过法”，亦即“静坐法”，对此工夫有具体的说明：

一炷香，一盂水，置之净几，布一蒲团座子于下，方会，平旦以后，一躬就坐，交趺齐手，屏息正容。正俨威间，鉴临有赫，呈我宿疚，炳如也。乃进而敕之，曰：“尔固俨然人耳，一朝跌足，乃兽乃禽，种种堕落，嗟何及矣。”应曰：“唯唯。”复出十目十手，共指共视，皆作如是言，应曰：“唯唯。”于是，方寸兀兀，痛汗微星，赤光发颊，若身亲三木者。已乃跃然而奋曰：“是予之罪也夫。”则又敕之曰：“莫得姑且供认。”又应曰：“否否。”顷之，一线清明之气徐徐来，若向太虚然，此心便与太虚同体。乃知从前都是妄缘，妄则非真。一真自若，湛湛澄澄，迎之无来，随之无去，却是本来真面目也。此时正好与之葆任，忽有一尘起，辄吹落。又葆任一回，忽有一尘起，辄吹落。如此数番，勿忘勿助，勿问效验如何。一霍间，整身而起，闭阁终日。②

像这样具体的描述，必定是亲身经历过才说得出来。所谓“正俨威间，

① 《刘子全书》，卷一，《人谱》，第4页。
② 同上，第12页。

鉴临有赫”，表示静坐已进入状况，杂念扫除，良知呈现。此时再无所容吾自欺，便将内心深处之过疚彻底发露于真我良知之前，进而内自讼一番。这个反省自讼的过程一丝不苟，自身俨然是一罪人，所谓“方寸兀兀，痛汗微星，赤光发颊，若身亲三木者”。待痛惩已过，将之彻底发露忏悔之后，“一线清明之气徐徐来，若向太虚然”，此心便与天通，“便与太虚同体”。此时即是性体呈现，本源清澈，再无对治，乃知从前过疚皆从念起，都是妄缘。妄本非真，此时则唯见真实，所谓“湛湛澄澄，迎之无来，随之无去”，无动静去来之相，正是性体的本来真面目。性体虽呈现，但仍须存养保任一番，否则易为浮气所中。“一尘起”，表示一点浮气之妄，此处姑息，便成微过，故“辄吹落”，慎防其微也。“勿忘勿助”，勿忘者，戒慎恐惧，时时自觉；勿助者，戒慎自觉之工夫已是自然而然，即本体即工夫之谓也。最后，静坐完毕，“整身而起，闭阁终日”。末句可能是指闭门终日或静处终日，也可能是指虽酬酢终日，性体仍是如如不动之意。

如此看来，宗周的静坐法，就如他自己所说，是一种讼过法。他很自觉地把自己的静坐法与禅宗的静坐区别开来。他在“讼过法”之后补充说：

> 或咎予此说近禅者，予已废之矣。既而思之曰：此静坐法也。静坐非学乎？程子每见人静坐，便叹其善学。后人又曰：“不是教人坐禅入定，盖借以补小学一段求放心工夫。”旨哉言乎！然则静坐岂一无事事？近高忠宪有《静坐说》二通。其一是撒手悬崖伎俩，其一是小心着地伎俩，而公终以后说为正。今儒者谈学，每言“存养省察”，又曰“静而存养，动而省察”，却教何处分动静？无思无为，静乎？应事接物，动乎？虽无思无为，而此心常止者自然常运；虽应事

接物，而此心常运者自然尝止。其常运者，即省察之实地；而其常止者，即存养之真机。总是一时小心着地工夫。故存养省察二者，不可截然分为两事，而并不可以动静分也。陆子曰："涵养是主人翁，省察是奴婢。"今为钝根设法，请先为其奴者，得讼过法，然此外亦别无所谓涵养一门矣。故仍存其说而不废，因补注曰静坐法。①

宗周认为禅宗的静坐是"坐禅入定"，是"撒手悬崖伎俩"，此已入于玄虚，而他的静坐却绝非"一无事事"，而是"小心着地伎俩"的讼过工夫。此讼过工夫其实就是省察工夫。但此省察又不是传统如朱子所谓"静而存养，动而省察"的省察，盖如此便分动分静，已落于经验层。宗周的省察无分动静，乃是即存养即省察，两者乃一体之两面，不可截然分为两事。既然存养即省察，静存之外无动察，宗周总以存养为本，省察为末。如今讼过强调省察，宗周便姑以此为钝根设法。实则真正之省察必通于存养，如此亦无所谓针对钝根与否了。

讼过法强调省察，乃姑就钝根设法的方便（实亦可通于利根）。若从另一面看，讼过法即静坐法，静坐偏于静，其实也是方便。盖在日常生活中，事务繁杂，不易从中体证性体，故学者总须与现实暂时隔离一下，孤心独往，专注从事体证的工夫。此犹如一般所谓闭关，也就是宗周所说的静坐。这也就是静复以见体的"超越的体证"。但超越的体证在静时得力，在动时却未必得力，必须做到随时随地皆能令性体呈现而体证之，所谓造次、颠沛必于是，方为究竟，这便是动静一如的"内在的体证"。② 是以"超越的体证"的静坐只是一时之权机，必至"内在的体

① 《刘子全书》，卷一，《人谱》，第12—13页。

② "超越的体证"与"内在的体证"乃牟宗三的词语，散见于他的有关宋明理学的著作，如《陆象山与刘蕺山》，第230页。

证”才算彻底。宗周于此义也有明白的表示，他说：

> ……此处工夫，最难下手，姑为学者设方便法，且教之静坐。……坐间本无一切事，即以无事付之。既无一切事，亦无一切心，无心之心，正是本心。瞥起则放下，沾滞则扫除，只与之常惺惺可也。此时伎俩，不合眼、不掩耳、不趺跏、不数息、不参话头。只在寻常日用中，有时倦则起，有时感则应，行住坐卧，都作坐观，食息起居，都作静会。[①]

这段话我们在第二章已说过。从静坐至本心呈现，保持常惺惺的状态，以致在“寻常日用中，……行住坐卧，都作坐观，食息起居，都作静会”，也就是行往坐卧食息起居皆保持常惺惺之境，此正表示从“超越的体证”进至“内在的体证”，而静坐的意义亦被转化，成为即动即静，动静一如之主静了。

总之，道德实践的工夫无论如何分析，总不离最根本的慎独。而宗周提出“凛闲居以体独”，以闲居独处时之静坐讼过为慎独之入手方便。静坐偏于静，讼过重省察，故为方便。但省察实通于存养，静复见体之体亦可超越动静，故最后仍不失慎独工夫之全谱。

然而，虽说“凛闲居以体独”或慎独是最根本一着，此处之独体是作为性体的独体。性体是形而上的；形而上即于形而下，是通过形而下以呈现其自身。[②] 换言之，“性非心不体”，就好像静存之外无动察，静存实已蕴含动察一样，体证形而上的性的工夫就落在充尽那形而下的心之上。而尽心的工夫即见于“六事功课”的第二事，“卜动念以知几”。

---

① 《刘子全书》，卷八，《说》《静坐说》，第 14 页。
② 让我们再次强调，宗周所言的形而下并不必意谓就是经验的，见第二章。

宗周解释说：

> 独体本无动静，而动念其端倪也。动而生阳，七情着焉。念如其初，则情返乎性。动无不善，动亦静也。转一念而不善随之，动而动矣。是以君子有慎动之学。七情之动不胜穷，而约之为累心之物，则嗜欲忿懥居其大者。《损》之象曰："君子以惩忿窒欲。"惩窒之功，正在动念时一加提醒，不使复流于过而为不善。才有不善，未尝不知之而止之，止之而复其初矣。过此以往，便有蔓不及图者。昔人云："惩忿如推山，窒欲如填壑。"直如此难，亦为图之于其蔓故耳。学不本之慎独，则心无所主，滋为物化。虽终日惩忿，只是以忿惩忿；终日窒欲，只是以欲窒欲。以忿惩忿，忿愈增；以欲窒欲，欲愈溃。宜其有取于推山填壑之象。岂知人心本自无忿，忽焉有忿，吾知之；本自无欲，忽焉有欲，吾知之。只此知之之时，即是惩之窒之之时，当下廓清，可不费丝毫气力，后来徐加保任而已。《易》曰："知几其神乎！"此之谓也。谓非独体之至神，不足以与于此也。①

在第一事的"凛闲居以体独"中，宗周形容独体的境界为"一念未起"，此明显是"思虑未起，鬼神莫知"的性宗的境界。此处则言"动念其端倪"，又言"七情着焉"。要知一涉及念与七情，便已落于经验层，已脱离性宗，但宗周却紧接着说"念如其初，则情返乎性"，又说"在动念时一加提醒，不使复流于过而为不善。才有不善，未尝不知之而止之，止之而复其初"。如此则尚未落于经验层，只是有落于经验层之势，而在"才动即

① 《刘子全书》，卷一，《人谱》，第4—5页。

觉，才觉即化”的自觉中保持其超越性。此明显是“思虑既起，吾心独知”的心宗的境界。过此以往，便真正落于经验层，届时治念，便只是以念止念；惩忿窒欲，便只是以忿惩忿，以欲窒欲，改过有如推山填壑之难。因此，“凛闲居以体独”及“卜动念以知几”这两重实践境界，可分别以“一念未起”和“念如其初”为其特征。前者工夫重存养，后者工夫重省察，而即存养即省察。若存察工夫未至圆熟，则七情有着，念有微迹，“念如其初”之“念”义较显。至若存察工夫至圆熟，则情返乎性，念而无念，“念如其初”的“初”义较显，此即回复“一念未起”的独体的境地。是故宗周于此段最后引《易经》“知几其神乎”“谓非独体之至神，不足以与于此也”。知几正表示虽有动而即复其初之独体之义。由此可见，宗周的性宗、心宗及其关系确实反映在《人谱》的实践纲领之中。这两步工夫实践代表宗周道德修养的根本。

当然，下面还有第三“谨威仪以定命”、第四“敦大伦以凝道”、第五“备百行以考旋”及第六“迁善改过以作圣”。“谨威仪以定命”即谨慎于从身体所表现之威仪以贞定天命，而以九容为主，所谓“足容当重，……手容当恭，……目容当端，……口容当止，……声容当静，……头容当直，……气容当肃，……立容当德，……色容当庄，……”。“敦大伦以凝道”即勉力于实践五伦之本分以使道凝聚，所谓“父子有亲，君臣有义，长幼有序，夫妇有别，朋友有信”。“备百行以考旋”即完备百行，以考视其终始之周旋中礼，所谓“尽伦尽物，一以贯之”。“迁善改过以作圣”是总结前述的成圣工夫，不外迁善改过，改过即是迁善，而改过之工夫无尽，关键在本心之明。[1] 这些工夫其实都已蕴含在第一及第二步，亦即“凛闲居以体独”和“卜动念以知几”中。此第一及第二步都是紧扣着道

---

① 见《刘子全书》，卷一，《人谱》，第 5—7 页。

德的根源，此道德的根源之充其极就是宇宙的根源，也就是宗周的心宗与性宗所言的心体与性体。

(四) 人极的彻底完成

唐君毅已看出《人谱》"人极图说"在宋明儒学的发展史上实有其重要的地位。他说：

> ……在蕺山之教中，此心性之于穆不已者即天，而天之太极，不外于此心之性。故人成圣而能立人极，则天人之道备。故归于著人极图，以"无善而至善，心之体也"为首句，以言立人极之道。此即是将濂溪所谓太极之义，皆摄于此人极之义之中。蕺山为宋明儒学之最后之大师，而濂溪则为宋明理学之开山祖。故吾尝谓宋明理学以濂溪之为太极图说，以人之主静立人极以合太极始，而以蕺山之人极图说之摄太极之义于人极之义终也。[①]

唐君毅的观察很值得我们注意。他这段话实标志着宗周在儒家哲学上的贡献，就是把宋明儒学的一个核心观念的发展推至完成。如果我们承认"证人"——印证、证成人之所以为人——是儒学，至少是宋明儒学的中心课题，我们便会发觉所有宋明儒学内的讨论都直接或间接地与此课题有关。我们知道，证人并不只是要求生理、心理上的健康，或社会人际关系的和谐或成功。它实具有一精神或宗教的向度，而为它的终极的关怀。在宋明儒学的观念中，也许周濂溪的"立人极"最能表现"证人"的终极的含义。"立人极"见于濂溪的"太极图说"。在"太极图

---

① 唐君毅：《中国哲学原论：原教篇(下)》，第 492 页。

说”中，人与天地鼎足而为三，所谓“立天之道曰阴与阳，立地之道曰柔与刚，立人之道曰仁与义”，而人极则与太极相对应，立人极以合于太极，此即濂溪引《易传》所谓“夫‘大人’者，与天地合其德，与日月合其明，与四时合其序，与鬼神合其吉凶”。[①] 换言之，濂溪的“立人极”是以人参赞天地之化育而同时与天地鼎足而为三者。人作为三才之一，通过其道德实践参与宇宙生生不已的创造，其地位已从被创造的万物之一甚至万物之灵上升为宇宙创造过程的参与者。“太极图说”的重要意义之一，便是重新指出人的道德的创造实通于宇宙的创造。

通观宋明儒学，濂溪此一对人的体认实为其他儒者所共认。然而，濂溪以人极合于太极，虽然人可体证太极，但在某一义上，太极属阴阳刚柔的天地一边，是客观超越的，人极则属人一边，两者总予人有分立而以太极为主之感。濂溪以后，宋明儒学发展的一个重要方向便是道体或太极的内在化，特重其为人所本有，如程、朱以性言太极，至陆、王则更以心为太极，都明显表现此一趋势。但无论如何，此一发展要到宗周才至其极，因为到了他才对“立人极”这个观念重新予以充分的正视。他认真看待此观念并推阐之，不以人极合于太极，而以太极摄于人极之中，并作“人极图”及“人极图说”以明此义。正如他在《读易图说》的《自序》中说：

> 余尝著“人极图说”，以明圣学之要，因而得易道焉。盈天地间皆易也。盈天地间之易，皆人也。人外无易，故人外无极。人极立，而天之所以为天，此易此极也；地之所以为地，此易此极也。……又曰：易有太极。三极一极也，人之所以为人，心之所以为心也。[②]

---

① 《周子全书》，卷二，第23、29页。
② 《刘子全书》，卷二，《读易图说》，第1页。

这明显是以人极为主以统三才，又以人极统太极的思想。若问如何将太极统摄于人极？我们且看宗周的“人极图说”：

无善而至善，心之体也。（即周子所谓“太极”，太极本无极也。统三才而言，谓之极；分人极而言，谓之善，其意一也。）继之者善也。（动而阳也，乾知大始是也。）成之者性也。（静而阴也，坤作成物是也。）繇是而之焉，达于天下者，道也。放勋曰：“父子有亲，君臣有义，夫妇有别，长幼有序，朋友有信。”此五者，五性之所以着也。五性既着，万化出焉。万化既行，万性正矣。（五性之德，各有专属，以配水、火、木、金、土。此人道之所以达也。）万性，一性也。性一，至善也。至善，本无善也。无善之真，分为二五，散为万善。上际为乾，下蟠为坤。乾知大始，吾易知也；坤作成物，吾简能也。其俯仰于乾坤之内者，皆其与吾之知能者也。（乾道成男，即上际之天；坤道成女，即下蟠之地。而万物之胞与，不言可知矣。《西铭》以乾坤为父母，至此以天地为男女，乃见人道之大。）大哉人乎！无知无不知，无能而无不能，其惟心之所为乎！《易》曰：“天下何思何虑？天下同归而殊涂，一致而百虑。”天下何思何虑！（无知之知，不虑而知。无能之能，不学而能。是之谓无善之善。）君子存之，善莫积焉；小人去之，过莫加焉。吉凶悔吝，惟所感也。积善积不善，人禽之路也。知其不善，以改于善。始于有善，终于无不善。其道至善，其要无咎。所以尽人之学也。（君子存之，即存此何思何虑之心。周子所谓“主静立人极”是也。然其要归之善，补过所繇，殆与不思善恶之旨异矣。此圣学也。）①

① 《刘子全书》，卷一，《人谱》，第2—3页。

“太极图说”与“人极图说”的不同在于，濂溪以人极与太极分说而以太极为主，宗周则直以太极即人极。如是，人极不外本心之体，而此本心不但是道德心，而且是宇宙心；不但是道德的本体，而且是宇宙的本体，也就是作为性体的独体。于是，心体的道德的创造同时也就是宇宙生化之创造，由心体而来的道德伦理的价值同时就具有本体宇宙论的意义。此真所谓伦理学与本体宇宙论的结合，而道德的秩序即宇宙的秩序，即善即真者也。是以心体之无善而至善，即是无极而太极；继善成性，即是阳动阴静，亦即是乾知大始、坤作成物。心体呈现为五性，为五伦，以成人道之万善，亦即天道之以五行（木、金、火、水、土）成万化。俯仰于乾坤之内的万事万物，亦不外吾心本体之知能。张载的《西铭》以乾坤为父母，父母之子为人，此犹有天人之别。宗周此处则以天地为男女，即人即天，乃见人道之大，人道即天道。宗周更谓，人道之大，正因心体之无知而无不知，无能而无不能，此乃《易传·系辞传》所谓“天下何思何虑”。而尽人之学，正在存此何思何虑之心。他认为这便是濂溪的主静立人极。其要只在善补过。最后，宗周把其“无善而至善”“何思何虑”之说与“不思善恶”之旨区别开，大概认为后者属于禅宗，其说入于空寂；另一方面亦可能暗指阳明后学甚至阳明“无善无恶”说之不谛。凡此皆在上章讨论过了。

宗周的“人极图说”很清楚地表明，人极即太极，换句话说，证成人之所以为人在证成此心，而此心就是宇宙的本体。人不但是宇宙创造过程的参与者，而且本质上是此创造的本身。宗周“立人极”的意义，便是要回到此创造性之自身。这绝不是一种自我膨胀，其实质不过是宋明儒所共认的“仁者与天地万物为一体”之义。象山早有“吾心即宇宙”之说，即使孟子亦言“万物皆备于我”。但似乎只有在宗周的学说中“证人”一义才严肃地被处理且充分地发挥其含义。透过《人谱》的“人极图说”，宗周把“人极”的意义表露无遗。虽然此义本为宋明儒的共识，但一直要到宗周才得到严肃的正视，也才得以彻底地彰显出来。

我们看过《人谱》的四个特色后，可以总结谓此的确是宗周的代表著作。《人谱》并没有包含宗周所有重要的哲学观念，但却具备其哲学的基本架构，并充分反映其哲学的特色与精神。从“人极图说”对“人极”充分的证成，“证人要旨”反映的慎独两重架构，“纪过格”对过恶深微的观察，及“改过说”去恶即为善的严正的道德意识，都可见宗周思想特色之所在。除了慎独的两重架构是宗周独特的思想系统之外，其他的都可能为重要理学家意识之所及，但毕竟不如宗周之正视且有系统而清晰地将之表达出来。宗周所以能如此，恐怕是因为他一开始便以作为宇宙本体的性体（而非只是道德本体的心体）为证人、立人极的根本原则。盖以性天之尊为准，宗周便不得不成为一极端的道德完美主义者。要完全体证性体这终极的存有，便必须对一切道德上的过恶小心翼翼、戒慎恐惧，因为稍有差池，即使是微过，亦会障碍性体的呈现，造成不能证成人之所以为人的严重后果。这便说明为何宗周特显对过恶深微的观察，对一般为善去恶所隐含的功利的反感，以及对人极最终极含义的洞识。这些都为宗周所正视而予以清楚的说明，而为其他儒者所不及。以性体为其学说的中心，使宗周哲学具有深度及原创性。诚如唐君毅所说，他的确是宋明儒学的最后的大师。

第五章

慎独哲学的衡定

一、宗周哲学的总述及其意涵

宗周哲学的重要内容，我们已大致讨论过了。如果要作一个总结，则借黄宗羲的归纳来说明，应该是恰当不过的。黄宗羲认为宗周“宗旨为慎独”，他有“发先儒之所未发者，其大端有四”：

> 一曰：静存之外无动察。……一曰：意为心之所存，非所发。……一曰：已发未发以表里对待言，不以前后际言。……一曰：太极为万物之总名。①

这四点其实在上文有关之处已一一引过，此处只是统而观之而已。我们认为黄宗羲的归纳已经道出宗周慎独哲学的最重要的特色。“静存之外无动察”实不外宗周“主静立人极”之旨。宗周以主静建立人道之极致，主静即敬，而此敬或主静的工夫并不落于经验层上的动静，乃是

① 《刘子全书》，卷三十九，《行状》，第 36—38 页。

即动即静，静存之外无动察，而主静遂为超越的静而无静、动静一如的静。“意为心之所存，非所发”即是指宗周的诚意说。宗周把意上提至超越层而为意根，为心之所存，心之所发则为念，是需要对治者。于是，意便与心、知、物同属超越的，更与《大学》的八条目连成一有机的整体。“已发未发以表里对待言，不以前后际言”，指的是未发之中与已发之和，它们并不是一静一动、一先一后的关系，而是表里一如、显微无间的即体即用的关系。中作为道德的本体，和便是喜怒哀乐的超越之情；但中同时也是宇宙的本体，则和便是得其位育的春夏秋冬四时，乃至天地万物。“太极为万物之总名”则指理气紧吸以至无紧吸之相而为一理平铺亦即一气平铺之化境或如实之境，所谓“盈天地一气”便是。凡此皆已在上文作过详细的分析。

此四端的确能反映宗周学说的重点，但我们细心观察，却发现黄宗羲没有提及心性及其关系此一特色。再看黄宗羲的原文，他把宗周“道心即人心之本心”一句引于第四点“太极为万物之总名”下，算是交代了心性的问题。[①] 他也在所著《明儒学案》《蕺山学案》中总述宗周思想时谓宗周以“性体原自周流，不害其为中和之德，学者但证得性体分明，而以时保之，即是慎矣”，又谓宗周以“离心无所谓性”。[②] 这便看出黄宗羲对宗周的心性论其实也很重视。[③] 须知心性论在许多宋明理学家的思想系统中都占有重要的位置。如程、朱与陆、王两大系统的分别，便是落于心性关系的问题之上。宗周于此亦不例外，他的心性论确可反映其系统有别于其他系统的殊异之处，而显出其思想的特色。就以上

① 《刘子全书》，卷三十九，《行状》，第38页。

② 《明儒学案》，卷六十二，第65页。

③ 我们在第二章已提过，完全正视宗周思想中心性关系的问题而提出此是决定宗周思想系统的关键的，当推牟宗三先生。见第二章第五节。

述的四端为例，如果能加上心性论，便可收画龙点睛之效。以下请试言之。

假定我们对宋明理学已有一定的了解，对宗周学说的四点特色，骤眼看去，除“意为心之所存，非所发”外，可能会觉得无甚特出的新意。“静存之外无动察”，简言之，便是主静之说。此说实本于濂溪，其他的理学家如陈白沙(献章，1428—1500)亦有“静中养出端倪”之说，虽然内容未必尽同，要之主静之说并不陌生。“已发未发以表里对待言，不以前后际言”，宗周于此义分析甚仔细，言之极精，但要之亦不外即中即和之义，此已见于阳明学说，不过宗周发挥较彻底而已。至于“太极万物之总名”，其意是反对理气二分，主张理不离气。此意肇始于张横渠，其他如罗钦顺(号整庵，1465—1547)亦有类似说法，宗周似乎只是继承此义而引申之。再回头看“意为心之所存，非所发”，撇开王栋、王时槐两位诚意说的先驱不论，有学者已指出，客观地言之，宗周的意与阳明的良知只是从不同角度看的同一事物。这样看来，宗周此四点即使是别开生面或特别强调之说，若置之于宋明理学传统的背景底下，似乎仍不易看出其创造性或推陈出新的意义。

不过，以上的当然只是表面的看法。我们细心观察，便可看出这四点的共通之处，是分别把本来属于经验层上动静的静、感性的喜怒哀乐之情、意念之意以及气质的气，一皆上提至超越层，而为主静的静、天情之情、意根之意以及一元之气。在其思想系统中一开始即以静、情、意及气为超越的、形而上的，在宋明儒中恐怕并不多见。尤有甚者，“静存之外无动察”，则动察通于静存，动静一理；“意为心之所存，非所发”，则意蕴于心，心意是一；“已发未发以表里对待言，不以前后际言”，则体用一源，显微无间，即中即和，即性即情，情只是性之情，不与性对；“太极为万物之总名”，则气通于理，理气为一。像这些以动静、心意、性情、理气悉统而一之之义，在宋明儒学，尤其是王学中，并非不为其所蕴含，但宗周却似乎特别彰著以表出。其理由何在？此问题便引领我们回到宗周心性论的特色上。如果我们把宗周学说的四大端放在其心性论的背景下考量，便会清楚地看到，这种统合的特色是在宗周强调性体的前提下形成的。性体即独体，此独体是作为性宗意义下的独体，而非心宗意义下的独体（当然，尽心即性，此时的心体也就是性体）。换言之，宗周言本体，自始即以作为宇宙本体的性体为标准，而不只是以作为道德本体的心体为标准。此在其本体宇宙论固如是，即在其道德实践的工夫论亦如是。性体是终极的、绝对的存有，体证此性体的境界亦是终极圆融之化境。在此境中，一尘不立，万物一体平铺，一切形上、形下的分别皆消融而归于一。是以在宗周的哲学系统中，理气、性情、心意、动静等皆通而为一，而静、意、情、气，一皆升上来而具有形上的意义，且不但是道德的形上意义，更是宇宙的形上意义。若从心宗观之，因仍有对治，便不能一下子捕捉住此圆融的理境而予以积极全面的彰著。若立于性宗，则其视野必然定于圆融之境。宋明儒中，知有性体之境者多矣，但似乎没有像宗周那样，一开始便在性体上立定脚跟，以展现其系统者。① 因此，宗周慎独哲学的精神，真是透体立极的精神。透体是透至宇宙的本体，立极是立人极。宗周的"证人"，就是证成作为宇宙本体的性体，也就是独体。于是，慎独哲学便真具有创造性或推陈出新的意义了。

刘汋似乎已看出他父亲的慎独系统所具有的独特之处。他在《年谱》宗周 66 岁下记云：

---

① 象山立根于本心，阳明立根于良知，均不必与宗周之立根于独体性体全同。下文明之。

先生平日所见,一一与先儒抵牾。晚年信笔直书,姑存疑案。仍不越诚意、已未发、气质义理、无极太极之说。于是断言之曰:从来学问只有一个工夫。凡分内外、分动分静、说有说无,劈成两下,总属支离。又曰:夫道一而已矣。知行分言,自子思子始。诚明分言,亦自子思子始。已发未发分言,亦自子思子始。仁义分言,自孟子始。心性分言,亦自孟子始。动静、有无分言,自周子始。气质义理分言,自程子始。存心致知分言,自朱子始。闻见德性分言,自阳明子始。顿渐分言,亦自阳明子始。凡此皆吾夫子所不道也。呜呼!吾舍仲尼奚适乎?①

刘汋又附注云:

按先儒言道分析者,至先生悉统而一之。先儒心与性对,先生曰:性者心之性。性与情对,先生曰:情者性之情。心统性情,先生曰:心之性情。分人欲为人心,天理为道心,先生曰:心只有人心,道心者人心之所以为心。分性为气质义理,先生曰:性只有气质,义理者气质之所以为性。未发为静,已发为动,先生曰:存发只是一机,动静只是一理。推之,存心致知,闻见德性之知,莫不归之于一。然约言之,则曰:心之所以为心也。又就心中指出本体工夫合并处,曰诚意。意根最微,诚体本天。此处著不得丝毫人力,惟有谨凛一法,乃得还其本位,所谓戒慎乎其所不睹,恐惧乎其所不闻,此慎独之说也……②

---

①《刘子全书》,卷四十,《年谱下》,第24—25页。
② 同上,第25页。

前一段言先儒支离之说，有不尽合事实之处。如气质、义理之性与闻见、德性之知之分并非来自程子与阳明，而是始见于张横渠的《正蒙》。但这些于义理无关紧要。重要的是，宗周认为凡内外、知行、诚明、已发未发、仁义、心性、动静、有无、气质义理、存心致知、闻见德性及顿渐，在究竟处，皆不可分解地言之，否则便成支离。在性体朗现的究竟中，一切皆圆融地汇通为一。这当然不是要混漫一切，而是如宗周所说的："性者心之性""情者性之情""心之性情""道心者人心之所以为心""义理者气质之所以为性""存发只是一机，动静只是一理"，乃至"存心致知，闻见德性之知，莫不归之于一"。宗周这些话，都是以性体呈现的圆融之境为背景而说，最后皆归于性体。所以引文谓"约言之，则曰心之所以为心也"。心之所以为心，就是性体，也就是意根、诚体，亦即慎独的独体。

牟宗三也曾就上面两段话言宗周哲学的统合性格为"即体即用之一滚说"，谓：

> 蕺山欲统而一之，故既不欲横地撑开说，亦不欲纵地拉开说。其统一之法大体是直下将形而下者向里向上紧收于形而上者，而同时形而上者亦即全部内在化而紧吸于形而下者中，因而成其为一滚地说。此大体是本体论地即体即用之一滚地说。在此，说"显微无间，体用一源"，诚是如此。蕺山对于即存有即活动，于穆不已之天命流行之体确有体认，亦真有工夫。此无论自意根诚体说，或自无极太极说，皆可见其是如此。……彼即欲将形而下者如情、如人心、如气质、如喜怒哀乐等，直下紧收于此于穆不已之体，而此于穆不已之体亦即全部内在化而紧吸于此形而下者中以主宰而妙运之，以成其"全体

是用，全用是体”之一滚而化，一滚地如如呈现……①

此言甚谛。唯是言形而下紧收于形而上，形而上紧吸于形而下，言紧收紧吸，便显一紧相（此紧相是就形而上及形而下的关系言，与下文所谓宗周学术风格之紧无关）。牟先生的原意大概是说此处形而上、形而下的关系甚紧密，是辩证地紧摄在一起，并不像其他宋明儒者，只是分解地言之。但我们认为，既说“显微无间，体用一源”，又说“如如呈现”，则应该连形上形下紧收紧吸之相亦无，方为一体平铺的圆融的化境，否则仍落于微迹，仍不免宗周所说的支离。如宗周说盈天地一气——此实即盈天地一理，却不说理气不离不杂，甚至不说即理即气，恐怕便是这个缘故。宗周以其透体立极的心灵，所见固当如此。无论如何，牟先生已说至即体即用之一滚地如如呈现，此已是相应的理解。虽然，他对上引两段文字仍有微词。他说：

……此是形而上下紧收紧吸下的圆融化境，不能视作主张上的陈述。即使视作一种陈述，亦不能视作主张上的陈述之对遮。即使在发展中各陈述对遮相消相融以期最后之圆融而化，亦不能滞在此圆融而化中之“无太极之可言”而反对彼言有太极者。盖圆融而化即预设着一种分解历程之分别言。……刘蕺山之滞碍不通处即在常不自觉地将圆融而化视作一特定之主张（陈述）而以此遮彼，将圆融而化中之“无言”特定化，视作与彼分别言之各种陈述为同一层次上相对立之陈述。此则反降低自己，乃是以不熟不圆之心智谈圆义者。②

① 见牟宗三：《心体与性体》（一），第394页。
② 同上，第396页。

这段话主要是针对宗周之解"太极图说"而发,然就其含义来看,亦等于就刘汋的上两段文字而批评。是以牟先生在他处便直接就这两段文字而说其无实义而可置之,又说宗周之悉统而一之,"又何碍于分别说""若胶着于此而讲其学之性格,必迷失旨归而至于面目全非。刘汋非能知其父者也"。[①]

如果宗周真是"常不自觉地将圆融而化视作一特定之主张而以此遮彼",则牟先生的批评是恰当的。问题在宗周是否如此?我们认为不是的。刘汋对其父亲哲学系统的了解有多深,我们未敢遽下断语。但他那两段话言宗周学说的性格,不能说没有实义。他说宗周"平日所见,一一与先儒抵牾"。此"抵牾"是什么意思?是不是指同一层次上相对立之陈述或主张?从字面看可能是这个意思,但也有可能是刘汋为了凸显父亲而加重语气的话,其本意并非如此。即使是如此,也只是刘汋的看法,未必就是宗周之意。盖宗周若真视己所见之圆融而化为一特定主张而对遮先儒之说,岂非自视甚高而目空一切?即使是"不自觉地",也是不自觉地自视甚高了。如此则为何宗周仍编撰《五子连珠》及《圣学宗要》等,推崇先儒之学?[②] 宗周曾说:"大抵诸儒之见,或同或异,多系转相偏矫,因病立方,尽是权教。至于反身力践之间,未尝不同归一路,不谬于慎独之旨。"[③]我们认为可以借这段话反映宗周对先儒的真实态度。宗周以其自成一家之说,看出先儒因病立方,尽是权教,权以通实,是以未尝不归于慎独的宗旨。这便是为何宗周仍推崇先儒。但既是权教,便都是分解立说的方便,都可从究竟处看到其虚歉而可予

① 见牟宗三:《从陆象山到刘蕺山》,第 460 页。

② 《圣学宗要》及《五子连珠》是宗周分别在 57 及 58 岁时所编,内容是辑录重要宋明儒者的著作。详见下节。

③ 《刘子全书》,卷八,《说》《中庸首章说》,第 12 页。

以调适而上遂。若更执权以为实，便会产生种种理论上的问题。就此等问题而辩之使归于正，遂容易表现一对立对遮的姿态。这便是为何宗周对先儒学说有所批评。但即使是如此，宗周所采的仍不是势不两立的敌对态度。是以宗周对先儒的批评，在某一义上，只是对各陈述之消融以期最后之圆融而化，并非视己见为特定主张，与其他的陈述对立而一一反对之也。我们相信，刘汋所述的两段话，所要表达的正是此意。也许值得一提的是，牟先生的评语中亦涉及宗周之解"太极图说"，认为宗周滞于圆融而化中之"无太极可言"而反对濂溪之言太极，是以不圆熟之心智谈圆义。（见上引文）关于这个批评，我们不必牵涉到宗周解"太极图说"的原文，作繁复的讨论，只需知道，宗周此文是收在《圣学宗要》之内，而他编纂此书之目的就在表彰濂溪等几位大儒之学，为"千古宗传"。[①] 很明显，他引"太极图说"全文而解之，是以其圆融而化的精神去抉发"太极图说"的含义，绝无意反对濂溪之言太极，更不是以自己圆融的主张去否定濂溪的主张，否则便自违其编书的旨意了。此证之于宗周在解"太极图说"谓"实本无太极可言"之后，仍有"太极之妙""太极为灵秀之锺""天地此太极，圣人此太极"之语可知。[②] 总之，刘汋的两段文字非无实义，我们确可从中窥见宗周学说以性体为首出所呈现的统合的性格。这种统合并非要否定分别说，它只是消融一切分别说而以统合的方式表现圆融的化境而已。

讨论至此，我们可知宗周学说的四个重点均可在其心性论的背景下显出其特色。这个以性宗为首出的思想系统，若与其他的系统比较，便更显其独特之处。以下即试循此方向探讨，希望能对宗周思想作更进一步地阐明。

---

① 《刘子全书》，卷五，《圣学宗要》，第 1 页。

② 同上，第 1—2 页。

二、宗周对朱子的批评

在宗周编纂的《孔孟合璧》《五子连珠》及《圣学宗要》中，他把孔子、孟子、周濂溪、程明道、程伊川、张横渠、朱子及王阳明的著述搜录，以之为传道之作。由此可见，在宗周心目中，整个宋明儒学的传统实应以周、张、二程、朱子及阳明为代表。然而，虽然宗周对这几位儒者十分推重，且认为其学不谬于慎独之旨，[①]但研究过宗周的思想均知，他对朱子及阳明的学说都有所批评。[②] 众所周知，朱子与阳明分别代表宋明儒学中两个重要的传统。我们在第二章已略提及宗周思想之如何异于这两个系统，并在第三章详述宗周对阳明的批评。现在就让我们再具体地看看宗周如何自别于朱子的学说。

从第一章可知，宗周信从阳明“朱子晚年定论”之说，误以朱子早年未成熟之见为其晚年定论。于是，就和阳明的想法一样，他以为朱子的晚年定论实不悖于阳明学说。他曾追溯朱子思想的发展过程，说：

> ……朱子之学，本之李延平，由罗豫章而杨龟山，而程子，而周子。自周子有主静立极之说，传之二程。其后罗、李二先生专教人

---

① 见《刘子全书》，卷五，《圣学宗要》，第 27 页及卷八，《说》《中庸首章说》，第 12 页。

② 也许应该说明的是，《孔孟合璧》所载当然是孔子、孟子的著述；《五子连珠》的五子是濂溪、明道、伊川、横渠及朱子；《圣学宗要》则选录濂溪、明道、横渠、朱子及阳明的著作。孔、孟的地位自不待言。在其他六位宋明儒者中，宗周对濂溪、明道，尤其是濂溪，实多称赞而少有微辞。至于伊川，其著述见于《五子连珠》，却不见于《圣学宗要》。若就编辑而非付梓的时间言，《圣学宗要》较《五子连珠》晚出，可见依宗周，伊川实不如明道之重要。横渠则在宗周的哲学著述中提及不多。宗周对朱子及阳明的批评则时有所见。我们也可注意，宗周早年不好象山，而象山著述亦不被选入《五子连珠》及《圣学宗要》之中。于是，我们可以看到，宗周对传统所谓程、朱与陆、王学派的主要人物虽然尊重，但也不是完全赞同其学说。

> 默坐澄心，看喜怒哀乐未发时作何气象。朱子初从延平游，固尝服膺其说，已而又参以程子主敬之说，觉静字为稍偏，不复理会。迨其晚年，深悔平日用功未免疏于本领，致有辜负此翁之语，固已深信延平立教之无弊，而学人向上一机，必于此而取则矣。①

这是说朱子初不取延平默坐澄心之说，以为偏于静，至晚年才深信延平立教之无弊。下面一段说得更详细：

> ……故朱子终不取延平之说，遂专守程门主敬之法，以教学者。特其以独为动念边事，不为无弊。至湖南中和问答，转折发明，内有以心为主，则性情各有统理，而敬之一字，又所以流贯乎动静之间等语，庶几不谬于慎独之说。最后更以察识端倪为第一义为误，而仍归之涵养一路，可为善学延平者。然终未得《中庸》本旨。②

宗周认为朱子初从延平游而不取其说，转而守程子主敬穷理之法。中间经过湖南中和问答的转折，已有回归的倾向。最后更以强调察识穷理为误，乃回到延平的涵养一路。宗周以延平的教法属主静一类，为"慎独真方便门"。③ 然则他对朱子的"晚年定论"应该是持肯定的态度。朱子的晚年定论当然并不如宗周之所想，这且不管。我们所注意的是，虽然宗周肯定朱子晚年的"回归"，但始终认为他"未得《中庸》本旨"。换句话说，朱子学说始终未能得到宗周全盘的肯定。我们试问，

① 《刘子全书》，卷五，《圣学宗要》，第 13 页。
② 同上，卷十一，《学言中》，第 7 页。
③ 同上。

宗周认为朱子所未得的《中庸》本旨是什么？当然就是对慎独的确解。朱子"以独为动念边事"，此在宗周看来"不为无弊"。《中庸》的慎独是宗周哲学灵感的泉源。他认为朱子未得《中庸》慎独的本旨，也就等于说彼此的思想实有一定的距离。不特此也，在宗周心目中，朱子不但未得《中庸》本旨，似乎也不了解《大学》。宗周说：

> 朱子表章《大学》，于格致之说最为吃紧，而于诚意反草草，平日不知作何解？至易箦乃定为今章句曰：实其心之所发。不过是就事盟心伎俩，于法已疏矣。至慎独二字，明是尽性吃紧工夫，与《中庸》无异旨，而亦以心之所发言，不更疏乎？朱子一生学问，半得力于主敬，今不从慎独二字认取，而欲掇敬于格物之前，真所谓握灯而索照也。①

上文已提到，朱子所言的心基本上是属于经验心的范围。因此，当他解释《大学》中的诚意与慎独的含义为"实其心之所发"时，②他是把这两个概念放在经验心的背景下而说。依朱子，"意"表示意念，此是大部分宋明儒者的共同看法。而"诚意"当然就是诚实其意念，也即是实其心之所发。至于"慎独"，朱子的解释是谨慎己所独知之地，也就是谨慎自己的意念，其结果也是实其心之所发，且以慎独为动而省察边事，之外更有穷理及静存的工夫。③ 然而，从宗周的角度来看，意与独是意根、

① 《刘子全书》，卷十二，《学言下》，第16页。

② 朱子并没有用"实其心之所发"这句话来解释"诚意"与"慎独"，但细看原文，宗周如此归纳朱子的解释，并没有错。参朱熹：《四书集注》《大学》，第6—7页。

③ 宗周认为朱子以慎独之外更有穷理、静存工夫，其说见《刘子全书》，卷八，《中庸首章说》，第11页。按《刘子全书》中的《中庸首章说》前半有阙误，全文可见于《刘宗周全集》，第二册，第350—354页。

独体，是超越的存有。此意根、独体也就是心体，在超越的本心之下，一切意念皆被觉知而转化。虽然朱子思想亦有其超越的一面，所谓性与理，但从工夫论言，他以经验心为着眼点便与宗周的系统不同。依宗周，在经验层上做工夫只是“就事盟心伎俩，于法已疏”。在这个意义之下，宗周实不可能接受朱子对诚意慎独的解释。

如是，宗周对朱子的“晚年定论”虽有所肯定，但不是完全接受。然则宗周对其“早年学说”的态度又如何？我们知道，此处所谓“早年学说”其实就是指朱子真正的晚年定论。对于这个问题，我们只需看宗周赞赏朱子“晚年”回归延平，便可知他并不接受朱子“早期”（实即晚期）的学说。当代学者大致都承认，朱子经过一段长期的思想上的探索，结果继承了伊川“涵养须用敬，进学则在致知”的学问纲领。上文已说过，从宗周的立场看，这是预设着“静存”与“动察”的分动分静的两重工夫。朱子主张敬者主一无适，是格物致知的必要条件。宗周则批评他“不从慎独二字认取”，只“欲掇敬于格物之前”，好像“握灯而索照”，却不知照光本从灯来，不离灯而别有所在。依宗周，朱子从动察引申而来的格物，不知与静存的工夫合一，就如寻光而不知灯之为光源一样，是支离的。他认为格物就是动察的工夫，而动察不离静存，与静存通而为一。只有在这合一的工夫下才可真达至事物之自身。朱子的支离导致一方不能明心，一方又不能照物，在宗周看来，心、物的真实唯有在独体之下才得以呈现。

宗周对朱子的批评恰当与否并不是我们要处理的问题。我们所关心的，是宗周不同意朱子对慎独、诚意乃至格物的理解此一事实。前面两个概念是宗周哲学的主旨，后者则在朱子哲学中占有重要的地位。于是，虽然宗周尊重朱子，且未能详阅朱子的全集，[①]我们还是可以说，

---

① 见《刘子全书》，卷四十，《年谱下》，第 2 页。

宗周与朱子的思想系统究竟不相同。一言以蔽之,朱子工夫论的着眼点在经验心上,这正是宗周所不敢苟同的关键所在。

三、宗周批评阳明的检讨

我们已讨论过,宗周的思想建基于他的心性论,而此心性论的心宗、性宗的思想,又可总括为"尽心即性"一语。这种心性的架构与朱子的系统有别。朱子分言心性,而道德修养工夫的重点落在经验心上。宗周则以心为超越的,究竟与性无异。也许可以补充说,虽然朱子以性为太极而内具于人心,但他毕竟分言心性,遂使性成为一潜伏的原则,有待心的工夫使之逐渐彰显。这便不同于宗周之以性为即活动的存有,须在生命中时时呈现。

相较之下,宗周对朱子的批评似乎没有像他对阳明的批评来得详尽。这当然是可以理解的。宗周熟悉阳明的思想;而于朱子,虽亦了解其思想的重点,但毕竟无暇详阅其全集。[①] 更重要的是,宗周生活在阳明学风行天下的时代,他比较关注阳明学说也是很自然的事。有关此点,上文亦已讨论过了。

无论如何,当我们客观地比较宗周及阳明的思想系统时,情况却变得复杂。首先,在进行比较之前,我们实有必要重新检讨宗周对阳明的批评。宗周在其著述中,曾多次批评阳明哲学,但主要还是针对阳明的四句教。四句教中的意,是宗周所认为的问题所在。宗周把意重新理解为心之所存,实反映着他哲学中心宗性宗的基本架构。也就是说,宗周是在其哲学的基本架构的前提下看待阳明的四句教,而此架构也成

---

① 见《刘子全书》,卷四十,《年谱下》,第 2 页。

为他评价其他思想的判准。现在的问题是：宗周以其思想架构为前提而对阳明的批评，是否中肯？宗周尝慨叹谓“每欲起先生于九原质之而无从也”。[①] 无可否认，宗周的批评是深刻的，但我们认为其中确有误解。宗周的批评已详述于第三章，此处只就其批评的重点略述其误解之处。

上文已提到，阳明四句教的第一句，“无善无恶是心之体”，是表示至善心体的具体地、完全地呈现的境界。它其实可以类比宗周“化思归虚”的虚、“性无性”的性及“无意”之意。宗周之所以对之不能接受，大概是认为当时阳明学“玄虚而荡”的流弊与此句不无关系，而更重要的是，在宗周解读的四句教的脉络底下，此句确呈现虚无主义的性格。然而，我们认为宗周对其他三句的解读均有误，因此，他对第一句的判断亦不正确。

四句教的第二句“有善有恶是意之动”，宗周认为这是把意误解为心之所发，实则根据《大学》，意应为心之所存。有关《大学》“意”的观念的原义，是另一问题。不管如何，宗周以阳明第二句的意为心之所发，其理解是正确的。但理解正确并不表示他的批评亦正确。阳明的确承认意念之动有善有恶，不过，在诚意的工夫中，阳明是要转化善或恶的意念使之成为本心或良知的呈用。阳明从来没有表示要诚其善或恶的意念，使如宗周所说的，成为半个君子或半个小人。因此，若从道德实践上言，第二句必定连着第三句“知善知恶是良知”而说。这便可避免宗周谓阳明在经验层的念起念灭上做工夫的批评。依阳明学说，真正的修养工夫必落在超越的良知之自觉之上。

可是，宗周却仍然批评良知落于意念的后着，所谓“知为意奴”。顺

① 《刘子全书遗编》，卷十三，《阳明传信录三》，第 9 页。

此而下,良知之于心便“知为心祟”;良知知善知恶,与善恶相对,为“第取分别见”;以良知知止、知先、知本,为“架屋叠床”。宗周的观察非常敏锐,但此处仍有误解。盖宗周以致良知之工夫为“架屋叠床”,是因为他对《大学》的知止、知先、知本及其关系有自己的一套理解,他把阳明的良知放进这套理解的脉络中,遂发现问题。然而,阳明对《大学》的理解亦有一套,是以不把阳明的良知放回他的系统,而置于宗周解释《大学》的脉络下去批评,显然是不公平的。至于“知为意奴”的批评,我们得看看此义是否真为四句教所蕴含。不错,在四句教中,第三句在第二句之后,而在道德实践的经验中,常是先有善有恶然后知善知恶,但这些并不必然表示良知在存有上即后于意念。阳明在给学生的一封信中说得明白:

> ……心者身之主也。而心之虚灵明觉,即所谓本然之良知也。其虚灵明觉之良知应感而动者谓之意。有知而后有意,无知则无意矣。知非意之体乎?①

此处明说良知是意之体。于是,依阳明,良知实际是先于意念的。在四句教中,良知之第三句之所以置于有关意的第二句之后,大概只是想在形式上符合《大学》心、意、知、物的次序。此外,我们也不应忽略阳明以良知即心体,而心体正是四句教第一句之所示,而第一句是先于第二句的。明显地,在四句教的前三句中,阳明是要表示一工夫历程:心体应感而动,发而为意,而意又同时被觉知而回复良知心体之本然。在此过程中,意念是属于经验层的,但良知与心体则属于超越层无疑。因此,

---

① 王阳明:《王阳明全集》,卷二,第 31 页。

根本没有“知为意奴”可说，良知本来就不是作用于念起念灭的意识之流中。因为良知即心体，所以也不是“知为心祟”。依阳明，无善无恶即是至善，至善的良知知善知恶，是故知善知恶之良知亦即无善无恶之心体。另外，良知亦非在善恶之外，与善恶相对。良知知善知恶，同时也知爱知敬，而知即是爱敬。良知并不落于主客的相对而有“第取分别见”的问题。

至于第四句“为善去恶是格物”，宗周批评阳明把物字解为意念之所在，于是格物的为善去恶便成两重工夫而不一贯。宗周说阳明四句教中的物是指念而言，这是正确的，因为阳明的确以物为“意之所用”。[①] 然而，阳明并无意着于此经验意义之物上。对他来说，格物或正物的工夫必以心体或良知为本，而在格物中，为善去恶其实也是一贯的。阳明说：

> ……去恶，固是格不正以归于正。为善，则不善正了，亦是格不正以归于正也……[②]

为善去恶工夫之一贯，就在于两者皆“格不正以归于正”之上。这说明在阳明哲学中，超越的良知心体永远是从事道德修养的根本。

以上便是对宗周误解四句教的澄清。我们发现，在阳明的四句教中，一方面是超越的心体与良知，另一方面则是经验的待转化的意与物。然而在宗周的四句中，心、意、知、物四者皆是超越的。但这并不表示宗周的哲学中没有经验一层。事实上，宗周哲学的这一层是以“念”来代表。于是，阳明那作为心之所发的意及意之所在的物就相当于宗

---

① 王阳明：《王阳明全集》，卷二，第 31 页。

② 同上，卷三，第 78 页。

周的念了。而宗周那作为心之所存的意及超越原则的物,虽未见于阳明教法中,亦可统于他的良知观念之内。这样的话,我们似乎可进一步说,如果宗周哲学的一个根本要义是在“化念归思(或心)”和“化思归虚”,则此一根本要义亦见于阳明的四句教:意与物可被转化而归于良知——此可类比“化念归思(或心)”;良知是心体而心体无善无恶——此可类比“化思归虚”。我们已说过,“化念归思(或心)”及“化思归虚”实反映宗周心宗性宗的思想架构。我们于是便可以问:宗周的思想架构是否亦蕴含于阳明哲学之内?如是,则宗周与阳明思想的分别究竟何在?如果宗周与阳明的思想在本质上实无甚差别,则为何宗周总不能看出彼此异中之同,总易误解而批评阳明的四句教?我们不要忘记,如前所述,在宗周对阳明学说态度的三变中,即使在“中信之”的阶段,宗周仍不能对阳明全盘肯定。我们认为,此实反映他们之间确有一基本差异,而他们的思想架构毕竟不同。要探讨这个问题,也许我们可从他们学说性格的不同谈起。

秦家懿已指出,阳明的一生是“狂者”的精神。[①] “狂者”这个词语可以追溯至《论语》:“子曰:不得中行而与之,必也狂狷乎。狂者进取,狷者有所不为也。”[②]此处“狂”大概便是择善固执的进取精神。但无可否认,“狂”同时也意味着一种放荡不羁及拔乎流俗之意。秦家懿便认为,含有这两层意义的狂字,正好用来形容阳明的性格。[③] 在阳明于正德三年(1508)悟道之前,他的“五溺”(溺于任侠、骑射、辞章、神仙及佛氏之习)表现了他的“狂者性格,与他早年的豪放精神”。悟道之后,阳

---

① 秦家懿:《王阳明》(台北:东大图书股份有限公司,1987),第27—52页。又见Julia Ching: *To Acquire Wisdom*, pp.26-51。

②《论语·子路》,第十三章。

③ *To Acquire Wisdom*, p.27.参《王阳明》,第29页。

明并没有失去他的狂者性格，只是"渐趋平和，使他超然于一切荣辱、得失与生死观念之上"。[①] 阳明甚至也以狂者形容自己。他说：

> 吾自南京以前，尚有乡愿意思在。今只信良知真是真非处，更无掩藏回护，才做得狂者。使天下尽说我行不掩言，吾亦只依良知行。[②]

虽然阳明亦教学者"精诣力造，以求至于道，无以一见自足而终止于狂"，[③]但其在一生的言行中展现一狂者的精神，则毋庸置疑。他的弟子形容他"不事边幅""豪迈不羁"，正是狂者的写照。[④] 他在临终时说："此心光明，亦复何言？"[⑤]始终表现狂者坦荡的襟怀。

相比之下，宗周的性格便显得非常不同。刘汋在总结他父亲的生平时，形容宗周道德修养态度之严肃，说：

> 先君子盛年用功过于严毅，平居齐庄端肃，见之者不寒而栗。及晚年造履益醇，涵养益粹，又如坐春风中，不觉浃于肌肤之深也。[⑥]

这给了我们一幅与阳明十分不同的图像。宗周的友人姚现闻（希孟）亦说：

---

① 《王阳明》，第 48 页。Cf. *To Acquire Wisdom*, p.48.
② 《王阳明全集》，卷三十四，第 653 页。
③ 同上，第 655 页。可参《王阳明》，第 52 页；*To Acquire Wisdom*, p.50。
④ 同上，卷一，第 1 页。
⑤ 同上，卷三十四，第 678 页。
⑥ 《刘子全书》，卷四十，《年谱下》，第 51—52 页。

方今凤翔千仞，为万鸟所环归，而弋人无所容其慕者，海内以刘先生为第一人。其一种退藏微密之妙，从深根宁极中证入，非吾辈可望其项背者也。①

阳明亦谓“狂者志存古人，一切纷嚣俗染，举不足以累其心，真有凤凰翔于千仞之意”，②但他心目中的“凤翔千仞”与姚希孟形容宗周“退藏微密”的“凤翔千仞”恐怕大异其趣。黄宗羲在总结宗周学问风格时也有类似的话：

先生宗旨为慎独。始从主敬入门，中年专用慎独工夫。慎则敬，敬则诚。晚年愈精微，愈平实。本体只是些子，工夫只是些子，仍不分此为本体，彼为工夫，亦并无些子可指，合于无声无臭之本然。从严毅清苦中发为光风霁月……③

阳明胸怀洒落，亦可说如光风霁月，而他的良知教也是从“百死千难”得来。然而，与宗周相较，总不像宗周之予人“严毅清苦”的印象。由此看来，若说阳明是进取的狂者，宗周便是有所不为的狷者。是以全祖望尝引黄宗羲谓“阳明圣门之狂，蕺山圣门之狷”，认为“其评至允，百世不可易也”。④

阳明与宗周的不同风格也反映在他们的学问上。依阳明，良知心体乃无尽之光明。在日用伦常中感物而应，良知即朗朗呈现，毫无掩

---

① 《刘子全书》《年谱录遗》，第 18—19 页。
② 《王阳明全集》，卷三十四，第 653 页。
③ 《刘子全书》，卷三十九，《行状》，第 36 页。
④ 全祖望：《甬上证人书院记》《鲒埼亭集》《外编》，卷十六，四部丛刊本。

藏。然而，宗周则以性体或独体至微，必须深入至心之所以为心之至隐至微之处，才可把握得住。吾人更须戒慎恐惧以存养此至微之独体，否则容易放失，蔓不及图。于是，我们看到两人性格与学问风格的不一致。阳明狂放，不落俗套，其学说强调良知心体随机而行，朗朗呈露；宗周严毅，退藏微密，其学说强调深入独体之微。牟宗三即提出以“显”和“密”来表示两者的特性：阳明的致良知是显教，宗周的慎独是密教。牟先生更提出，宗周乘阳明学“玄虚而荡”及“情识而肆”的流弊而重新反省，重开一新学路，此即“归显于密”，即“将心学之显教归于慎独之密教”。[①] 此说诚是。顺着阳明与宗周的人格与风格下来，以显和密定位其学说的特性，殆无疑问。但显和密的实义究为何，牟先生似乎没有非常清楚的说明。[②] 刘述先对此问题作了适当的补足。他在征引阳明及其他资料后，下结论说：

> ……“已发未发非有二侯，致和即所以致中”乃王门高第直承自姚江之教，根本无争辩的余地。……在修养工夫上，乃可以即已发指未发，甚至致和即可以致中。既然他做工夫的出发点就在“已发”，其为“显”教明矣！这样的入路乃适与双江“归寂”、蕺山“静存”之“密”教成为对比。我们由功夫论的视域区分显密，比起牟先生由形上学的视域立论，应该容易了解多了。[③]

以“已发”说显，以“静存”说密，实已道出其中关键。当然，“静存”并非

---

① 牟宗三：《从陆象山到刘蕺山》，第 451—454 页。

② 事实上，牟宗三认为“归显于密”有两步并作说明（见下文）。但学者如刘述先认为此中之以良知教为显教似乎陈义过高，不容易了解，遂有如下所述的补充。

③ 刘述先：《论王阳明的最后定见》，收入所著《儒家思想意涵之现代阐释论集》（台北：台湾“中央研究院”中国文哲研究所筹备处，2000），第 66 页。

意谓偏于静的超越体证,而是指存养那超越动静的"未发"之中。阳明"致和即所以致中",与宗周强调"静存之外无动察""致中所以致和"适可成对比。盖已发即未发,即中即和。阳明较重已发,故本心所起,莫不是心体的呈用,遂有一"显相";宗周较重未发,故才起即收,莫不归独体之幽微,遂有一"密相"。如是,一重已发,一重未发,遂有显密的教相。而两者的关系,诚如牟宗三所说:

> ……正因为归显于密,故显得太紧。"从严毅清苦之中发为光风霁月",正显紧相也。此虽可以堵绝情识而肆,玄虚而荡,然而亦太清苦矣,未至化境。若再能以显教化脱之,则当大成。王学门下,如泰州派所重视者,正向往此化境。汝以归显于密救其弊,彼亦可以显教救汝之紧。此中辗转对治,正显工夫之无穷无尽;任一路皆是圣路,亦皆可有偏。未至圣人,皆不免有偏。①

如此评论宗周的"归显于密",是把显密两教平看而认为可以互补。这当然是很平实的看法,也的确道出宗周归显于密的一重意义。但我们若把焦点放在阳明与宗周的心性论,便可发现归显于密的另一重含义。

如果宗周心性论的系统可以"尽心即性"来表示,阳明的系统便可以"心即理"为代表。在"心即理"的系统中,心亦即性,因为依阳明,心、性与理本质上是相同的。从表面来看,宗周的系统似乎与阳明的没有很大的差别。依宗周,心与性毕竟是一,此与阳明心即理之义相同。依阳明,心即理之心除了是超越的本心外,也是绝对的无限心,是宇宙的本体,此与宗周之言性体相当。然而,宗周明分心宗性宗,却不见于阳

---

①《从陆象山到刘蕺山》,第487页。

明的哲学。须知在宗周的系统中，性者心之所以为心，心性最后归于一，但宗周的确在某一义分开心与性而赋予性一独立而最根本最重要的地位。这表示他十分正视性体此观念，而对它作为宇宙本体的含义有非常清楚的意识。

反观阳明，他当然亦有此意识，否则他便不会有“人人自有定盘针，万化根缘总在心”及“无声无臭独知时，此是乾坤万有基”之语。[①] 四句教中的第一句“无善无恶是心之体”也是要表示作为宇宙本体的心体之化境，而可与宗周“无善而至善”“无意之意”及“性无性”等义相通。然而，比较而言，阳明似乎没有着力强调或展现他的哲学的这一方面的含义。当龙溪企图发挥四句教的第一句而提出“四无”的主张时，阳明并没有反对，但却认为不可执着一边，又说“利根之人，世亦难遇。本体功夫，一悟尽透，此颜子、明道所不敗承当，岂可轻易望人”。依阳明，学者“且教在意念上实落为善去恶。工夫熟后，渣滓去得尽时，本体亦明尽了”。[②] 他似乎认为没有必要把圆融的化境强调太多，尤其对中下根人，他们工夫熟后，本体明尽，自然便会明白。

阳明哲学之有说到但没有着意强调心体之为宇宙本体这一面，实标志着阳明与宗周学说的最重要的不同。我们可以说，在本体论上，宗周言至性体，阳明亦言至心体之为宇宙的本体(其实，不但宗周与阳明，心学系统下的宋明儒者莫不如此)。但在工夫论上，阳明言至心体之一体而化，但此是其系统的终点而非重点；宗周言性体之化境，此不但是其系统的终点，更是其重点。这当然不表示宗周已像龙溪一样荡越而偏向一边。宗周的性体不外心体，工夫比谁都着重，只是已言至“不分此为本体，彼为工夫”的“即本体是工夫”的境地。固然并非人人一下子

① 《王阳明全集》，卷二十，第 384 页。
② 同上，卷三，第 76—77 页。

便达至此境地，所以说此工夫之化境为终点。但一日未至此境，仍须认定本体（性体）做工夫，工夫要做到此化境，才算是真工夫，所以亦说此工夫之化境为重点。若不能到此地步，便会“独而离其天”，为妄、为微过，从此便一发不可收拾了。

宗周从开始提出慎独的教法时，实已掌握心体之为性体此一面，成为他思想系统的核心。他的主静、中和、理气、心性乃至诚体意根的观念，都不过是依据此核心的意义而发挥。在宗周看来，要证成人之为人，体证超越的本心（心宗的心）是必须的，但不足够；吾人需要进一步直透至心之所以为心之意根、独体、性体，而知其为宇宙之本体，证人的意义才得以完成。

至此，宗周的立场已明，他之所以不能满意阳明学说的理由亦可得而窥。他曾说：

> 阳明只说致良知，而以意为粗根，故于慎独二字亦全不讲起，于《中庸》说戒慎恐惧处亦松……①

我们已看过，宗周批评阳明的致良知教，主要是因为他认为在四句教中阳明将意字认坏，又粗看良知，造成种种问题。我们也解释过，宗周对四句教的批评虽然深刻，但毕竟只是误解。然而，当我们拨开种种误解的迷雾，便发现宗周的批评有时确触及一些实质的问题。他曾说阳明之学“失之粗且浅，不见道则有之”。此处又说阳明“以意为粗根”“说戒慎恐惧处亦松”。谓阳明学说“浅”，甚至“不见道”，此确实太过，大抵是从误解良知是在念起念灭的经验层而来的过分的批评。但谓阳明之说

① 《刘子全书》，卷十二，《学言下》，第16页。

“粗”“松”，如果放在特定的脉络之下，却不是完全没有道理。有趣的是，阳明也曾批评象山“粗”，情况正类同。下面一段也许可以作为阳明如何失之粗之一例：

> 阳明子曰：言语正到快意时，便截然能忍默得；意气正到发扬时，便翕然能收敛得；愤怒嗜欲正到沸腾时，便廓然能消化得。此非天下之大勇不能，然见得良知亲切，工夫亦自不难。愚谓言语既到快意时，自当继以忍默；意气既到发扬时，自当继以收敛；愤怒嗜欲既到沸腾时，自当继以消化。此正一气之自通自复，分明喜怒哀乐相为循环之妙，有不待品节限制而然。即其间非无过不及之差，而性体原自周流，不害其为中和之德。学者但证得性体分明，而以时保之，则虽日用动静之间，莫非天理流行之妙，而于所谓良知之见，亦莫亲切于此矣。若必借良知以觉照，欲就其一往不返之势，皆一一逆收之，以还之天理之正，则心之与性，先自相雠，而杞柳桮棬之说，有时而伸也必矣。①

我们细心体会，发觉阳明所言，正是当喜而喜、当怒而怒之四气迭以时出，即宗周所谓心宗之境。宗周所言则自喜而乐、自乐而怒之四气相为循环，已是性宗之境。这正好说明宗周“归显于密”的另一重含义：阳明教人体悟超越的良知心体，而在致良知之极致中，心体感通万物而为宇宙之本体；宗周则直接以宇宙之本体为其学说的重心，于是，心体之幽深微妙、于穆不已的一面遂在宗周哲学中获得完全的正视。我们可说，归显于密的另一重含义的实义，就是在工夫论的前提下，重点由超

① 《刘子全书》，卷十一，《学言中》，第8—9页。所引阳明语见《王阳明全集》，卷六，《与黄宗贤(丁亥)》，第44页。

越的道德本体向上向内提摄至形而上的宇宙的本体。从这个角度来看，宗周的慎独之学实较阳明的心学更具深一层的意涵。

“归显于密”有两重意义，第一重意义平实，第二重意义则可引申一些问题。首先，宗周言工夫之境以性体为准，可谓透体立极，深彻之至，然则这是否表示其道德实践已高于阳明乃至其他儒者？答曰：此不必然。牟宗三曾对类似的问题有过一番解说，其言谓：

> ……王弼、向秀、郭象以迹本论会通孔老以明道家义理之圆教，此非谓其智慧风范即高于老庄也。王龙溪提出四有四无，胡五峰提出同体异用，以明儒家义理之圆教，此亦非谓其智慧德行已高于孔孟程朱陆王也。智慧之造始与思想之开发固是两事，即思想之开发与践履造诣之高下更是两事，非可一概而论。于此后两者间，欲想得一配称之关系，恐将比在德福间得一配称为更难，此当别论。①

牟先生以王弼、向秀、郭象为道家义理的圆教，以王龙溪、胡五峰之说为儒家义理的圆教；这且不管。重要的是，他提出思想之开发与践履造诣之高下并不必然配称。当然，此不表示两者即可全无关系。我们确可从宗周、阳明的著述中，感觉其实践工夫之深，但究竟深至何种程度，则唯有自知自证，此中实有不足为外人道者。

另外还有一个问题，即就第二重意义言，“归显于密”既是往上提往内收，以更深透的工夫为重点，此是否表示慎独之密教必然高于良知之显教？答曰：是又不尽然。牟宗三在讨论晚明儒学时亦触及类似的问

---

① 牟宗三：《圆善论》(台北：台湾学生书局，1985)，第 xiii 页。

题。他说：

> 如是，良知之超越性必含一圆顿之可能。从无限进程上说，它永不能全显那奥体而与之为一。可是它的超越性可使它之囿于形超脱而不囿于形。其所当之机囿限之，然而因为它不著于形，它即可跃起而通于他。它的每一步具体呈用，如果不执不著，亦不舍不离，它即步步具足，亦可以说即是绝对，当下圆成。但此你可以说尚有步步相，即使无时间相，无空间相，无生灭常断一异相，然而似乎仍有一虚的步步相，因为步步具足当下圆成，虽步步相无步步相，亦仍可说一虚的步步相。实则此虚的步步相只是那“步步”这一名言所起的影子。当它当下具足，步步相无步步相时，即含着一圆顿朗现：一步具足即一切步皆具足，一步圆成即一切步皆圆成。如是，那无限进程义之进程即泯而为一时顿现。只有在此一时顿现上，那良知心用始能脱化了那形限之囿而全副朗现了那奥体而与之完全为一。此时全知体是性体，全性体是知体，而只是一知体之朗现，带着其全部内容而朗现。此时良知教即得其最后之圆足。此盖就是王龙溪所说的四无之境。就良知教自身说，其圆足是在四无。①

在某一意义上，良知之超越性仍可有其限制。当超越了时间相、空间相以及生灭常断一异相时，心便是超越的心。但此超越的心仍不是无限心，它仍可因所当之机之囿限而显一虚的步步相。在此，若“从无限进程上说，它永不能全显那奥体而与之为一”。但当看穿那“步步”之名言

① 牟宗三：《从陆象山到刘蕺山》，第357—358页。

所起之影子，则步步即含着一圆顿朗现，心即“脱化了那形限之囿而全幅朗现了那奥体而与之完全为一”。此时的超越心便同时是无限心。十分明显，牟先生这番话如果以宗周的术语来表示，便是由心宗到性宗的历程。不过牟先生此处却把最后圆足之境归于龙溪的四无。是故“归显于密”的第二重意义并非表示慎独密教必然高于良知显教。显教之圆足在四无，此实相当于密教之性宗。此圆足之义在阳明已有，不过未充其极，要到龙溪才把它充分彰显。如是，若纳入龙溪之说，则显教密教的分别，到底还是归于“归显于密”的第一重意义。不过，龙溪分四无四有，以四无为主而立教，已有荡越之嫌；[①]又以无立教，未能彰显良知之天理之义，此实不足为法。[②] 反观宗周之言性宗，性与心毕竟不可以分合言，则心宗为慎独之实功，堵绝了玄虚的流弊；以性宗立教，透体立极，仍可彻上彻下（见《人谱》可知）。由此可见，宗周在阳明之后，归显于密，其系统实有独特的意义与价值，不容吾人忽视。

四、宗周与胡五峰的同异

宗周思想与朱子、阳明不同，已如上述。学者如牟宗三则认为，宗周思想固与朱子、阳明有别，但其心性论架构却大类胡五峰（名宏，1105—1161）。牟先生指出，五峰是承濂溪、横渠、明道而言道体性体，“承由中庸易传回归于论孟之圆满发展，即承明道之圆教模型，而言以心著性，尽心成性，以明心性之所以为一为圆者”。又谓五峰“先心性分

---

① 牟宗三：《从陆象山到刘蕺山》，第 281—282 页；刘述先：《黄宗羲心学的定位》，第 41—43 页。

② 参郑宗义：《明清儒学转型探析——从刘蕺山到戴东源》（香港：中文大学出版社，2000），第 13—14 页。

设，正式言心之形著义，以心著性而成性，以明心性之所以一”，而“宋明儒中最后一个消化者刘蕺山亦是此路”。是故牟先生在宋明儒之分系中，除了传统的伊川朱子系（程、朱）及象山阳明系（陆、王）之外，更确立五峰蕺山的第三系，承认其有独立之意义。他认为“此系由濂溪、横渠而至明道之圆教模型（一本义）而开出，……客观地讲性体，……主观地讲心体，……特提出‘以心著性’义以明心性所以为一之实以及一本圆教所以为圆之实”。[①] 简言之，此系先客观地言性，主观地言心，而以心著性，心性终归是一。“以心著性”实可作为此一系统的标志。

牟先生的提法固有其洞识，但以五峰及宗周的思想属同一形态，却已启学者的怀疑。刘述先便从思想史的角度言两人根本没有传承的关系。即使牟先生也承认，宗周从未提过五峰。[②] 东方朔除了从思想史的传承立言外，更举出一些实例说明两人的思想没有严密的一贯性，如五峰主张“未发只可言性，已发乃可言心”，此一说法与宗周明显有异。东方朔认为即使吾人可以就理论的逻辑设置上大体同意牟先生将五峰、蕺山划归为一系的说法，但在历史层面及具体的义理分疏上，此说法实无法获得理论与历史定位的全力支持。[③] 我们沿此方向探究，便发现事实还可容许吾人推进一步说。我们的结论是，尽管五峰与宗周思想有许多类同之处，但差之毫厘，谬之千里，他们的思想形态毕竟不同。

其实，如果五峰上承北宋三家是事实，我们单就濂溪来比较，已可看出两者的不同。上章已援引唐君毅的说法，言濂溪以人极合于太极，宗周则摄太极于人极之中。我们可以清楚看到，虽然用语不同，濂溪的

---

① 牟宗三：《心体与性体》（一），第 42—60 页，尤其是第 45—46 页及第 49 页。
② 刘述先：《有关理学的几个重要问题的再反思》，收入《理想与现实的纠结》，第 246 页。
③ 东方朔：《刘蕺山哲学研究》，第 356—359 页，尤其是第 358—359 页。

确是先客观地立一太极，然后以主观面的人极凑泊此太极，最后主客观合而为一。这确实是"以心著性"的思路：主观面的心超越化与客观化而凑合于性，同时客观面的性亦内在化与主观化而落实于心；通过心之"形著"或"彰著"的作用而最后心性是一。

然而，宗周之摄太极于人极却不是此义，不是以太极或性内在化主观化而与心合，不是先客观地言一太极，然后由主观面的心凑泊过去，或把它收摄进来。宗周言太极，是直下以太极即人极、即性，此人极或性从开始便已是主观地言之。他之分言心宗、性宗，是就主体主观面言的两层，并不是主、客观之两层。[①] 他总不好言一客观、外在的实体，因为这是虚的、形式的，只能是方便。即使有提到，也只是顺着传统而说，最后总回到主观面去。我们不妨看看宗周那些特显客观面如性天之类的话，如"性本天者也，心本人者也。天非人不尽，性非心不体也"，[②]表面看去，好像天与人、性与心并设，主客观两面皆充实。但如果我们注意"天非人不尽，性非心不体"，则重点始终在心与人的主观面。宗周重言性宗，性是从主观面的心深入地讲进去的，实无意从客观面立一性体也。我们再看下面两段：

> 心中有意，意中有知，知中有物，物有身与家国天下，是心之无尽藏处。性中有命，命中有天，天合道，道合教，教合天地万物，是性之无尽藏处。[③]
>
> 天穆然无为，而乾道所谓刚健中正，纯粹以精，尽在帝中见。

① 就如第二章第五节所言，宗周心目中的心、性是一而二、二而一的。此处言两层，是方便地就其"一而二"之"二"的方面而立言，不妨碍心、性究竟是一。我们或可说它们是同质的两层，而究竟可通而为一。

② 《刘子全书》，卷二，《易衍》，第 14 页。

③ 同上，卷十一，《学言中》，第 11 页。

心浑然无体，而心体所谓四端万善，参天地而赞化育，尽在意中见。离帝无所谓天者，离意无所谓心者。①

这两段都是以前提过的。第一段心性分设，但似乎并不重在主、客观面的分立，而是着重在《大学》与《中庸》所强调的不同：前者强调心，后者强调性。当然，在《中庸》的脉络下，"天命之谓性，率性之谓道，修道之谓教"，性是连着客观的天道而言，但既然"天命之谓性"，性亦可从主观一面说。宗周即从此方面立言，更说"性中有命，命中有天"，把天命也归到性上来说。第二段言天之穆然无为，心之浑然无体，当然也有主、客观分设的意味，但宗周随即说天之穆然无为"尽在帝中见""离帝无所谓天者"，然则此"帝"为何？宗周在他处说：

子思子从喜怒哀乐之中和指点天命之性，而率性之道即在其中，分明一元流行气象。所谓不识不知，顺帝之则，全不涉人分上。此言性第一义也。②

此处"不识不知，顺帝之则"，从上下文看，宗周当以帝字指性，而性又是"从喜怒哀乐之中和指点"。宗周从主观面说性，十分明显。于是，回到上文天之穆然无为，尽在帝中见，而帝即性，最后仍归到主观面而言，也是十分清楚的。

上面几个例子已经是最具有主、客观面分立的意味者，而犹如此，其他可以想见。大抵传统言天道下来，客观一面总不能完全抹煞不讲，但从宗周的思想来看，即使言之，也只是虚说，不能在其系统中具有决定性

① 《刘子全书》，卷十二，《学言下》，第 9 页。
② 同上，卷六，《证学杂解》《解十九》，第 9 页。

或关键性的实质意义。这可证之于宗周言心宗性宗，皆是从主观面透入。尤其是宗周的“人极图说”及《读易图说》，旨在言人即天地，人性本具太极阴阳五行万化之理，又如何可有一客观的性天之分立？宗周解释“太极图说”时，谓“使实有是太极之理，为此气从出之母，则亦一物而已，又何以生生不息，妙万物而无穷乎？”[①]他说此话时并非要反对濂溪，只是从他那圆融的心灵抉发濂溪之义，认为濂溪不是真的要在万物之外别立一太极，否则太极便为一物，不能生生不息，妙万物而无穷。宗周的解释如何，我们可以不理会。但从中确可窥见宗周不契濂溪客观地言太极的模式，否则他便不会另著“人极图说”，转化“太极图说”的含义了。至于《读易图说》，其要旨可一言以蔽之曰“心易”，即把《易经》之本体宇宙论一皆收于主体之心上来说，其属心学（而非“尽心成性”）的体系实甚显然。[②]

通过以上的分析，我们已知宗周“尽心即性”的系统确不能与“以心著性”相提并论。前者一皆从主观面言，后者则主、客观并建。然则胡五峰的心性论又如何？无可否认，五峰之言心性确与宗周有许多类同处。如“气之流行，性为之主；性之流行，心为之主”“有而不能无者，性之谓与？宰物不死者，心之谓与？”[③]凡此皆与宗周言心性类似。心既为性之流行之主，又为宰物不死者，则心为超越的本心可知。至于性，五峰又谓“万物皆性所有也。圣人尽性，故无弃物”“天命之谓性。性，天下之大本也”“性也者，天地所以立也”。这些都表明，他心目中的性，不但是道德的本体，而且是宇宙的本体。此亦与宗周的理解相同。而

---

① 《刘子全书》，卷五，《圣学宗要》，第 2 页。

② “心易”一词参考《刘子全书》，卷十一，《学言中》，第 2 页。

③ 黄宗羲、全祖望：《宋元学案》（中）（台北：世界书局，1973），《五峰学案》《胡子知言》，第 777 页。

"性也者，天地鬼神之奥也。善不足以言之，况恶乎哉"，认为性不可以善恶言，又与宗周"无善而至善"乃至"性无性"之说相通。①

然而，当我们注意心性的关系时，便发现两者确有不同。五峰谓："心也者，知天地宰万物以成性者也。"②心之知天地宰万物，即同于性，而说心以成性，则分明是心性分立，通过心的活动与性合一，或回复心性之本一。成者完成、彰著义。因此，心以成性的确就是以心著性的思路。我们再看下面一段，五峰的意思便非常清楚了：

> 心性二字，乃道义渊源。当明辨不失毫厘，然后有所持循。未发只可言性，已发乃可言心。故伊川云：中者，所以状性之体段，而不可言状心之体段。心之体段难言：无思也，无为也，寂然不动，感而遂通天下之故是也。未发之时，圣人与众同一性，已发则无思无为，寂然不动，感而遂通天下之故，圣人之所独。……故某尝谓喜怒哀乐未发，冲漠无朕，同此大本，虽庸与圣无以异。而无思无为，寂然不动，乃是指易而言，易则发矣，故无思无为，寂然不动，圣人之所独……③

五峰谓"未发只可言性，已发乃可言心"，此已跟宗周"存发总是一机，中和浑是一性"的说法不同。依宗周，性之未发即已发，心之已发即未发，故两者总是一机，浑是一性，不可以分合言。五峰之心性亦终归是一，但总是先分未发、已发而立说。而更重要的是，五峰以性为"未发，冲漠

① 以上有关五峰的引文均见黄宗羲、全祖望：《宋元学案》（中）（台北：世界书局，1973），《五峰学案》《胡子知言》，第777—778页及第780页。
② 同上，第778页。
③ 同上，《五峰先生语》，第782页。

无朕，同此大本，虽庸与圣无以异”“圣人与众同一性”。虽然性是从喜怒哀乐之未发说，不连着天道方面说，但言庸圣同此大本，则性之客观面的意义仍然甚强。而心则为已发，“无思无为，寂然不动，感而遂通天下之故，圣人之所独”。此即心为主观面的，通过心的超越化客观化而达到无思无为，寂然不动，感而遂通之境，性便得以内在化主观化而得充分的彰著。此境界当然非人人可达至，故曰“圣人之所独”。于此，五峰“以心著性”之思路实甚显然，牟先生的判断不误也。但我们反观宗周，其言心不在话下，试看他如何说性：

> ……是故君子戒慎乎其所不睹，恐惧乎其所不闻，此慎独之说也。至哉独乎！隐乎！微乎！穆穆乎！不已者乎！……独体不息之中，而一元常运，喜怒哀乐四气周流，存此之谓中，发此之谓和，阴阳之象也。四气，一阴阳也；阴阳，一独也。……君子所以必慎其独也。此性宗也。①

此段在上文已有解说。以“喜怒哀乐四气周流”说性，分明自主观面言性。而此性宗之境，又必是圣人之境，不可能庸圣无以异。然则宗周不从客观面言性，便十分清楚了。

我们明白宗周“尽心即性”与五峰“以心著性”或“尽心成性”的不同，便可进一步厘清牟先生对宗周思想系统的一些判断。② 他认为宗

---

①《刘子全书》，卷二，《易衍》，第七章，第 13 页。

② 其实，严格地说，如果从形而上说性，从形而下说心，则心与性不能说完全没有形著之关系，是以宗周的“尽心即性”在某一义上其实亦可说是一种“以心著性”（心形著性）之说，但须知此心之形著性实际只是性之自我形著（心之所以为心是性，心其实就是性），并没有“尽心成性”之通过心以成就性之“成就之”之义。如是，“以心著性”，若就其表示形著之意义言，实可通于“尽心成性”与“尽心即性”两者。牟宗三言“以心著性”，每每只就“尽心成性”言，而不知宗周之系统虽或可言“以心著性”，但已是“尽心即性”而非“尽心成性”。

周的“归显于密”有两步。第一步是将“良知之显教归于‘意根最微’之密教”，第二步是将“心体之显教复摄归于性体之密教”，“经过以上两步归显于密，最后仍可心性是一”。[①] 这是把宗周的系统理解为“以心著性”或“尽心成性”而来的判断。我们认为，通过以上的分析，宗周的“归显于密”的两步其实正相当于上节所言的“归显于密”的两重意义。不过牟宗三是从存有论或形上学的视域立论，我们受到刘述先的启发，从工夫论的立场而说。牟宗三谓宗周“归显于密”的第一步是由良知归至意根，第二步是由心体归至性体。我们认为第一步是由已发归至未发，第二步也是由心体归至性体。就第一步言，我们的说法不但较易理解，其实是说得更清楚，前已有说。就第二步言，除了从工夫论的视域说得更清楚之外，主要的问题是牟宗三从“以心著性”或“尽心成性”的角度形容宗周思想的心性之关系，常说它们是一形著之关系，是自觉与超自觉的关系，也是主观的与客观的、具体的与形式的，乃至是内处的与超绝的关系。[②] 我们认为，当中除了自觉与超自觉的关系之外，其他的都预设着“以心著性”或“尽心成性”的观点，因此，以之形容宗周的心性，是不恰当的。宗周心性的关系，只能是自觉与超自觉的，或用宗周自己的话，是后天与先天的，或形而下与形而上的关系。[③] 这些辩解看似繁杂，其背后的关键其实只有一点，便是宗周虽分言心性，却没有把性体确立为相对于心体之主观一面而为客观的、形式的、超绝的一面。这便是“尽心即性”与“以心著性”（或“尽心成性”）两系统的不同，也是唯一

---

① 牟宗三：《从陆象山到刘蕺山》，第 453—454 页。

② 同上，又第 491—492 页。

③ 让我们再强调，宗周的“形而下”是“囿于形”之意，并非一般的属于经验的意思。从此形而下与形而上的关系，亦可说一形著之关系，但此“形著”是“尽心即性”而非“尽心成性”之“形著”。

不同之所在。①

总括而言，宗周思想之不同于胡五峰乃至于濂溪、横渠之“以心著性”或“尽心成性”，可证之于宗周言心言性，心、性并举，均是从主观或主体性方面说，不从客观或客体性说。此义尤可见于其代表作《人谱》中的“人极图说”和《读易图说》。况且，“尽心成性”的主、客并建的方式实与前述宗周思想的统合性不侔，不符合他的思想性格。②

五、结论

通过以上各章节的分析，我们对宗周哲学的重要观念与问题都大致讨论过了。现在也许可以给予宗周哲学一个定位。

首先，宗周哲学的宗旨是慎独。慎独哲学的内容，可以“归显于密，尽心即性”两句来概括。前句是就宗周哲学的风格及时代意义言，后句是就其哲学的系统言。此“尽心即性”的系统与传统的程朱的“性即理”系及陆王的“心即理”系均不同，甚至与现代学者提出的承接濂溪、横渠、明道的五峰的“以心著性”一系亦不同。由此可见宗周思想系统的独特的价值和意义。

其次，若把宗周的哲学置在他的时代的脉络中，便可发现它是乘当时思想界“玄虚而荡”及“情识而肆”的虚无、功利的流弊而起。宗周认

---

① 关于笔者对牟宗三以“归显于密”定位宗周思想的较详细的讨论，可参黄敏浩：《牟宗三对刘宗周思想的衡定——以“归显于密”为中心的检讨》，《云南大学学报》第 17 卷第 3 期(2018)，第 46—54 页。

② 为免误解，或可补充说明，本节所言之客观，是外在客观之义，或客体之义，或至少含客体义之姿态者。宗周言心言性，并没有往外在客观或客体之义这方面想。至于像阳明良知教之良知即天理之客观义，则宗周言性之当具此种客观义，是不待言的。此不妨碍宗周思想不属“尽心成性”，就如阳明的良知教不属“尽心成性”的形态一样。

为这些流弊是源于阳明的四句教，但其实是他对阳明的误解。虽然如此，他批评说不但阳明学派且阳明学说本身也要为这些流弊负责，若从他的学说的角度看，也不是全没道理。盖阳明的致良知教，如果理解恰当而又切实践行，确是成圣之路无疑。宗周评其落于念起念灭，实不足取。然而，致良知为显教，显则不密，而其工夫重点落在道德本心，在某一意义上，亦未至严密。于是，若见解不真，工夫不切，便易流于病。阳明以后，有所谓"现成良知"，此本不差，但稍提不住，便很容易出现情识而肆的功利的毛病了。那些知道良知不可混于情识者，日求良知于虚无眇冥之境，美其名是闭关静坐，实则玄虚而荡，已流于虚无的想象，这其实只是功利的另一极端！宗周当时对这两种流弊的回应、收效如何，我们未敢判断，但其学说能对治这两种流弊，则可以断言。盖在他的慎独的密教中，性从一面说，并不完全等同于心，于是性便如一绝对标准，即使已悟得良知或本心，仍须朝此心之所以为心之性体之境而努力用工夫——此可避免本心之容易着于相而混于情识而为情识而肆。另一方面，性不离心，性心不二，而心虽超越，亦不离吾人日常生活之应事接物，于是那绝对的性体也不是可离开人伦日用而得的抽象悬空之体——此可避免离开人伦日用，以想象为本体的玄虚而荡。如是，宗周学说的意义就在于，从哲学上言，它成功地对治了当时思想界的危机。

最后，若把宗周的哲学放在更广的视域之下，便会发现它在整个宋明儒学的传统中有其重要的位置。事实上，一些学者已尝试评价宗周在宋明儒学中的地位。刘汋便推许他父亲"所由合朱、陆、阳明而直追明道、濂溪，上溯之孔、孟而止"。[①] 又说他"自濂溪、明道之后，一人而已，其余诸子不能及也"。[②] 这可能有点过誉。我们且看看现代学者是

① 《刘子全书》，卷四十，《年谱下》，第 25 页。
② 同上，第 52 页。

如何评价。如钱穆便从学术史的观点，说明宗周的思想标志着由阳明回返朱子的倾向。[①] 牟宗三则如前所述，认为宋明儒学义理可分三系：伊川朱子系、象山阳明系及承接濂溪、横渠及明道思想而来的五峰蕺山系；宗周正是第三系的代表人物。[②] 陈来认为宗周的思想“基本上仍属于王学一系的心学”。[③] 劳思光更说“蕺山所立之系统，乃阳明一支思想中最后出亦最彻底之系统”。[④] 唐君毅则以宗周对阳明的批评为内部的批评，且有正面的价值，导致阳明学说的发展。[⑤] 他又说“宋明儒之绾合工夫论，以言心性之义理之发展，乃整个表现一由外而内、由下而上，以言形而上之心体之趋向。而蕺山之言，则最能极其致”。[⑥]

从本书讨论的结果来看，尽管对宗周的理解有许多不同，我们基本上还是较倾向于劳思光及唐君毅的说法。[⑦] 宗周批评阳明，亦对阳明

---

① 钱穆：《中国学术思想论丛》(台北：东大图书有限公司，1979)，第七册，第268—278页。

② 牟宗三：《从陆象山到刘蕺山》，第457—458页。

③ 陈来：《宋明理学》(台北：洪叶文化事业有限公司，1993)，第379页。

④ 劳思光：《中国哲学史》(香港：友联出版社有限公司，1980)，第三卷下，第661页。

⑤ Tang Chun-i："Liu Tsung-Chou's Doctrine of Moral Mind and Practice and His Critique of Wang Yang-ming," in Wm. Theodore De Bary, ed., *The Unfolding of Neo-Confucianism*, p.329.

⑥ 唐君毅：《中国哲学原论：原教篇(下)》，第503页。附带一提，熊十力在其书信中亦有评及宗周，然大多误解之言，不足辩。见熊十力：《十力语要初续》(台北：洪氏出版社，1977)，《答唐生》，第152—156页。

⑦ 但须知劳思光对宗周学说有两点重要的简评，却是我们所不能完全同意的。首先，他说宗周的“喜怒哀乐”“‘四情’当属于超验心中之四种形式，……但蕺山(笔者按即宗周)论及‘四情’时，却以之配‘元亨利贞’及‘春夏秋冬’。‘元亨利贞’作为四个形上观念，尚不妨碍‘四情’之超验性，‘春夏秋冬’则明明属于经验观念，如何能与四种超验形式相配乎？天体之运行是一经验事实，既无必然性，亦无恒常性。”关此混淆“经验”与“超验”之问题，让我们也尝试简略、形式地回答：当宗周以春夏秋冬之四时配喜怒哀乐之四情，无论就元亨利贞之运于于穆(“中”)或呈于化育(“和”)而言，恐怕都已不只是天体运行的经验观念，此时之春夏秋冬已是宇宙运行之必然性与恒常性之节奏或象征。劳思光所言之经验意义的春夏秋冬，在宗周的系统中，大概相当其所谓之温凉寒燠或风雨露雷，而宗周 (转下页)

学说有误解。但在批评之中，宗周表现了他哲学的中心关怀，就是对心之所以为心的性体的充分彰显，而这一层正是阳明在工夫的重点上没有完全照顾到的。因此，在对治阳明学的流弊中，宗周的归显于密便成为王学的调适上遂的发展，成为王学"最后出亦最彻底的系统"。此结果亦恐非宗周始料所及。当然，这并不表示宗周的系统便与阳明完全相同。龙溪的四无在某义上也是王学调适上遂的发展，但此仍属良知显教的范围。宗周慎独的密教，便在此范围之外。我们充其量只可说，宗周属广义的王学，而非王学的正宗，以其"尽心即性"毕竟异于"心即理"也。

如是，宋明理学在阳明之后仍有发展，而此发展之大成即在宗周的学说。这便是为何黄宗羲以《蕺山学案》置于《明儒学案》之末，而于引言中说：

> 识者谓五星聚奎，濂洛关闽出焉。五星聚室，阳明子之说昌。五星聚张，子刘子之道通。岂非天哉！岂非天哉！①

(接上页)将之与春夏秋冬区别开来(可参本书第二章第三节)。劳思光这点批评也有其他学者提出回应。可参考冯达文:《序》,收入陈畅:《自然与政教:刘宗周慎独哲学研究》; 陈立胜:《刘蕺山"喜怒哀乐"与"春夏秋冬"比配说申辩》,《中国现象学与哲学评论》第 1 期(2015),第 37—73 页。劳思光的第二点简评,是说宗周"一切观念皆以工夫论为中心,故对于所谓'客观领域'实未尝承认其独立意义"。所谓"客观领域",应当牵涉现代科学意义下的客观知识及客观存有的问题。劳思光自己也承认,此种排除"客观化问题"而不论者原是儒学之通病,不独宗周为然。如果此"客观化问题"如上所述是特有所指,而非意谓宗周之主体性哲学全然否定客观事物之领域,则此批评未始非全无理。然而,我们可借当代新儒家学者如牟宗三之"良知之坎陷"之观念在理论上开出此客观领域。此中须强调,良知之坎陷是良知之自我坎陷,是良知自我主宰之活动,在宗周思想之脉络下,便是意根、独体、性体之自觉下之活动。牟宗三"良知之坎陷"说见其著:《从陆象山到刘蕺山》,第 245—265 页。劳思光以上两点简评见其著:《中国哲学史》,第三卷下册,第 657—661 页。

①《明儒学案》,卷六十二,第 675 页。

很明显，他是以濂溪、横渠、明道、伊川、朱子、阳明及宗周为最重要的宋明儒者。而以《蕺山学案》置于最后，恐怕不但因为宗周是宋明儒学的殿军，而且因为他的哲学思想象征着宋明儒学发展的高峰与总结！

附录一　人谱

自序

友人有示予以袁了凡《功过格》者，予读而疑之。了凡自言尝授旨云谷老人，及其一生转移果报，皆取之功过，凿凿不爽，信有之乎？予窃以为病于道也。子曰："道不远人。人之为道而远人，不可以为道。"今之言道者，高之或沦于虚无，以为语性，而非性也；卑之或出于功利，以为语命，而非命也。非性非命，非人也，则皆远人以为道者也。

然二者同出异名，而功利之惑人为甚。老氏以虚言道，佛氏以无言道，其说最高妙，虽吾儒亦视以为不及。乃其意主于了生死，其要归之自私。故太上有《感应篇》，佛氏亦多言因果，大抵从生死起见，而动援虚无以设教。猥云功行，实恣邪妄，与吾儒惠迪从逆之旨霄壤。是虚无之说，正功利之尤者也。

了凡学儒者也，而笃信因果，辄以身示法，亦不必实有是事。传染至今，遂为度世津梁，则所关于道术晦明之故，有非浅鲜者。予因之有感，特本证人之意，着人极图说，以示学者。继之以六事功课，而纪过格终焉。言过不言功，以远利也。总题之曰《人谱》，以为谱人者莫近于是。学者诚知人之所以为人，而于道亦思过半矣。将驯是而至于圣人之域，功崇业广，又何疑乎！友人闻之，亟许可。遂序而传之。

时崇祯甲戌秋八月闰吉，蕺山长者刘宗周书。

人谱正篇

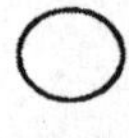

按此第二、第三图，即濂溪《太极图》之第二图。然分而为二，自有别解，且左右互易，学者详之。

人极图说

无善而至善，心之体也。

即周子所谓"太极"。太极本无极也。统三才而言，谓之极；分人极而言，谓之善。其意一也。

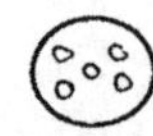

继之者善也。

动而阳也。乾知大始是也。

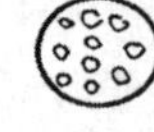

成之者性也。

静而阴也。坤作成物是也。

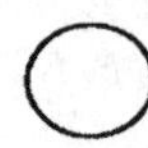

人极图

繇是而之焉，达于天下者，道也。放勋曰："父子有亲，君臣有义，夫妇有别，长幼有序，朋友有信。"此五者，五性之所以着也。五性既着，万化出焉。万化既行，万性正矣。五性之德，各有专属，以配水、火、木、金、土。此人道之所以达也。

万性，一性也。性一，至善也。至善，本无善也。无善之真，分为二五，散为万善。上际为乾，下蟠为坤。乾知大始，吾易知也；坤作成物，吾简能也。其俯仰于乾坤之内者，皆其与吾之知能者也。乾道成男，即上际之天；坤道成女，即下蟠之地。而万物之胞与，不言可知矣。《西铭》以乾坤为父母，至此以天地为男女，乃见人道之大。

大哉人乎！无知而无不知，无能而无不能，其惟心之所为乎！《易》曰："天下何思何虑？天下同归而殊涂，一致而百虑。"天下何思何虑！无知之知，不虑而知。无能之能，不学而能。是之谓无善之善。

君子存之，善莫积焉；小人去之，过莫加焉。吉凶悔吝，惟所感也。积善积不善，人禽之路也。知其不善，以改于善。始于有善，终于无不善。其道至善，其要无咎。所以尽人之学也。君子存之，即存此何思何虑之心。周子所谓"主静立人极"是也。然其要归之善，补过所繇，殆与不思善恶之旨异矣。此圣学也。

人谱续篇二

证人要旨

○（无极太极）一曰：凛闲居以体独。

学以学为人，则必证其所以为人。证其所以为人，证其所以为心而已。自昔孔门相传心法，一则曰慎独，再则曰慎独。夫人心有独体焉，即天命之性，而率性之道所从出也。慎独而中和位育，天下之能事毕矣。然独体至微，安所容慎？惟有一独处之时可为下手法。而在小人仍谓之"闲居，为不善，无所不至"，至念及，掩着无益之时，而已不觉其爽然自失矣。君子曰："闲居之地可惧也，而转可图也。"吾姑即闲居以证此心。此时一念未起，无善可着，更何不善可为？止有一真无妄在。不睹不闻之地，无所容吾自欺也，吾亦与之毋自欺而已。则虽一善不立之中，而已具有浑然至善之极。君子所为，必慎其独也。夫一闲居耳，小人得之为万恶渊薮，而君子善反之，即是证性之路。盖敬肆之分也。

敬肆之分，人禽之辩也。此证人第一义也。

静坐是闲中吃紧一事，其次则读书。朱子曰："每日取半日静坐，半日读书。如是行之一二年，不患无长进。"

○（动而无动）二曰：卜动念以知几。

独体本无动静，而动念其端倪也。动而生阳，七情着焉。念如其初，则情返乎性。动无不善，动亦静也。转一念而不善随之，动而动矣。是以君子有慎动之学。七情之动不胜穷，而约之为累心之物，则嗜欲忿懥居其大者。《损》之象曰："君子以惩忿窒欲。"惩窒之功，正就动念时一加提醒，不使复流于过而为不善。才有不善，未尝不知之而止之，止之而复其初矣。过此以往，便有蔓不及图者。昔人云："惩忿如推山，窒欲如填壑。"直如此难，亦为图之于其蔓故耳。学不本之慎独，则心无所主，滋为物化。虽终日惩忿，只是以忿惩忿；终日窒欲，只是以欲窒欲。以忿惩忿，忿愈增；以欲窒欲，欲愈溃。宜其有取于推山填壑之象。岂知人心本自无忿，忽焉有忿，吾知之；本自无欲，忽焉有欲，吾知之。只此知之之时，即是惩之窒之之时。当下廓清，可不费丝毫气力，后来徐加保任而已。《易》曰："知几其神乎！"此之谓也。谓非独体之至神，不足以与于此也。

◉（静而无静）三曰：谨威仪以定命。

慎独之学，既于动念上卜贞邪，已足端本澄源。而诚于中者形于外，容貌辞气之间有为之符者矣。所谓"静而生阴"也。于焉官虽止，而神自行，仍一一以独体闲之，静而妙合于动矣。如足容当重，无以轻佻心失之；手容当恭，无以弛慢心失之；目容当端，无以淫僻心失之；口容当止，无以烦易心失之；声容当静，无以暴厉心失之；头容当直，无以邪曲心失之；气容当肃，无以浮荡心失之；立容当德，无以徙倚心失之；色容当庄，无以表暴心失之。此《记》所谓"九容"也。天命之性不可见，而见于容貌辞气之闲，莫不各有当然之则。是即所谓“性”也。故曰：“威仪所以定命。”昔横渠教人，专以知礼成性、变化气质为先，殆谓是与？

（五行攸叙）四曰：敦大伦以凝道。

人生七尺堕地后，便为五大伦关切之身。而所性之理，与之一齐俱到。分寄五行，天然定位。父子有亲，属少阳之木，喜之性也；君臣有义，属少阴之金，怒之性也；长幼有序，属太阳之火，乐之性也；夫妇有别，属太阴之水，哀之性也；朋友有信，属阴阳会合之土，中之性也。此五者，天下之达道也，“率性之谓道”是也。然必待其人而后行。故学者工夫，自慎独以来，根心生色，畅于四肢，自当发于事业，而其大者先授之五伦。于此尤加致力，外之何以极其规模之大？内之何以究其节目之详？总期践履敦笃。慥慥君子，以无忝此率性之道而已。昔人之言曰：“五伦间有多少不尽分处。”夫惟尝怀不尽之心，而黾黾以从事焉，庶几其逭于责乎。

（物物太极）五曰：备百行以考旋。

孟子曰：“万物皆备于我矣。”此非意言之也。只繇五大伦推之，盈天地间皆吾父子、兄弟、夫妇、君臣、朋友也。其间知之明、处之当，无不一一责备于君子之身。大是一体关切痛痒。然而其间有一处缺陷，便如一体中伤残了一肢一节，不成其为我。又曰：“细行不矜，终累大德。”安见肢节受伤，非即腹心之痛？故君子言仁则无所不爱，言义则无所不宜，言别则无所不辩，言序则无所不让，言信则无所不实。至此乃见尽性之学，尽伦尽物，一以贯之。《易》称“视履考祥，其旋元吉”。吉祥之地，正是不废查考耳。今学者动言万物备我，恐只是镜中花，略见得光景如此。若是真见得，便须一一与之践履过。故曰：“反身而诚，乐莫大焉。”又曰：“强恕而行，求仁莫近焉。”反身而诚，统体一极也；强恕而行，物物付极也。

〇(其要无咎)六曰：迁善改过以作圣。

自古无现成的圣人，即尧、舜不废兢业。其次只一味迁善改过，便做成圣人，如孔子自道可见。学者未历过上五条公案，通身都是罪过。即已历过上五条公案，通身仍是罪过。才举一公案，如此是善，不如此便是过。即如此是善，而善无穷。以善进善，亦无穷。不如此是过，而过无穷。因过改过，亦无穷。一迁一改，时迁时改，忽不觉其入于圣人之域，此证人之极则也。然所谓是善是不善，本心原自历落分明。学者但就本心明处一决决定，如此不如彼，便时时有迁改工夫可做。更须小心穷理，使本心愈明，则查简愈细，全靠不得。今日已是见得如此如此，而即以为了手地也。故曰："君子无所不用其极。"

人谱续篇三

纪过格

⊙(物先兆)一曰：微过，独知主之。

妄(独而离其天者是。)

以上一过，实函后来种种诸过，而藏在未起念以前，仿佛不可名状，故曰："微。"原从无过中看出过来者。

"妄"字最难解，直是无病痛可指。如人元气偶虚耳，然百邪从此易入。人犯此者，便一生受亏，无药可疗，最可畏也。程子曰："无妄之谓诚。"诚尚在无妄之后。诚与伪对，妄乃生伪也。妄无面目，只一点浮气所中，如履霜之象，微乎微乎。妄根所中曰"惑"，为利、为名、为生死；其粗者，为酒、色、财、气。

◎(动而有动)二曰：隐过，七情主之。

溢喜(损者三乐之类；)

迁怒(尤忌藏怒;)

伤哀(长戚戚;)

多惧(忧谗畏讥,或遇事变而失其所守;)

溺爱(多坐妻子;)

作恶(多坐疏贱;)

纵欲(耳目口体之属。)

以上诸过,过在心,藏而未露,故曰"隐"。仍坐前微过来,一过积二过。

微过不可见,但感之以喜,则侈然而溢;感之以怒,则怫然而迁。七情皆如是,而微过之真面目,于此斯见。今须将微者先行消煞一下,然后可议及此耳。

⊙(静而有静)三曰:显过,九容主之。

箕踞、交股(大交、小交)、趋、蹶(以上足容;)

擎拳、攘臂、高卑任意(以上手容;)

偷视、邪视、视非礼(以上目容;)

貌言、易言、烦言(以上口容;)

高声、谑、笑、詈骂(以上声容;)

岸冠、脱帻、摇首、侧耳(以上头容;)

好刚使气、怠懈(以上气容;)

跛倚、当门、履阈(以上立容;)

令色、遽色、作色(以上色容。)

以上诸过,授于身,故曰"显"。仍坐前微、隐二过来,一过积二过。

九容之地,即七情穿插其中,每容都有七种情状伏在里许。今姑言其略。如箕踞,喜也会箕踞,怒也会箕踞。其他可以类推。

⊗(五行不叙)四曰大过,五伦主之。

非道事亲、亲过不谏、责善、轻违教令、先意失欢、定省失节、唯诺不谨、奔走不恪、私财、私出入、私交游、浪游、不守成业、不谨疾、侍疾不致谨、读礼不慎(衣服、饮食、居处。)、停丧、祭祀不敬(失斋、失戒、不备物。)、继述无间、忌日不哀(饮酒、茹荤。)、事伯叔父母不视父母以降。(以上父子类,皆坐为人子者。其为父而过,可以类推。)

非道事君、长君、逢君、始进欺君(考校、篮仕钻刺之类)、迁转欺君(夤缘、速化)、宦成欺君(贪位、固宠)、不谨、疲软、贪、酷、傲上官、陵下位、居乡把持官府、嘱托私事、迟完国课、脱漏差徭、擅议诏令、私议公祖父母官政事美恶、纵子弟出入衙门、诬告。(以上君臣类。)

交警不时、听妇言、反目、帷薄不谨(如纵妇女入庙烧香之类。)、私宠婢妾、无故娶妾、妇言逾阈(以上夫妇类,皆坐为人夫者。其为妇而过,可以类推。)

非道事兄、疾行先长、衣饮凌竞、语次先举、出入不禀命、忧患不恤、侍疾不谨、私蓄、蚤年分爨、侵公产、异母相嫌、阋墙、外诉、听妻子离间、贫富相形、久疏动定、疏视犹子、遇族兄弟于途不让行、遇族尊长于途不起居。(以上长幼类,皆坐为人幼者。其为长而过,可以类推。)

势交、利交、滥交、狎比匪人、延誉、耻下问、嫉视诤友、善不相长、过不相规、群居游谈、流连酒食、缓急不相视、初终渝盟、匿怨、强聒、好为人师。(以上朋友类。)

以上诸过,过在家国天下,故曰:“大”。仍坐前微、隐、显三过来,一过积四过。

诸大过总在容貌辞气上见,如高声一语,以之事父则不孝,以之事兄则不友。其他可以类推,为是心上生出来者。

▩(物物不极)五曰:丛过,百行主之。

游梦、戏动、谩语、嫌疑、造次、乘危、繇径、好闲、博、弈、流连花石、好古玩、好书画、床笫私言、蚤眠宴起、昼处内室、狎使婢女、挟妓、俊仆、畜优人、观戏场、行不避妇女、暑月袒、科跣、衣冠异制、怀居(居处器什。)舆马、饕餮、憎食、纵饮、深夜饮、市饮、轻赴人席、宴会侈靡、轻诺、轻假(我假人。)、轻施、与人期爽约、多取、滥受、居闲为利、献媚当途、躁进、交易不公(亏小经纪一文二文以上,及买田产短价。)、拾遗不还、持筹、田宅方圆、嫁娶侈靡、诛求亲故、穷追远年债负、违例取息、谋风水、有恩不报、拒人乞贷、遇事不行方便(如排难解纷、劝善阻恶之类。)、横逆相报、宿怨、武断乡曲、设誓、骂詈、习市语、称绰号、造歌谣、传流言、称人恶、暴人阴事、面讦、讥议前辈、讼、终讼、主讼、失盗穷治、捐弃故旧、疏九族、薄三党、欺乡里、侮邻佑、慢流寓、虐使仆僮、欺凌寒贱、挤无告、遇死丧不恤、见骼不掩、特杀、食耕牛野禽、杀起蛰、无故拔一草折一木、暴殄天物、亵渎神社、呵风怨雨、弃毁文字、雌黄经传、读书无序、作字潦草、轻刻诗文、近方士、祷赛、主创庵院、拜僧尼、假道学。

以上诸过,自微而着,分大而小,各以其类相从,略以百为则,故曰"丛"。仍坐前微、隐、显、大四过来,一过积五过。

百过所举,先之以谨独一关,而纲纪之以色、食、财、气,终之以学而畔道者。大抵者皆从五伦不叙生来。

◉(迷复)六曰:成过,为众恶门,以克念终焉。

祟门(微过成过曰微恶,用小讼法解之,闭阁一时。)

妖门(隐过成过曰隐恶,用小讼法解之,闭阁二时。)

戾门(显过成过曰显恶,用小讼法解之,闭阁三时。)

兽门(大过成过曰大恶,用大讼法解之,闭阁终日。)

贼门(丛过成过曰丛恶,轻者用小讼,重者大讼解之,闭阁如前。)

圣域(诸过成过,还以成过得改地,一一进以讼法,立登圣域。)

以上一过准一恶。恶不可纵,故终之以圣域。

人虽犯极恶大罪,其良心仍是不泯,依然与圣人一样,只为习染所引坏了事。若才提起此心，耿耿小明，火然泉达，满盘已是圣人。或曰："其如积恶蒙头何?"曰："说在《孟子》，训恶人斋沐矣。且既已如此，又恁地去，可奈何？正恐直是不繇人，不如此不得。"

讼过法(即静坐法)

一炷香，一盂水，置之净几，布一蒲团座子于下，方会，平旦以后，一躬就坐，交趺齐手，屏息正容。正俨威间，鉴临有赫，呈我宿疚，炳如也。乃进而敕之，曰："尔固俨然人耳，一朝跌足，乃兽乃禽，种种堕落，嗟何及矣。"应曰："唯唯。"复出十目十手，共指共视，皆作如是言，应曰："唯唯。"于是方寸兀兀，痛汗微星，赤光发颊，若身亲三木者。已乃跃然而奋曰："是予之罪也夫。"则又敕之曰："莫得姑且供认。"又应曰："否否。"顷之，一线清明之气徐徐来，若向太虚然，此心便与太虚同体。乃知从前都是妄缘，妄则非真。一真自若，湛湛澄澄，迎之无来，随之无去，却是本来真面目也。此时正好与之葆任，忽有一尘起，辄吹落。又葆任一回，忽有一尘起，辄吹落。如此数番，勿忘勿助，勿问效验如何。一霍间，整身而起，闭阁终日。

或咎予此说近禅者，予已废之矣。既而思之曰：此静坐法也。静坐非学乎？程子每见人静坐，便叹其善学。后人又曰："不是教人坐禅入定，盖借以补小学一段求放心工夫。"旨哉言乎！然则静坐岂一无事事？近高忠宪有《静坐说》二通。其一是撒手悬崖伎俩，其一是小心着地伎俩，而公终以后说为正。今儒者谈学，每言"存养省察"，又曰"静而存养，动而省察"，却教何处分动静？无思无为，静乎？应事接物，动乎？虽无思无为，而此心常止者自然常运；虽应事接物，而此心常运者自然常止。其常运者，即省察之实地；而其常止者，即存养之真机。总是一时小心着地工夫。故存养省察二者，不可截然分为两事，而并不可以动静分也。陆子曰："涵养是主人翁，省察是奴婢。"今为钝根设法，请先为其奴者，得讼过法，然此外亦无所谓涵养一门矣。故仍存其说而不废，因补注曰静坐法。

改过说一

天命流行，物与无妄，人得之以为心，是谓本心。何过之有？惟是气机乘除之际，有不能无过不及之差者。有过而后有不及，虽不及，亦过也。过也而妄乘之，为厥心病矣。乃其造端甚微，去无过之地，所争不能毫厘，而其究甚大。譬之木，自本而根而干而标；水，自源而后及于流，盈科放海。故曰："涓涓不息，将成江河；绵绵不绝，将寻斧柯。"是以君子慎防其微也。防微则时时知过，时时改过。俄而授之隐过矣，当念过便从当念改；又授之显过矣，当身过便从当身改；又授之大过矣，当境过当境改；又授之丛过矣，随事过随事改。改之则复于无过，可喜也。过而不改，是谓过矣。虽然，且得无改乎？凡此皆却妄还真之路，而工夫吃紧，总在微处得力云。

"子绝四。毋意、毋必、毋固、毋我。"真能谨微者也。专言"毋我"，即颜氏之"克己"，然视子则已粗矣。其次为原宪之"克、伐、怨、欲不行焉"，视颜则又粗。故夫子仅许之曰："可以为难矣。"言几几乎其胜之也。张子十五年学个恭而安，不成。程子曰："可知是学不成，有多少病痛在。"亦为其徒求之显著之地耳。司马温公则云："某平生无甚过人处，但无一事不可对人言者。庶几免于大过乎！"若邢恕之一日三简点，则丛过对治法也。真能改过者，无显非微，无小非大，即邢恕之学，未始非孔子之学。故曰："出则事公卿，入则事父兄，丧事不敢不免，不为酒困。"不然，其自原宪而下，落一格转粗一格，工夫弥难，去道弥远矣。学者须是学孔子之学。

改过说二

人心自真而之妄，非有妄也，但自明而之暗耳。暗则成妄，如魑魅不能昼见。然人无有过而不自知者，其为本体之明，固未尝息也。一面明，一面暗，究也明不胜暗，故真不胜妄，则过始有不及改者矣。非惟不改，又从而文之，是暗中加暗、妄中加妄也。故学在去蔽，不必除妄。

孟子言："君子之过，如日月之食。"以喻人心明暗之机，极为亲切。盖本心常明，而不能不受暗于过。明处是心，暗处是过。明中有暗，暗中有明。明中之暗即是过，暗中之明即是改。手势如此亲切。但常人之心，虽明亦暗，故知过而归之文过。病不在暗中，反在明中。君子之心，虽暗亦明，故就明中用个提醒法，立地与之扩充去，得力仍在明中也。乃夫子则曰："内自讼"，一似十分用力，然正谓两造当庭，抵死仇对，止求个十分明白，才明白便无事也。如一事有过，直勘到事前之心果是如何？一念有过，直勘到念后之事更当何如？如此反复推勘，讨个分晓，当必有怡然以冰释者矣。大《易》言补过，亦谓此心一经缺陷，便立刻与之补出，归于圆满，正圆满此旭日光明耳。若只是皮面补缀，头痛救头，足痛救足，败缺难掩，而弥缝日甚，仍谓之文过而已。

虽然，人固有有过而不自知者矣。昔者子路，人告之以有过则喜。子曰："丘也幸。苟有过，人必知之。"然则学者虚心逊志，时务察言观色，以辅吾所知之不逮，尤有不容缓者。

改过说三

或曰："知过非难，改过为难。颜子有不善，未尝不知，知之未尝复行也。有未尝复行之行，而后成未尝不知之知。今第曰知之而已。人无有过而不自知者，抑何改过者之寥寥也？"曰："知行只是一事。知者行之始，行者知之终；知者行之审，行者知之实。"故言知，则不必言行；

言行，亦不必言知，而知为要。夫知有真知，有常知，昔人谈虎之说近之。颜子之知，本心之知，即知即行，是谓真知。常人之知，习心之知，先知后行，是谓常知。真知如明镜常悬，一彻永彻；常知如电光石火，转眼即除。学者繇常知而进于真知，所以有致知之法。《大学》言“致知在格物”，正言非徒知之，实允蹈之也。致之于意而意诚，致之于心而心正，致之于身而身修，致之于家而家齐，致之于国而国治，致之于天下而天下平。苟其犹有不诚、不正、不修、不齐、不治且平焉，则亦致吾之知而已矣。此格物之极功也。谁谓知过之知，非即改过之行乎！致此之知，无过不知；行此之行，无过复行。惟无过不知，故愈知而愈致；惟无过复行，故愈致而愈知。此迁善改过之学，圣人所以没身未已，而致知之功，与之俱未已也。昔者程子见猎而喜，盖二十年如一日也。而前此未经感发，则此心了不自知，尚于何而得改地？又安知既经感发以后，迟之数十年，不更作如是观乎？此虽细微之惑，不足为贤者累，亦以见改过之难，正在知过之尤不易矣。甚矣，学以致知为要也。学者姑于平日声色货利之念，逐一查简，直用纯灰三斗，荡涤肺肠，于此露出灵明，方许商量。日用过端下落，则虽谓之行到然后知到，亦可。昔者子路有过，七日而不食。孔子闻之，曰：“由知改过矣。”亦点化语也。若子路，可谓力行矣。请取以为吾党励。

按《人谱》作于甲戌，重订于丁丑，而是谱则乙酉五月之绝笔也。一句一字，皆经再三参订而成。向吴峦稚初刻于湖，鲍长孺再刻于杭，俱旧本也，读者辨诸，无负先君子临岐苦心。己丑孟秋，不孝男汋百拜谨识。

附录二　刘宗周年谱简编

这个年谱简编是为了方便了解刘宗周的生平及著作等而制作，以东方朔的《蕺山年表要略》和《刘宗周简谱》（分别收入其著《刘蕺山哲学研究》及《刘宗周评传》）为本，略加添补，列出宗周一生的主要事迹、修养、思想及著作。当然只是略举，其详可参宗周的年谱。

1578年，万历六年戊寅，一月二十六日

生于山阴水澄里。

1583年，万历十一年癸未，六岁

随母依道墟外大父章南洲公家。

1584年，万历十二年甲申，七岁

始学于私塾，师事赵某。

1585年，万历十三年乙酉，八岁

从季叔秦屏公受《论语》。

1586年，万历十四年丙戌，九岁

从学于族舅章某。

1587 年，万历十五年，十岁

从外大父章南洲读。

1589 年，万历十七年己丑，十二岁

从仲舅萃台读书于寿昌。

1591 年，万历十九年辛卯，十四岁

在寿昌从外大父章南洲公受《易》。

1594 年，万历二十二年甲午，十七岁

随母居家于道墟，又从鲁念彬学于章又玄宅舍。

1595 年，万历二十三年乙未，十八岁

出应童子试。

1596 年，万历二十四年丙申，十九岁

迎娶章氏为妻。

1597 年，万历二十五年丁酉，二十岁

举乡试，由会稽县弟子员补绍兴府学生。

1598 年，万历二十六年戊戌，二十一岁

入京都应礼部会试，落第。

1601 年，万历二十九年辛丑，二十四岁

成进士，母章氏卒。

1603 年，万历三十一年癸卯，二十六岁

经仁和陈植槐介绍，师事许孚远。

自谓“入道莫如敬”。

1604 年，万历三十三年甲辰，二十七岁

至京师，授官行人司行人。许孚远卒。

1607 年，万历三十五年丁未，三十岁

始授书于大善寺僧舍。

1611 年，万历三十九年辛亥，三十四岁

迁居蕺山之麓。

1612 年，万历四十年壬子，三十五岁

至京途中道过无锡，谒高攀龙，相与讲正。秋七月，奉使江四。

1613 年，万历四十一年癸丑，三十六岁

六月，子刘汋(字伯绳)生于家。

是年有梦升卫经历，心甚不快。

早年不喜象山、阳明之学，言其直信本心，不用学问思辨之功。已言慎独。

四月，上《敬循使职疏》；十月，上《修正学疏》。

1614 年，万历四十二年甲寅，三十七岁

悟天下无心外之理，无心外之学。

著《心论》。

1615 年，万历四十三年乙卯，三十八岁

授书于朱氏解吟轩。五月，张差持梃入慈庆宫，击伤守门内侍，梃击案自是而起。

1616 年，万历四十四年丙辰，三十九岁

授书于陈氏石家池。

著《酒色财气四箴》。

1617 年，万历四十五年丁巳，四十岁

四月，魏大中来访；冯从吾(号少墟)亦致书通问，以学业相勉。授书于韩山草堂。

著《论语学案》。

1619 年，万历四十七年己未，四十二岁

著《曾子章句》。有《学言》(上)。有《与周绵贞(起元)年友书》。

1621 年，天启元年辛酉，四十四岁

春三月，官升礼部仪制添注主事。十月，上《感激天恩疏》，弹劾魏忠贤。

1622 年，天启二年壬戌，四十五岁

四月，奉使南京。六月，官升光禄寺添注寺丞。

正月，上《修学中兴第一要义疏》。

1623 年，天启三年癸亥，四十六岁

夏五月，官升尚宝司少卿。九月，升太仆寺添注少卿。

有《学言》(上)。

1624 年，天启四年甲子，四十七岁

官通政司右通政。十一月，参劾魏阉。

九月，辑方逊志先生《正学录》。冬，撰《重刻尹和靖先生文集序》。

1625 年，天启五年乙丑，四十八岁

春二月，革职为民。五月，会讲于解吟轩。

倡慎独之说。

1626 年，天启六年丙寅，四十九岁

读书于韩山草堂。正式读阳明文集。

专用慎独之功，谓独只在静存时，半日静坐，半日读书，久之勿忘勿助，渐见浩然天地气象，平生严毅之意，一旦消融。

有《孔孟合璧》、《圣学喫紧三关》、《学言》(上)。

1627 年，天启七年丁卯，五十岁

每事过自审此中不作将迎否，不作将迎而独体渊然否。盖自是专归涵养一路。

读阳明文集，始信之不疑，但以其急于明道，往往将向上一机轻于指点，启后学躐等之弊有之。

有《皇明道统录》、《做人说》、《读书说》、《学言》(上)。

1628 年,崇祯元年戊辰,五十一岁

冬十一月,官升顺天府府尹。

近来梦颇清,无杂梦,亦有无梦时,若常惺惺者。

有《学言》(上)。

1629 年,崇祯二年己巳,五十二岁

夏,撰《大学古记约义》。九月,上《面恩预矢责难之义疏》。十一月,上《再申人心国势疏》。十二月,上《冒死陈言疏》。

1630 年,崇祯三年庚午,五十三岁

八月,奉旨提调顺天乡试。九月,奉旨准以回籍调养。

正月,上《极陈救世第一要义疏》。五月,上《极陈今日祸败之局疏》。六月,上《敬陈祈天永命疏》。

1631 年,崇祯四年辛未,五十四岁

与陶奭龄会同志二百余人于石匮书院讲学。

赞阳明指出良知二字。仍言静存、慎独,也教人静坐。

著《证人社约》《中庸首章说》《独箴》。十一月,著《生死说》。又有《答秦履思》。

1632 年,崇祯五年壬申,五十五岁

重建古小学。

此时言独,专从静中讨消息。久之,始悟独说不得个静字。以中和乃阴阳之象,又以喜怒哀乐为四德。

与阳明后学辩。

有《第一义说》《求放心说》《静坐说》《应事说》《处人说》《向外驰求说》《读书说》《读书要义说》《气质说》《习说》《养气说》。又有答履思论学书数通。

1633 年，崇祯六年癸酉，五十六岁

辑《乡约小相编》。

1634 年，崇祯七年甲戌，五十七岁

正月，辑《刘氏宗约》。夏，辑《圣学宗要》。八月，著《人谱》。有《学言》（上）。

1635 年，崇祯八年乙亥，五十八岁

有《五子连珠》，并以之与早年的《孔孟合璧》《圣学喫紧三关》合成一编。有《学言》（上）。

1636 年，崇祯九年丙子，五十九岁

正月，升工部左侍郎。六月，因病特准回籍调理。十月，被革职为民。十二月，夫人章氏卒。

是时工夫只在略绰提撕间。

始以《大学》诚意、《中庸》已发未发之说示学者。自此专举立诚之旨，即慎独姑置第二义矣。

六月，撰《宋儒五子合刻序》。有《独证篇》（《学言》上）。二月，上《痛切时艰疏》。九月，上《身切时艰疏》。

1637 年，崇祯十年丁丑，六十岁

四月，有《与钱御泠相公书》。闰四月，有《答叶润山民部》。五月，有《答王右仲州刺书》。八月，有《书鲍长孺社约》，又有《示金鋐、鲍滨两生》。十一月，辨解太极之误，有《学言》（中）。

1638 年，崇祯十一年戊寅，六十一岁

三月，辑《刘氏宗谱》。十月，删定《阳明传信录》。十一月，有《答王金如（朝式）》。有《学言》（中）。

1639 年，崇祯十二年己卯，六十二岁

四月，著《重刻王阳明先生传习录序》。六月，有《与管霞标》。十二月，定《经籍考》《古学经》，著《读大学》。有《学言》(中)。

1640 年，崇祯十三年庚辰，六十三岁

闰正月，作《张蓬玄玄尘序》。四月，有《答韩参夫》。七月，辑《古小学集记》。九月，有《复沈石臣进士》。有《学言》(中)。

1641 年，崇祯十四年辛巳，六十四岁

十一月，升吏部左侍郎。

九月，辑《古小学通记》。十一月，有《答刘乾所学宪》。

1642 年，崇祯十五年壬午，六十五岁

八月，升都察院左都御史，复以直谏，十一月遭革职。

五月，上《再披愚悃疏》，又上《不能以身报主疏》。六月，著《原旨》七篇、《治念说》。又有《答叶润山》。十二月，撰《答董标心意十问》。有《学言》(下)。

1643 年，崇祯十六年癸未，六十六岁

先生平日所见，一一与先儒抵牾，晚年信笔直书，姑存疑案。

正月，著《读易图说》《易衍》。三月，撰《古文易抄》。十月，著《商疑十则答史子复》。十一月，著《大学诚意章章句》《良知说》。十二月，著《证学杂解》、《存疑杂著》(《学言》下)。

1644 年，清顺治元年甲申，六十七岁

三月，李自成陷京，崇祯帝自缢。五月，福王监国南京，起复宗周原官，八月拜命。九月，以直谏告归。

1645 年，清顺治二年乙酉，六十八岁

五月，福王遇害，潞王监国。六月，杭州失守，潞王降清。闰六月初八日，绝食而卒。

临终前数日，自谓“日来静坐小菴，胸中浑无一事，浩然与天地同流”。

言“良知之说，鲜有不流于禅者”。

正月，辑《中兴金鉴录》。三月，考订《大学古文参疑》。五月，改订《人谱》。

附录三　刘宗周研究资料目录

本书2001年初版附录主要整理了2000年及之前的刘宗周相关研究：传记、文献部分根据衷尔钜《有关刘宗周的资料目录》(见《蕺山学派哲学思想》)，而略有增补，并按作者姓氏笔画排列；单篇论文、专书、学位论文及外文著作，以詹海云、李明辉、蒋秋华合编的《刘蕺山研究论著目录》为底本(见《刘蕺山学术思想论集》)，而增补部分中文及英文目录，并按出版先后为序。

此次再版补充收录了2000年之后至2021年4月的相关研究，并按出版年份先后为序(同一年份则按作者姓氏首字母排列)。近二十年来有诸多中外学者对刘宗周之思想发表深刻见解，笔者尝试收录相关成果，或仍有重要篇章遗漏或引用失当，还望读者包涵。

整理的研究资料大致可分为以下六类：一、传记；二、文献；三、专书；四、学位论文；五、单篇论文；六、外文著作。

一、传记

毛奇龄：《明左都御史蕺山刘先生》，收入《西河先生全集》卷十。

邵廷采:《明儒刘子蕺山先生传》,收入《思复堂文集》。

姚名达:《刘宗周年谱》,商务印书馆,1931 年。

徐秉义:《刘宗周传》,收入《明末忠烈纪实》卷十八。

[日本]桑原忱:《忠端刘念台先生小传》,收入《刘蕺山文粹》。

悔堂老人:《刘宗周》,收入《越中杂识》(浙江人民出版社,1983 年)。

高　嵩等:《刘念台先生》,收入《东林书院志》。

黄宗羲:《子刘子行状》,收入《刘子全书》卷三十九。

黄宗羲:《忠端刘念台先生宗周》,收入《明儒学案》。

黄宗羲:《刘宗周》,收入《思旧录》。

恽仲昇:《子刘子行状》(未见)。

温睿临、李瑶:《刘宗周烈传》,收入《南疆绎史》。

刘　汋:《先君子蕺山先生年谱》,收入《刘子全书》卷三十九、四十。

刘士林:《先大父念台府君先生行实》,收入《刘子全书遗编》卷二十四。

《刘宗周》,收入《明史》卷二五五。

《刘宗周》,收入《绍兴府志》。

二、文献

王　棻:《题刻刘念台先生钞稿后》,收入《柔桥文钞》。

王士祯:《刘念台先生》,收入《池北偶谈》卷九。

全祖望:《子刘子祠堂配享碑》,收入《鲒埼亭集》卷二十四。

全祖望:《蕺山讲堂策问》,收入《鲒埼亭集》外编卷五十。

全祖望:《题恽氏刘忠正公行实后》,收入《鲒埼亭集》外编卷三十。

吴　定:《刘念台先生人谱书后》,收入《紫石泉山房文集》。

吴蕃昌:《再告山阴先生》,收入《祇欠集》。

林昌彝:《刊刘忠介公人谱序》,收入《小石渠文集》。

俞　卿:《蕺山书院记略》,收入嘉庆《山阴县志》卷十九。
姚　鼐:《刘念台先生淮南赋跋尾》,收入《惜抱轩文集》。
计六奇:《刘宗周绝粒死》,收入《明季南略》。
计六奇:《刘宗周论近功小利》《刘宗周罢》《刘宗周疏奏温体仁》《刘宗周言六事》《刘宗周削籍》,收入《明季北略》卷四、卷十二、卷十八。
秦　瀛:《刘子全书序》,收入《小岘山人文集》卷三。
张履祥:《先师年谱书后》,收入《杨园先生未刻稿》。
张履祥:《告先师文》,收入《杨园先生未刻稿》卷七。
陈　田:《论刘宗周》,收入《明诗纪事》辛签卷四。
陈　确:《告山阴先生文》,收入《陈确集》(中华书局,1979 年)。
陈　确:《哭刘念台师》,收入《陈确集》(中华书局,1979 年)。
陈　确:《祭山阴刘先生文》,收入《陈确集》(中华书局,1979 年)。
章学诚:《刘忠介公年谱序》。
黄式三:《读刘氏圣学宗要》,收入《儆居读子集》。
黄百家:《人谱补图序》,收入《学箕初稿》。
黄宗羲:《先师蕺山先生文集序》,收入《黄梨洲文集》。
黄宗羲:《蕺山同志考序》,收入《南雷余集》。
黄宗羲:《蕺山学案》小序,收入《明儒学案》。
雷　鋐:《刘蕺山先生遗集序》,收入《经笥堂文钞》。
齐召南:《重刻人谱至书序》。
刘宗周:《刘子至书》,1822 年刻本。
刘宗周:《刘子全书遗篇》,1850 年刻本。
刘宗周:《刘宗周全集》,戴琏璋、吴光主编,台北:台湾“中央研究院”中国文哲研究所筹备处,1997。
《论刘宗周》,收入《四库全书总目》。

《证人书院》,收入《鄞县志·舆地志》。

三、专书

衷尔钜:《蕺山学派哲学思想》,山东:山东教育出版社,1993年。

东方朔:《刘蕺山哲学研究》,上海:上海人民出版社,1997年。

东方朔:《刘宗周评传》,南京:南京大学出版社,1998年。

钟彩钧主编:《刘蕺山学术思想论集》,台北:台湾"中央研究院"中国文哲研究所筹备处,1998年。

刘哲浩:《刘蕺山理学思想研究——以性善、主静、慎独说为主》,台北:台湾政大中国文学研究所,1981年。

李振纲:《证人之境:刘宗周哲学的宗旨》,北京:人民出版社,2000年。

杜维明、东方朔:《杜维明学术专题访谈录:宗周哲学之精神与儒家文化之未来》,上海:复旦大学出版社,2001年。

黄敏浩:《刘宗周及其慎独哲学》,台北:台湾学生书局,2001年。

陈永革:《儒学名臣:刘宗周传》,杭州:浙江人民出版社,2005年。

廖俊裕:《道德实践与历史性:关于蕺山学的讨论》,中国学术思想研究辑刊2编第20册,台北:花木兰文化,2008年。

杜保瑞:《刘蕺山的功夫理论与形上思想》,中国学术思想研究辑刊6编第20册,台北:花木兰文化,2009年。

何　俊、尹晓宁:《刘宗周与蕺山学派》,北京:中国人民大学出版社,2009年。

胡元玲:《刘宗周慎独之学阐微》,台北:台湾学生书局,2009年。

袁光仪:《晚明之儒家道德哲学与世俗道德范例研究:刘蕺山〈人谱〉与〈了凡四训〉〈菜根谭〉之比较》,中国学术思想研究辑刊6编第22册,台北:花木兰文化,2009年。

陈启文、刘亚平：《刘蕺山之道德主体理论分析》，中国学术思想研究辑刊 12 编第 4 册，台北：花木兰文化，2011 年。

黄锡云、傅振照：《刘宗周研究》，绍兴县史志学术丛书，北京：中华书局，2012 年。

张瑞涛：《心体与工夫：刘宗周〈人谱〉哲学思想研究》，北京：人民出版社，2014 年。

张天杰：《蕺山学派与明清学术转型》，北京：中国社会科学出版社，2014 年。

陈　畅：《自然与政教：刘宗周慎独哲学研究》，上海：上海人民出版社，2016 年。

高海波：《慎独与诚意：刘蕺山哲学思想研究》，北京：生活·读书·新知三联书店，2016 年。

刘清泉：《儒家内圣之学的极致："宋明理学殿军"的蕺山思想》，中国学术思想研究辑刊 26 编第 8 册，台北：花木兰文化，2017 年。

姚才刚：《刘宗周》，西安：陕西师范大学出版总社，2017 年。

李青云：《刘宗周政治思想研究：以儒家君臣观为中心》，北京：金城出版社，2019 年。

张慕良：《"虚位"之体：刘宗周"慎独"哲学研究》，北京：中国社会科学出版社，2019 年。

余　群：《刘宗周思想研究》，上海：上海人民出版社，2020 年。

陈　来、高海波主编：《刘宗周与明清儒学——纪念刘宗周诞辰 440 周年学术研讨会论文集》，天津：天津人民出版社，2020 年。

四、学位论文

康云山：《刘蕺山及其理学》，硕士论文，台湾高雄师范学院国文研究所,1977 年。

詹海云:《刘蕺山的生平及其学术思想》,硕士论文,台湾大学中文研究所,1979 年。

刘哲浩:《刘蕺山理学思想研究——以性善、主静、慎独说为主》,硕士论文,台湾政治大学中文研究所,1981 年。

曾锦坤:《刘蕺山思想研究》,硕士论文,台湾师范大学国文研究所,1983 年;《"国立"台湾师范大学国文研究所集刊》第 28 集,第 539—643 页,1984 年。

王俊彦:《刘蕺山之成学经过》,硕士论文,台湾文化大学中文研究所,1984 年。

杜保瑞:《刘蕺山的功夫理论与形上思想》,硕士论文,台湾大学哲学研究所,1989 年。

林炳文:《刘蕺山的慎独之学之研究》,硕士论文,台湾文化大学哲学研究所,1990 年。

徐成俊:《刘蕺山慎独说及其道德形上学基础之研究》,硕士论文,台湾大学哲学研究所,1990 年。

孙中曾:《刘蕺山的道德世界——从经世、道德命题到道德内省的实践历程》,硕士论文,台湾"清华大学"历史研究所,1991 年。

余建中:《刘蕺山哲学研究》,硕士论文,台湾"中央大学"哲学研究所,1993 年。

庄湝芬:《王阳明与刘蕺山工夫论之比较》,硕士论文,台湾师范大学国文研究所,1993 年;《"国立"台湾师范大学国文研究所集刊》第 38 期,第 735—832 页,1994 年。

东方朔(林宏星):《刘蕺山哲学研究》,博士论文,复旦大学哲学系,1995 年。

Man-Ho Simon Wong (黄敏浩). *Liu Tsung-chou*: *His Doctrine of Vigilant Solitude*, Graduate Department of East Asian Studies, University of Toronto, 1996, PhD dissertation.

曾文莹:《刘蕺山心性学研究》,硕士论文,台湾"中央大学"中文研究所,1996 年。

王瑞昌:《刘蕺山理学思想研究》,博士论文,北京大学哲学系,1997 年。

袁光仪:《晚明之儒家道德哲学与世俗道德范例研究——刘蕺山〈人谱〉与〈了凡四训〉〈菜根谭〉之比较》,硕士论文,台湾师范大学国文研究所,1997 年。

陈启文:《刘蕺山之道德主体理论分析》,硕士论文,台湾师范大学国文学系,1999 年。

You, Hong (由红). *A study of Liu Tsung-chou's Human Schematic* (*Jen-p'u*). 2000. Hong Kong University of Science and Technology, MPhil dissertation.

郑明星:《刘宗周政治思想论》,硕士论文,湖南大学,2002 年。

陈立骧:《刘蕺山哲学思想研究》,博士论文,台湾成功大学中国文学系,2003 年。

Pan, Jen-Tai. *Liu Tsung-chou* (1578 - 1645) *and His Reconstruction of Ming Neo-Confucianism*. 2004. University of Edinburgh, PhD dissertation.

韩国茹:《刘蕺山〈人谱〉哲学思想研究》,硕士论文,湘潭大学,2006 年。

王和群:《宋明理学中"意"的概念之研究——以朱子、王阳明、刘蕺山为研究对象》,硕士论文,台湾中兴大学中国文学系,2006 年。

李　红:《刘宗周"诚意"道德论探析》,硕士论文,河北师范大学,2007 年。

陈　蕾:《刘宗周实学思想研究》,硕士论文,华东师范大学,2008年。

杨锦璧:《刘蕺山“主意”说到“大统会”思想之研究》,硕士论文,台湾中兴大学中国文学系,2008年。

陈正宜:《黄宗羲理学思想之研究》,博士论文,台湾文化大学,2009年。

刘　昊:《著力微明,圆融心性》,硕士论文,南开大学,2009年。

李慧琪:《刘蕺山的气论研究》,博士论文,台湾“中央大学”,2010年。

李唯嘉:《刘蕺山心性学之衡定》,硕士论文,台湾淡江大学中国文学学系,2010年。

刘　宏:《〈人谱〉与蕺山学》,硕士论文,安徽师范大学,2010年。

王文才:《论刘宗周“以心著性”说》,硕士论文,苏州大学,2010年。

赵　亮:《刘宗周易学思想研究》,硕士论文,山东大学,2010年。

刘清泉:《儒家内圣之学的极致——“宋明理学殿军”的蕺山思想》,博士论文,台湾“清华大学”中国文学系,2011年。

刘志英:《“殉国”思想与行为之研究——以明季思想家刘宗周与陈确的生命抉择为例》,硕士论文,台湾南华大学生死学研究所,2011年。

张妤鸿:《刘宗周的证人思想》,硕士论文,台湾淡江大学中国文学学系,2011年。

梁　玲:《刘宗周政治思想研究》,硕士论文,湘潭大学,2012年。

卢其薇:《宋明理学“习”概念研究:以朱子、王阳明、刘蕺山为考察》,博士论文,台湾师范大学中国文学系研究所,2012年。

张慕良:《刘宗周哲学思想研究》,硕士论文,吉林大学,2012年。

陈睿瑜:《刘宗周慎独伦理思想研究》,博士论文,中南大学,2013年。

李梦云:《论刘宗周的气学思想》,硕士论文,四川师范大学,2013年。

王一麟:《刘蕺山慎独思想简论》,硕士论文,首都师范大学,2013年。

陈宪中:《儒家式的圆教: 刘蕺山的气论思想》,博士论文,台湾"中央大学"中国文学系,2014 年。

康德民:《刘蕺山以自讼为核心的工夫实践》,硕士论文,台湾中兴大学中国文学系,2014 年。

潘晓玲:《刘宗周〈论语学案〉研究》,硕士论文,福建师范大学,2014 年。

武文超:《无善而至善——从本体与工夫角度谈刘宗周之心体思想》,硕士论文,复旦大学,2014 年。

张慕良:《刘宗周"慎独"思想研究》,博士论文,吉林大学,2015 年。

崔天贺:《刘宗周对明末社会危机的认识》,硕士论文,东北师范大学,2016 年。

李　丽:《刘宗周"慎独"哲学研究》,博士论文,东南大学,2016 年。

张　强:《刘宗周"中和"思想探析》,硕士论文,湘潭大学,2016 年。

陈泰西:《宋明理学中"恶"之来源的探析——以朱子、王阳明、刘蕺山思想为讨论重点》,硕士论文,台湾大学中国文学研究所,2017 年。

陈昀瑜:《明清之际气性论及其发展研究——从刘宗周到阮元》,博士论文,台湾中兴大学中国文学系,2017 年。

李格非:《刘蕺山"恶"的理论研究》,硕士论文,华中科技大学,2017 年。

杨　佳:《刘蕺山对王阳明学说异解之衡定》,硕士论文,台湾中兴大学中国文学系,2017 年。

王　驰:《论牟宗三对刘宗周慎独之学的诠释》,硕士论文,西北大学,2018 年。

尹孟凡:《刘宗周终极关怀思想研究》,硕士论文,苏州科技大学,2018 年。

贺雅婷:《幽暗意识与道德教育》,硕士论文,南京师范大学,2019 年。

胡海丹:《刘宗周君子人格思想研究》,硕士论文,杭州师范大学,

2019年。

尤　源:《刘宗周心学研究》,硕士论文,河北大学,2019年。

许景宜:《牟宗三与唐君毅对蕺山学诠释系统之再议》,硕士论文,台湾师范大学国文学系,2020年。

五、单篇论文

陈训慈:《刘蕺山学承姚江解》,《史学杂志》第2卷第6期(1931),第41—42页。

牟宗三:《陆王一系之心性之学(三)——刘蕺山诚意之学》,《自由学人》第1卷第3期(1957),第311—322页。亦见项维新、刘福增主编《中国哲学思想论集·宋明篇》(台北:牧童出版社,1976年),第311—332页。

王　道:《刘宗周论政》,《人生》第13卷第8期(总第320期,1968),第5页。

甲　凯:《刘蕺山的慎独之学》,《"中央"月刊》第5卷第5期(1973),第153—156页。

谷瑞照:《刘蕺山慎独小识》,《文艺复兴月刊》第55期(1974),第26—29页。

唐君毅:《刘蕺山之诚意、静存,以立人极之道》,《中国哲学原论·原教篇》(台北:台湾学生书局,1975年),第466—492页。

少　翁:《气节凛然的刘宗周》,《浙江月刊》第8卷第2期(1976),第19页。

钱　穆:《刘宗周》,《宋明理学概述》(台北:台湾学生书局,1977年),第416—437页。

邓耀秋:《刘宗周卓绝伦表》,《畅流》第55卷第9期(1977),第8—

10 页。

陈荣捷:《论明儒学案之师说》,《幼狮月刊》第 48 卷第 1 期(总第 307 期,1978),第 6—8 页。

牟宗三:《刘蕺山慎独之学》,《从陆象山到刘蕺山》(台北:台湾学生书局,1979 年)。

钱　穆:《读刘蕺山集》,《中国学术思想论丛·七》(台北:东大图书公司,1979 年),第 268—278 页。

渡边秀方著、刘侃云译:《刘蕺山》,《中国哲学史概论·近世哲学·明代哲学》(台北:台湾商务印书馆,1979 年),第 140—144 页。

劳思光:《刘蕺山之学说》,《中国哲学史·第三卷下》(香港:友联出版社有限公司,1980 年),第 604—673 页。

徐惠隆:《从陆象山到刘蕺山》(牟宗三著),《明史研究专刊》第 3 期(1980),第 209—224 页。

张岂之:《论刘蕺山学派思想的若干问题》,《西北大学学报》1980 年第 4 期(总第 28 期,1980),第 13—19 页;《复印报刊资料——中国哲学史》1980 年第 12 期(1981),第 77—83 页。

衷尔钜:《论刘宗周的哲学思想》,《中国哲学史研究》1981 年第 2 期(总第 3 期,1981),第 69—71、61 页。

衷尔钜:《刘宗周评传》,《中国古代著名哲学家评传·续编四》(济南:齐鲁书社,1982 年)。

陈福滨:《刘蕺山所谓"离气无理"之思想意义》,《晚明理学思想通论》(台北:环球书局,1983 年),第 62—66 页。

陈福滨:《刘蕺山以"性为体,心为用"重慎独之学的意义》,《晚明理学思想通论》(台北:环球书局,1983 年),第 106—118 页。

陈福滨:《刘蕺山言诚意之学及其殉节之道德实践》,《晚明理学思想通论》(台北：环球书局,1983年),第172—191页。

陈福滨：《蕺山、道周学说之时代意义及其评价》,《晚明理学思想通论》(台北：环球书局,1983年),第194—195页。

刘哲浩：《刘蕺山之性有无善恶论》(上、下),《哲学与文化》第11卷9期(总第124期,1984),第19—26页;第11卷10期(总第125期,1984),第37—44页。

张 践：《刘宗周慎独哲学初探》,《中国哲学史研究》1985年第4期(总第21期,1985),第12—19页;《复印报刊资料——中国哲学史》1986年第4期,第95—102页。

衷尔钜：《刘宗周》,《中国大百科全书·哲学卷》(北京：中国大百科全书出版社,1985年),第501页。

古清美：《刘蕺山对阳明致良知说之继承与发展》,《台大中文学报》创刊号(1985),第367—396页;《明代理学论文集》(台北：大安出版社,1990年),第209—249页。

衷尔钜：《蕺山学派的慎独学说》,《文史哲》1986年第3期(总第174期,1986),第49—55页;《复印报刊资料——中国哲学史》1986年第6期,第73—79页。

步近智：《刘宗周的思想矛盾和"慎独""诚敬"之说》,《浙江学刊》1986年第3期(总第38期,1986),第74—82页;《复印报刊资料——中国哲学史》1986年第8期,第48—56页。

衷尔钜：《论蕺山学派的学术思想》,《甘肃社会科学》1986年第6期,第69—77、61页。

古清美：《刘蕺山对周濂溪诚体思想的阐发及其慎独之学》,《幼狮学志》第19卷第2期(1986),第79—111页。

郭松义：《刘宗周》,王思治主编《清代人物传稿·上编·第二卷》(北京：中华书局，1986年），第223—228页。

刘述先：《黄宗羲对于蕺山思想的继承》，《黄宗羲心学的定位》（台北：允晨文化实业股份有限公司，1986年），第1—29页。

贾丰臻：《刘宗周》，《中国理学史》（台北：台湾商务印书馆，1987年），第235—236页。

王　煜：《刘子全书札记》（上、下），《中国文化月刊》第92期（1987），第89—96页；第93期（1987），第86—96页。亦见《文哲心的与书评》（台北：水牛出版社，1996年），第213—233页。

侯外庐等：《刘宗周的思想特征及其"慎独""诚敬"理论》，《宋明理学史·下》（北京：人民出版社，1987年），第607—642页。

曾锦坤：《从刘蕺山慎独之学看明末学风的转变》，《晚明思潮与社会变动——中国社会与文化学术研讨会论文集》（淡江大学中文系主编，台北：弘化事业股份有限公司，1987年），第141—175页。

林聪舜：《刘蕺山与黄梨洲——从"理学殿军"到"经世思想家"》，淡江大学中文系主编《晚明思潮与社会变动——中国社会与文化学术研讨会论文集》（台北：弘化事业股份有限公司，1987年），第177—219页。

朱义禄：《黄宗羲与刘宗周思想异同的比较》，《黄宗羲论——国际黄宗羲学术讨论会论文集》（杭州：浙江古籍出版社，1987年），第593—598页。

南相镐：《论蕺山之治念说》，《哲学年刊》（台大）第4期（1987），第61—66页。

陈郁夫：《刘蕺山与黄梨洲对禅佛的批评》，《师大国文学报》第17期（1988），第153—163页。

衷尔钜：《"即物求知""离物无知"——论蕺山学派的认识论》，《浙江学刊》第 4 期(总第 51 期,1988),第 64—70 页。

杨国荣:《晚明王学演变的一个环节——论刘宗周对"意"的考察》,《浙江学刊》第 4 期(总第 51 期,1988),第 71—73、63 页。又收入《王学通论——从王阳明到熊十力》(上海:上海三联书店,1990 年),第 143—152 页。

朱义禄:《刘宗周的"慎独"学说是什么一回事?他为什么提倡这一学说?》,《中国哲学三百题》(上海:上海古籍出版社,1988 年),第 316—318 页。

鲍　博:《简论刘宗周的心性思想》,《孔子研究》第 4 期(总第 12 期,1988),第 106—111 页。

傅振照:《刘宗周小考》,《浙江学刊》第 2 期(总第 55 期,1989),第 106—108、126 页。

辛　锡:《刘宗周学术讨论会述要》,《浙江学刊》第 2 期(总第 55 期,1989),第 109 页。

钱　明:《王学主意说论要》,《浙江学刊》第 5 期(总第 58 期,1989),第 51—57 页。

夏瑰琦:《从孟子师说看黄宗羲的唯心主义思想》,《中国哲学史研究》第 3 期(总第 36 期,1989),第 85—90 页。

李兴源:《刘蕺山诚意之学探析》,《中国国学》第 17 期(1989),第 289—298 页。

张　申:《刘宗周"慎独之说"浅议》,《社会科学战线》第 1 期(总第 50 期,1990),第 136—139 页。

古清美:《刘蕺山的诚体思想与实践工夫》,《明代理学论文集》(台北:大安出版社,1990 年),第 251—297 页。

张怀承:《蕺山心论及其对传统心学的总结》,《中国文化月刊》第 128

期(1990),第 4—19 页。

林安悟:《论刘蕺山哲学中“善之意向性”——以“答董标心意十问”为核心的疏解与展开》,《国立编译馆馆刊》第 19 卷第 1 期(1990),第 107—115 页。

蒙培元:《刘宗周、陈确、黄宗羲的心性情合一说》,《中国心性论》(台北:台湾学生书局,1991 年),第 439—485 页。

张永儁:《明末大儒刘宗周之人生价值观——从“敬身以孝”以释之》,《哲学与文化》第 18 卷第 2、3 合期(总 201、202 合期,1991),第 142—151 页。

王凤贤:《论刘宗周对理学传统观念的修正》,《孔子研究》第 2 期(总第 22 期,1991),第 102—110 页。

杨国荣:《从王阳明到刘宗周——志知之辨的历史演进》,《孔孟月刊》第 29 卷第 11 期(总第 347 期,1991),第 19—28 页。

董　平:《论刘宗周心学的理论构成》,《孔子研究》第 4 期(总第 24 期,1991),第 85—95、44 页。

方祖猷:《黄宗羲与甬上弟子的学术分歧——兼论蕺山之学的传播与没落》,香港中文大学《中国文化研究所学报》第 22 卷(1991),第 335—350 页;《清初浙东学派论丛》(台北:万卷楼图书有限公司,1996 年),第 87—112 页。

李纪祥:《清初浙东刘门的分化及刘学的解释权之争》,台湾文化大学文学院主编《第二届国际华学研究会议论文集》(台北:文化大学出版部,1992 年),第 703—728 页。

施忠连:《刘子全书》,潘富恩主编《中国学术名著提要·哲学卷》(上海:复旦大学出版社,1992 年),第 715—719 页。

王育济:《以欲为本的理欲统一观在心学一派中的最后完成——刘宗

周、陈确的理欲观》,《天理与人欲——理学理欲观演变的逻辑进程》(济南：齐鲁书社,1992 年),第 236—255 页。

马振铎:《王学的罅漏和刘宗周对王学的补救》,《浙江学刊》1992 年第 6 期(总第 78 期,1992),第 127—130 页;《复印报刊资料 · 中国哲学史》第 1 期(1993),第 78—81 页。

于化民:《刘宗周的理学思想》,《明中晚期理学的对峙与合流》(台北：文津出版社,1993 年),第 169—186 页。

熊公哲:《辨刘蕺山附会晚年定论说》,《果庭读书录》(台北：台湾商务印书馆,1993 年),第 338 页。

蒋年丰:《从朱子与刘蕺山的心性论分析其史学精神》,钟彩钧主编《国际朱子学会议论文集》(台北：台湾"中央研究院"中国文哲所筹备处,1993 年),第 1115—1138 页。

王汎森:《明末清初的人谱与省过会》,《台湾"中央研究院"历史语言所集刊》第 63 本第 3 分(1993),第 679—712 页。

赖贤宗:《论刘蕺山"心之性情"反对朱子"心统性情"的理论根据》(上、下),《鹅湖月刊》第 19 卷第 6 期(总第 222 期,1993),第 12—18 页;第 19 卷第 7 期(总第 223 期,1994),第 34—39 页。

张学智:《论刘宗周的意》,《哲学研究》第 9 期(1993),第 61—67 页;《复印报刊资料——中国哲学史》第 11 期(1993),第 97—103 页;《哲学与文化》第 21 卷第 3 期(总第 238 期,1994),第 260—269 页。

王凤贤、丁国顺:《以刘宗周为代表的蕺山学派》,《浙东学派研究》(杭州：浙江人民出版社,1993 年),第 237—259 页。

张学智:《论刘蕺山"慎独"之学》,《中国文化月刊》第 170 期(1993),第 22—35 页。

陈敦伟:《刘宗周的学术思想》,管敏义主编《浙东学术史》(上海：华东师范大学出版社,1993 年),第 297—309 页。

庄永清:《王阳明与刘蕺山思想比较略论——牟宗三〈心体与性体〉读后,兼论刘蕺山的思想史地位》,《云汉学刊》创刊号(高雄:复文书局,1993 年),第 1—18 页。

程梅花:《刘宗周的意本论及其儒学特质》,《阜阳师院学报》(哲社版)第 2 期(总第 50 期,1994),第 14—21 页。

[日] 难波征男:《刘念台思想的展开——其中日比较》,方祖猷、滕复主编《论浙东学术》(北京:中国社会科学出版社,1995 年),第 227—230 页。

杨儒宾:《一位东林党人的仕隐故事——定远斋旧藏刘宗周文震孟五封书信书后》,《故宫学术季刊》第 12 卷第 4 期,第 95—122 页,1995 年夏季,附:刘宗周文震孟五封书信影本,第 119—122 页。

蔡仁厚:《宋明理学的殿军——刘蕺山》,《中国文化月刊》第 192 期(1995),第 18—24 页。

刘人鹏:《圣学论述中的道德问题——以刘宗周人谱为例》,林庆彰、蒋秋华主编《明代经学国际研讨会论文集》(台北:台湾"中央研究院"中国文哲研究所,1996 年),第 485—516 页。

方同义:《刘宗周与黄宗羲政治哲学比较》,《宁波师院学报(社科版)》第 4 期(总第 66 期,1996),第 14—18 页;《复印报刊资料——中国哲学与哲学史》第 12 期(1997),第 97—101 页。

陶　清:《刘宗周的性学思想和晚明的性学思想》,《明遗民九大家哲学思想研究》(台北:洪业文化事业有限公司,1997 年),第 159—231 页。

王汎森:《清初思想趋向与刘子节要》,《历史语言研究所集刊》第 68 本第 2 分册(1997),第 417—448 页。

古清美：《刘蕺山的儒释之辨》，《佛学研究中心学报》第 2 期(1997)，第 179—209 页。

王汎森：《清初的讲经会》，《历史语言研究所集刊》第 68 本第 3 分册(1997)，第 503—588 页。

崔大华：《刘蕺山与明代理学的基本走向》，《中州学刊》第 3 期(1997)，第 64—68 页。

黄敏浩：《刘宗周"四句"的诠释》，《中国文哲研究通讯》第 8 卷 3 期(总号 31，1998)，第 105—116 页。

古清美：《刘宗周》，《高攀龙・刘宗周・黄道周・朱之瑜・黄宗羲・方以智》更新版(台北：台湾商务印书馆，1999 年)，中国历代思想家(十四)。

陈寒鸣：《刘宗周与晚明儒学》，《中华文化论坛》第 3 期(2000)，第 85—92 页。

窦志强：《刘宗周"诚意"理论的自律性》，《山东医科大学学报(社会科学版)》第 3 期(2000)，第 46—49 页。

傅小凡：《论刘宗周的自我观》，《厦门大学学报(哲学社会科学版)》第 2 期(2000)，第 41—47 页。

蒋年丰：《从朱子与刘蕺山的心性论分析其史学精神》，《文本与实践(一)：儒家思想的当代诠释》(台北：桂冠图书，2000 年)，第 249—277 页。

李　兵、袁建辉：《试析"理气论"在刘宗周思想中的地位》，《船山学刊》第 4 期(2000)，第 56—60 页。

王瑞昌：《刘蕺山"虚无"思想论略》，《北京行政学院学报》第 1 期(2000)，第 65—68 页。

王瑞昌：《刘蕺山格物致知说析论》，《中国哲学史》第 2 期(2000)，第

93—100 页。

王瑞昌:《论刘蕺山的无善无恶思想》,《鹅湖》第 25 卷 9 期(总号 297,2000),第 18—32 页。

王瑞昌:《论刘蕺山的无善无恶思想》,《孔子研究》第 6 期(2000),第 76—86 页。

姚才刚:《简析刘蕺山晚年对王阳明心学的辩难》,《国际儒学研究(第九辑)》(2000),第 11 页。

姚才刚:《论刘蕺山对王学的修正》,《武汉大学学报(人文社会科学版)》第 6 期(2000),第 755—759 页。

尹文汉:《论刘宗周的慎独学说》,《池州师专学报》第 2 期(2000),第 48—51 页。

张永儁:《刘蕺山心学之特质及其历史意义》,《哲学与文化》第 27 卷 11 期(总号 318,2000),第 1001—1017、1093 页。

郑宗义:《心学系统内的救正一刘蕺山的诚意慎独教》,《明清儒学转型探析》(香港:中文大学出版社,2000 年),第 41—67 页。

朱义禄:《论刘宗周的唯意志论——兼论阳明心学的终结》,《东方论坛(青岛大学学报)》第 3 期(2000),第 1—7 页。

杜维明、东方朔:《刘宗周〈人谱〉的道德精神世界——杜维明教授访谈》,《学术月刊》第 7 期(2001),第 51—59 页。

黄敏浩:《从刘宗周辟佛看儒佛异同》,《新亚学术集刊》第 17 期(2001),第 173—194 页。

赖贤宗:《朱子哲学论易体与心统性情的交涉及刘蕺山的心之性情说对此的批评》,《世界中国哲学学报》第 2 期(2001),第 221、223—268 页。

李明辉:《刘蕺山对朱子理气论的批判》,《汉学研究》第 19 卷 2 期总号

39(2001),第1—32页。

林月惠:《刘蕺山对〈大学〉〈诚意〉章的诠释》,《中国文哲研究集刊》第19期(2001),第407—449页。

许珠武:《海峡两岸刘蕺山思想研究综述》,《中国文哲研究通讯》第11卷4期(总号44,2001),第83—94页。

周志文:《邹守益与刘宗周》,《佛光人文社会学刊》第1期(2001),第171、173—196页。

郭齐勇:《论熊十力与唐君毅在刘蕺山"意"与"诚意"观上的讨论与分歧》,武汉大学中国传统文化研究中心编《玄圃论学集——熊十力与中国传统文化国际学术研讨会论文集》(武汉:湖北教育出版社,2002),第251—258页。

陈立骧:《刘蕺山义理性格之衡定——从"两型四系说"中两型的区分标准谈起》,《高苑学报》第8期(2002),第201—218页。

陈美玲:《刘蕺山论〈中庸〉首章——蕺山哲学的慎独论》,《哲学与文化》第29卷10期(总号341,2002),第948—964、967页。

李　兵、袁建辉:《刘蕺山"中和观"探微》,《船山学刊》第2期(2002),第77—80页。

陶　清:《性学:晚明思潮演衍的一个纽结——兼论刘宗周性学思想的理论得失》,《江淮论坛》第2期(2003),第98—102页。

张瑞涛、方同义:《论刘宗周诚意学说中的诚信原则》,《中共宁波市委党校学报》第5期(2003),第89—93页。

钟彩钧:《〈四库全书〉刘宗周著作初探》,《中国文哲研究通讯》第13卷2期(总号50,2003),第75—99页。

朱　丹、张　琳:《从本体到工夫:晚明理学思想的创造性转化——以东林学与刘蕺山为个案》,《四川教育学院学报》第5期(2003),第

12—14 页。

曹树明:《刘蕺山的慎独论》,《河北科技大学学报(社会科学版)》第 1 期(2004),第 46—49、69 页。

陈建明:《刘蕺山"大学古记约义"试诠》,《台湾中正大学中国文学研究所研究生论文集刊》第 6 期(2004),第 89—108 页。

杜维明:《学做人:从朱熹、王阳明到刘宗周的精神性践履》(Learning to be human beings: Spiritual Exercise from Zhu Xi, Wang Yangming to Liu Zongzhou),彭国翔译,《新哲学》第 3 辑(2004),第 65—75 页。

林月惠:《从宋明理学的"性情论"考察刘蕺山对〈中庸〉"喜怒哀乐"的诠释》,《中国文哲研究集刊》第 25 期(2004),第 177—218 页。

林月惠:《刘蕺山"慎独"之学的建构——以〈中庸〉首章的诠释为中心》,《台湾哲学研究》第 4 期(2004),第 87—149 页。

林月惠:《刘蕺山论"喜怒哀乐"——兼论其在身心修养之意义》,《法鼓人文学报》第 1 期(2004),第 61—87 页。

张瑞涛、方同义:《刘宗周历史哲学意识探微》,《中国文化研究所学报》第 44 期(2004),第 329—359 页。

张瑞涛、张允熠:《论刘宗周〈中兴金鉴录〉中的史学意识》,《史学月刊》第 6 期(2004),第 103—111 页。

曾锦坤:《刘蕺山对佛教的评论》,《万窍》第 2 期(2005),第 113—129 页。

陈立骧:《刘蕺山论"气质之性"与"义理之性"》,《高苑学报》第 11 期(2005),第 309—324 页。

苏　洁、廖桂芳:《刘宗周认识论与主体人格的自我观》,《重庆工学院学报》第 6 期(2005),第 101—103、106 页。

王基西:《理学家小传(56)——蕺山先生刘宗周》,《中国语文》第 96 卷第 6 期(总号 576,2005),第 24—33 页。

陈庆衍:《从刘蕺山的思想论〈大学〉原旨》,《孔孟月刊》第 44 卷 11/12(总号 527/528,2006),第 26—34 页。

简毅铭:《纯粹的道德与世俗的功利——以〈了凡四训〉〈人谱〉为例》,《世新中文研究集刊》第 2 期(2006),第 159—187 页。

李振纲、李超英:《刘宗周"本体与工夫"的语境分析》,《河北大学学报(哲学社会科学版)》第 4 期(2006),第 18—23 页。

唐明贵、崔世华:《刘宗周〈论语学案〉探微》,《聊城大学学报(社会科学版)》第 5 期(2006),第 56—58 页。

唐晓明:《论刘宗周的教育思想》,《绍兴文理学院学报》第 1 期(2006),第 125—128 页。

杨子才:《赤心报国的刘宗周》,《中国监察》第 17 期(2006),第 61 页。

张瑞涛:《论刘宗周道德理想主义中的社会"和谐"思想》,《中共宁波市委党校学报》第 2 期(2006),第 101—106 页。

赵　园:《〈人谱〉与儒家道德伦理秩序的建构》,《河北学刊》第 1 期(2006),第 42—52 页。

陈　蕾:《刘宗周〈大学〉论》,《安徽文学(下半月)》第 2 期(2007),第 49—50 页。

高海波:《〈刘子遗书〉及〈刘子全书〉考》,《鹅湖学志》第 38 期(2007),第 223—241 页。

廖俊裕、王雪卿:《从自然医学与蕺山学的对话,初探当代儒学开展的医疗面向》,《通识教育与跨域研究》第 1 卷第 2 期(2007),第 25—51 页。

潘振泰:《刘宗周(1578—1645)对于"主静"与"静坐"的反省——一个

思想史的探讨》,《新史学》第 18 卷第 1 期(2007),第 43—85 页。

杨祖汉:《论蕺山是否属“以心著性”之型态》,《鹅湖学志》第 39 期(2007),第 33—62 页。

蔡方鹿:《刘宗周“慎独”说与经学相结合的思想》,《天府新论》第 5 期(2008),第 28—33 页。

陈　畅:《论刘宗周晚年思想中的“独体”概念》,《哲学动态》第 9 期(2008),第 56—63 页。

林月惠:《刘蕺山对〈大学〉“格物”的诠释》,李明辉、陈玮芬编《理解、诠释与儒家传统:个案篇》(台北:台湾“中央研究院”中国文哲研究所,2008 年),第 165—218 页。

史怀刚、南金花:《儒学的主线:证人之学——以刘宗周哲学为个案》,《宜宾学院学报》第 1 期(2008),第 1—3 页。

张永刚:《刘宗周与证人社》,《温州大学学报(社会科学版)》第 4 期(2008),第 44—48 页。

陈　畅:《刘宗周中晚年思想转变及其哲学意义——兼论刘宗周思想发展之分期》,《人文论丛》第 0 期(2009),第 309—329、325 页。

陈佳铭:《刘蕺山的易学中之“以心著性”型态》,《鹅湖》第 35 卷 4 期(总号 412,2009),第 33—44 页。

陈　琳、戴卫华:《刘宗周“慎独”释义》,《才智》第 3 期(2009),第 220—221 页。

陈敏华:《“性天之尊”在刘宗周系统中的突出地位》,《当代儒学研究》第 7 期(2009),第 167、169—194 页。

陈荣灼:《刘蕺山的“生命现象学”》,《鹅湖》第 34 卷第 8 期(总号 404,2009),第 3—14 页。

陈荣灼:《论唐君毅与牟宗三对刘蕺山之解释》,《鹅湖学志》第 43 期

(2009),第 71—94 页。

高海波:《试论刘宗周的“格物”思想》,《中国哲学史》第 3 期(2009),第 41—50 页。

胡元玲:《刘宗周〈易衍〉要旨及其与周敦颐〈通书〉之关系》,《传统中国研究集刊(第八辑)》(第四届传统中国研究国际学术讨论会论文集)(2009),第 19 页。

廖俊裕:《蕺山学作为儒学宗教性修持次第的展开》,《世界宗教学刊》第 13 期(2009),第 51—116 页。

罗华文:《刘宗周对王学罅漏的补救》,《黑龙江史志》第 16 期(2009),第 24—25 页。

孙国玲:《从牟宗三心性学论刘宗周之慎独学》,《西安文理学院学报(社会科学版)》第 12 卷第 6 期(2009),第 38—40 页。

徐铭谦:《刘蕺山对太极的诠释》,《有风初鸣年刊》第 5 期(2009),第 183—201 页。

张瑞涛:《论刘宗周的社会历史哲学》,《中国石油大学学报(社会科学版)》第 25 卷第 3 期(2009),第 70—74 页。

张学智:《刘蕺山前近代意识中的善恶说》,《儒教文化研究》第 11 期(2009),第 225—244 页。

郑志健:《孙慎行与刘蕺山思想之比较》,《当代儒学研究》第 7 期(2009),第 231—262 页。

陈敏华:《据牟宗三先生的观点判辨刘宗周的“意体”》,《新亚学报》第 28 卷(2010),第 261—281 页。

高海波:《试述刘宗周〈人谱〉的写作背景及过程》,《儒教文化研究》第 13 期(2010),第 77—102 页。

韩思艺:《“罪”与“过”论述的会通——以〈七克〉与〈人谱〉为例》,《哲学与文化》第37卷11期(总号438,2010),第87—105页。
黄敏浩:《牟宗三先生对刘蕺山"物即是知,非知之所照"的诠释》,《当代儒学研究》第8期(2010),第101、103—118页。
雷　静:《从"理一分殊""万物一体"到"一统于万"——刘蕺山融汇朱、王的本体论探析》,《中国哲学史》第4期(2010),第114—120、22页。
廖俊裕:《证量解经——论刘蕺山〈人谱杂记〉之诠释途径》,《文学新钥》第12期(2010),第121—156页。
吴　光:《谈谈阳明学的真精神——兼论刘宗周黄宗羲对阳明学的转型》,《教育文化论坛》第2卷第4期(2010),第1—6页。
许玉敏:《从《论语学案》论刘宗周早期理气思想》,《当代儒学研究》第9期(2010),第245—264页。
张瑞涛、陶武:《证心以证人——刘宗周道德哲学探赜》,《学术界》第11期(2010),第132—137页。
蔡方鹿:《刘宗周对理学的总结与批评》,《河北大学学报(哲学社会科学版)》第36卷第4期(2011),第37—43页。
陈佳铭:《论五峰、蕺山系之哲学意义》,《鹅湖学志》第47期(2011),第141—176页。
陈荣灼:《黄宗羲之孟学解释:从刘蕺山到王船山》,杨祖汉、杨自平编《黄宗羲与明末清初学术》(台北:台湾"中央大学"出版中心,2011年),第127—163页。
范文丽:《从功过格到〈人谱〉——论刘宗周对儒家道德秩序的重建》,《青海师范大学学报(哲学社会科学版)》第33卷第1期(2011),第44—47页。
刘德明:《刘宗周与黄宗羲〈春秋〉学比较析论》,《"中央大学"人文学报》第 47 期(2011),第 1—46 页。

苏　洁:《论刘宗周因物为心的治世思想》,《前沿》第 12 期(2011),第 59—61 页。

谢居宪:《论刘蕺山的功过格说》,《黄宗羲与明末清初学术》(杨祖汉、杨自平编,台北:台湾"中央大学"出版中心,2011 年),第 323—362 页。

杨祖汉:《黄梨洲对刘蕺山思想的承继与发展》,《黄宗羲与明末清初学术》(杨祖汉、杨自平编,台北:台湾"中央大学"出版中心,2011 年),第 21—46 页。

张瑞涛:《"即心即易,心易圆融"——刘宗周"心易"哲学思想探赜》,《中国文哲研究集刊》第 38 期(2011),第 251—297 页。

张瑞涛:《刘蕺山〈人谱·人极图〉释义》,《齐鲁学刊》第 5 期(2011),第 15—19 页。

陈佳铭:《从刘蕺山的经典诠释论其思想型态之归属》,《台湾政治大学哲学学报》第 28 期(2012),第 181—238 页。

陈昀瑜:《胡五峰、刘蕺山"以心著性"说之思想史定位》,《鹅湖》第 38 卷第 6 期(总号 450,2012),第 38—50 页。

杜保瑞:《对牟宗三诠释刘蕺山以心著性的方法论反思》,《哲学与文化》第 39 卷第 10 期(总号 461,2012),第 91—112 页。

段　宁:《"诚意说"与刘宗周的诗歌创作》,《文艺评论》第 12 期(2012),第 47—50 页。

廖俊裕:《刘蕺山的身体观》,《揭谛》第 22 期(2012),第 39—88 页。

刘红卫:《刘宗周论陈白沙"似禅非禅"说辨析》,《五邑大学学报(社会科学版)》第 14 卷第 4 期(2012),第 19—22、91 页。

申鹏宇:《百年来刘宗周思想研究述评》,《海南师范大学学报(社会科学版)》第25卷第9期(2012),第7—12页。

申鹏宇:《从刘宗周看晚明道德理想主义的破灭》,《社科纵横》第27卷第6期(2012),第127、135页。

张立文:《刘宗周慎独诚意的修己之学》,《江南大学学报(人文社会科学版)》第11卷第2期(2012),第5—16页。

张瑞涛:《"无所得,故名自得"——论明儒刘宗周的"自得"之学》,《中华文化论坛》第5卷第5期(2012),第112—116页。

张瑞涛:《从"二分"思维到"圆融"思维——刘宗周与宋明理学"方法论"走向》,《江淮论坛》第2期(2012),第86—91页。

张瑞涛:《刘宗周与宋明理学"知识论"走向》,《孔子研究》第1期(2012),第61—69页。

蔡良昇:《明清之际士大夫另一种道德选择——以刘宗周"功过格"为考察》,《暨南史学》第16期(2013),第43—66页。

冯前林:《浑然至善之意——论刘蕺山对无善无恶说的批判》,《晋阳学刊》第2期(2013),第74—79页。

甘祥满:《慎独辨:以刘宗周的慎独说及其对朱熹、王阳明的批评为例》,《比较经学》第1期(2013),第107—136页。

高海波:《刘宗周对阳明四句教的批评》,《平顶山学院学报》第28卷第1期(2013),第38—42页。

李梦云:《刘宗周气学思想探析》,《中华文化论坛》第8期(2013),第58—63页。

刘建明:《刘宗周的"慎独"为官哲学》,《政策瞭望》第5期(2013),第60页。

刘建明:《刘宗周的为官哲学》,《中华魂》第12期(2013),第22—23页。

罗国杰:《刘宗周的"慎独"思想及其在道德修养上的重要意义》,《齐鲁学刊》第 1 期(2013),第 5—9 页。

齐婉先:《黄宗羲〈孟子师说〉对刘蕺山思想之诠释》,《当代儒学研究》第 14 期(2013),第 255、257—277 页。

秦　峰:《论刘宗周哲学中的易道思想》,《儒家典籍与思想研究》第 0 期(2013),第 69—79 页。

任文利:《明专制政体下儒家士大夫的宪政理念与行宪努力——从刘宗周之末世谏诤看》,《天府新论》第 4 期(2013),第 31—38 页。

王涵青:《刘宗周哲学的易学方法初探》,《周易研究》第 6 期(2013),第 52—59 页。

徐圣心:《明末清初儒学论"过"与悔改——以聂双江、刘蕺山、王船山、李二曲等为例》,《沉沦、忏悔与救度:中国文化的忏悔书写论集》(台北:台湾"中央研究院"中国文哲研究所,2013 年),第 451—493 页。

张瑞涛、肖红春:《论刘宗周〈人谱〉的"改过"六法》,《理论月刊》第 8 期(2013),第 45—49 页。

张瑞涛:《刘宗周〈人谱〉"过(恶)"思想新论》,《中国哲学史》第 1 期(2013),第 87—93、71 页。

张瑞涛:《刘宗周〈人谱〉研究回顾与展望》,《宁波大学学报(人文科学版)》第 26 卷第 1 期(2013),第 95—101 页。

张瑞涛:《刘宗周〈图〉〈书〉易学思想管窥》,《哲学与文化》第 40 卷第 11 期(总号 474,2013),第 123—143 页。

张瑞涛:《心学视域下的刘宗周〈人谱·人极图说〉释义》,《江汉论坛》第 10 期(2013),第 70—75 页。

张天杰:《刘宗周与朱子学——兼谈许孚远的朱学倾向及其对刘宗周的影响》,《福建论坛(人文社会科学版)》第 10 期(2013),第 113—

119 页。

张昭炜:《刘宗周〈周易古文钞〉中的“慎独”功夫论》,《周易研究》第 3 期(2013),第 90—95 页。

陈　畅:《刘宗周慎独哲学的政教义蕴》,《集美大学学报(哲学社会科学版)》第 17 卷第 4 期(2014),第 1—6、23 页。

陈佳铭:《胡五峰与刘蕺山的思想型态之比较》,《台湾“中央大学”人文学报》第 58 期(2014),第 115—158 页。

陈荣灼:《蕺山性学与阳明心学的本质差异——一个佛教的观点》,《深圳大学学报(人文社会科学版)》第 31 卷第 1 期(2014),第 31—39 页。

高海波:《刘宗周对阳明四句教的批评》,《中国哲学史》第 3 期(2014),第 65—71 页。

雷　静:《刘宗周“一统于万”说的日常品格》,《广州社会主义学院学报》第 12 卷第 3 期(2014),第 83—86 页。

雷　静:《刘宗周基于恕道的“公”的哲学》,《广东社会科学》第 5 期(2014),第 64—71 页。

雷　静:《刘宗周治道归本治心工夫考论》,《学理论》第 20 期(2014),第 25—27 页。

雷　静:《刘宗周奏疏考》,《学理论》第 21 期(2014),第 86—88 页。

雷　静:《人的本质规定与先验权利——刘宗周人性论探析》,《湖北省社会主义学院学报》第 3 期(2014),第 67—70 页。

廖俊裕:《刘蕺山的疾病书写与医学思想》,《实证自然医学》第 1 卷第 1 期(2014),第 49—59 页。

秦　峰:《刘宗周对“十六字心传”的诠释》,《中国哲学史》第 2 期(2014),第 76—84 页。

姚才刚：《刘宗周的“改过”说及其伦理启示》，《哲学研究》第 7 期(2014)，第 57—62 页。

张天杰：《陈确对刘宗周的孺慕及其对蕺山学的弘扬》，《齐鲁学刊》第 1 期(2014)，第 21—26 页。

张天杰：《高攀龙与刘宗周的交游以及思想异同论析》，《宁波大学学报(人文科学版)》第 27 卷第 2 期(2014)，第 47—52 页。

陈　畅：《牟宗三与刘宗周论寂感真几：比较与省思》，《现代哲学》第 6 期(2015)，第 113—118 页。

陈立胜：《刘蕺山“喜怒哀乐”与“春夏秋冬”比配说申辩》，《中国现象学与哲学评论》第 1 期(2015)，第 37—73 页。

陈志强：《阳明与蕺山过恶思想的理论关联——兼论“一滚说”的理论意涵》，《台湾政治大学哲学学报》第 33 期(2015)，第 149—192 页。

黄汉忠：《刘蕺山“合一观”评析》，杨祖汉编《二十一世纪当代儒学论文集(一)：儒学之国际展望》(台北：台湾“中央大学”儒学研究中心，2015 年)，第 533—545 页。

陆　畅：《刘蕺山“主意说”中的和合观念》，《第九届寒山寺文化论坛论文集(2015)》，第 7 页。

申鹏宇：《论刘蕺山对理气论的重塑》，《西南民族大学学报(人文社会科学版)》第 36 卷第 2 期(2015)，第 65—70 页。

申鹏宇：《因病对治——论刘蕺山对理学的反省与重构》，《孔子研究》第 4 期(2015)，第 93—102 页。

张莞苓：《刘蕺山“形上形下”思想探析——以朱子哲学加以参照》，《中国文学研究》第 40 期(2015)，第 303—342 页。

张慕良：《刘宗周“慎独”思想对周敦颐思想的继承与发越》，《学术探索》第 4 期(2015)，第 12—17 页。

张瑞涛:《心体与工夫——刘宗周〈人谱〉哲学思想研究》,《中国哲学史》第3期(2015),第42页。

蓝　青:《论刘宗周的诗歌创作》,《河南理工大学学报(社会科学版)》第17卷第4期(2016),第451—457页。

李　丽:《刘宗周"独体"概念辨析》,《孔子研究》第4期(2016),第94—100页。

师丽娜:《刘宗周的慎独工夫论》,《孔庙国子监论丛》第0期(2016),第166—173页。

余　群:《刘宗周"慎独"与"诚意"之辨》,《船山学刊》第3期(2016),第83—89页。

张再林、王建华:《梅洛·庞蒂的"身体意向性"与刘宗周的"意"的学说》,《江海学刊》第4期(2016),第30—40页。

张再林:《有别于"心本体"的"意本体"——对作为宋明新儒学归宿的刘蕺山哲学的重新定位》,《学海》第4期(2016),第167—177页。

朱卫平:《儒家道德的内在条件和内在超越——论刘宗周的"体独"思想》,《道德与文明》第4期(2016),第145—152页。

黄世明:《蕺山言"性"的哲学涵义》,《鹅湖学志》第58期(2017),第73—100页。

申鹏宇:《论刘蕺山诠释〈大学〉的"至善"关怀》,《邵阳学院学报(社会科学版)》第16卷第3期(2017),第68—73页。

徐　波:《刘蕺山哲学中的罪恶观——以〈人谱〉为中心》,《王学研究》第2期(2017),第94—102页。

杨少涵:《刘蕺山之情论》,《中原文化研究》第5卷第1期(2017),第55—61页。

余　群:《刘宗周〈人谱〉书名及理论内涵探微》,《上饶师范学院学报》

第 37 卷第 5 期(2017),第 8—14 页。

张天杰:《近年来刘宗周〈人谱〉研究的回顾》,《中国史研究动态》第 3 期(2017),第 31—34 页。

张新国:《刘宗周对宋儒“义理之性”概念的批判及对心学的重建》,《云南社会科学》第 2 期(2017),第 38—43 页。

张新国:《一释“千古不决之疑”——刘宗周对宋儒“义理之性”概念的批判及对心学的重建》,《王学研究》第 2 期(2017),第 103—116 页。

韩　强:《刘宗周与黄宗羲的心性论思想》,《哈尔滨工业大学学报(社会科学版)》第 20 卷第 6 期(2018),第 42—48 页。

何　俊:《〈人谱〉与李叔同的皈依律宗》,《复旦学报(社会科学版)》第 60 卷第 6 期(2018),第 8—16 页。

黄敏浩:《牟宗三对刘宗周思想的衡定——以“归显于密”为中心的检讨》,《云南大学学报(社会科学版)》第 17 卷第 3 期(2018),第 46—54 页。

王涵青:《刘宗周《中庸》诠释方法研究》,《哲学与文化》第 45 卷 1 期(总号 524,2018),第 145—162 页。

武文超:《刘蕺山“无善而至善”思想研究》,《哲学分析》第 9 卷第 3 期(2018),第 82—93、197—198 页。

徐　波:《刘蕺山〈人谱〉中的“幽暗意识”探原》,《哲学与文化》第 45 卷第 4 期(总号 527,2018),第 71—86 页。

余　群:《刘宗周〈周易古文钞・易赞〉释义》,《南华大学学报(社会科学版)》第 19 卷第 3 期(2018),第 115—120 页。

余　群:《刘宗周“一齐俱到”的心性内涵及理论意义》,《宁波大学学报(人文科学版)》第 31 卷第 1 期(2018),第 24—31 页。

余　群:《刘宗周与王阳明“四句教”异同比较》,《社会科学论坛》第 2 期(2018),第 63—75 页。

张锦枝:《论刘蕺山对朱子学的继承、批评与会通》,《哲学动态》第 7 期(2018),第 62—67 页。

曹　晔:《理学家刘宗周家世考述》,《寻根》第 5 期(2019),第 126—130 页。

常顺利:《明清时期劝善书和功过格教化作用的历史反思——以袁黄的〈立命篇〉和刘宗周的〈人谱〉为例》,《开封大学学报》第 33 卷第 4 期(2019),第 18—21 页。

邓秀梅:《先天之道心与后天之觉心——论慈湖与蕺山的易理诠释举隅》,《鹅湖学志》第 63 期(2019),第 29—62 页。

方旭东:《蕺山“前四句”的文本问题——基于耿宁工作的进一步讨论》,《清华大学学报(哲学社会科学版)》第 34 卷第 1 期(2019),第 141—152、198 页。

冯前林:《“致知”与“诚意”之间——刘蕺山论〈大学〉主旨及对王阳明的批判》,《哲学动态》第 6 期(2019),第 56—64 页。

高海波:《刘宗周与〈阳明传信录〉》,《中国哲学史》第 5 期(2019),第 78—85 页。

李　丽:《心性的“两分”与“圆融”——刘宗周心学思想评析》,《求索》第 3 期(2019),第 188—194 页。

王　驰、雷　震:《内向与超越——刘宗周视域中的“四句教”》,《南昌大学学报(人文社会科学版)》第 50 卷第 4 期(2019),第 64—70 页。

王涵青:《从〈大学〉诠释的几个基本问题论刘宗周〈大学〉诠释方法之基础》,《吉林师范大学学报(人文社会科学版)》第 46 卷第 2 期

(2019),第 44—53 页。

王涵青:《刘宗周的〈大学〉诠释方法》,《哲学与文化》第 46 卷 6 期(总号 541,2019),第 125—140 页。

王　蕾:《试论刘宗周的"慎独"思想及其现代价值》,《辽宁教育行政学院学报》第 36 卷第 1 期(2019),第 4—7 页。

吴龙灿:《从良知到良能——阳明和蕺山"四端"异解及其意义》,《王学研究》第 1 期(2019),第 208—220 页。

武文超:《刘蕺山对王阳明"无善无恶"思想的发展》,《中国哲学史》第 3 期(2019),第 101—107 页。

燕连福、王　驰:《试论刘宗周对阳明四句教的批判与重构》,《浙江社会科学》第 12 期(2019),第 111—117、159 页。

早坂俊广、申绪璐:《论刘宗周思想的意与知——从与史孝复的争论来看》,《浙江社会科学》第 8 期(2019),第 113—120、159 页。

张慕良:《刘宗周对王阳明思想的"误读"——以〈阳明传信录〉按语为例》,《北京师范大学学报(社会科学版)》第 4 期(2019),第 113—119 页。

蔡龙九:《道德的纯粹性:以刘蕺山〈人谱〉为核心》,《哲学与文化》第 47 卷第 1 期(2020),第 21—41 页。

蔡龙九:《道德的纯粹性——以刘蕺山〈人谱〉为核心》,《哲学与文化》第 47 卷第 1 期(总号 548,2020),第 21—41 页。

陈睿瑜:《刘宗周道德本体与工夫合一的慎独说》,《伦理学研究》第 3 期(2020),第 52—57 页。

樊树志:《"一代完人"刘宗周》,《书城》第 12 期(2020),第 119—128 页。

冯前林:《论熊十力对刘蕺山的批评》,《中国哲学史》第 2 期(2020),第 105—113 页。

黄敏浩:《牟宗三对刘宗周思想的衡定——以“归显于密”为中心的检讨》,《中国儒学年鉴》(2019),第192页。

江　刚:《论作为过恶根源的“妄”——刘宗周之过恶思想新探》,《孔子研究》第6期(2020),第149—158页。

刘　奎、田　霞:《明儒刘宗周对孟子思想的阐发》,《湖北工程学院学报》第40卷第2期(2020),第31—36页。

刘玉敏:《刘蕺山对“克己复礼为仁”的解读及其伦理意义》,《国学学刊》第1期(2020),第87—92、143页。

施盈佑:《刘宗周〈论语学案〉“孝”观探析》,《鹅湖》第45卷第8期总号536(2020),第21—34页。

施盈佑:《刘宗周〈论语学案〉“孝”观探析》,《鹅湖月刊》第536期(2020),第21—34页。

王涵青:《刘宗周的〈论语〉诠释方法——从〈论语学案〉谈起》,《哲学与文化》第47卷第9期(2020),第101—116页。

徐　波:《从“恶之来源”看蕺山学在宋明理学中的定位》,《中国哲学史》第4期(2020),第115—121页。

张　英:《“改过说”“证人社”“省过会”:蕺山夫子勘过探赜》,《科学经济社会》第38卷第3期(2020),第104—110页。

张倩茹:《从刘宗周到陈确——明清之际哲学由道德化向伦理化的复归》,《温州大学学报(社会科学版)》第34卷第1期(2021),第39—46页。

蛰　泰:《〈蕺山后学研究〉出版》,《哲学动态》第12期(2020),第36页。

蛰　泰:《刘宗周与明清之际儒学:纪念刘宗周诞辰440周年学术研讨会》,《中国哲学年鉴》(2019),第525页。

冯前林:《重本・崇礼・尚实:论刘宗周的讲学活动与教化特质》,《学术探索》第3期(2021),第114—121页。

六、外文著作

安富達美雄:《劉宗周から陳確へ——聖人に近づく》,《中國學論集》(大东文化)第 9 期(1910)。

三島復:《劉蕺山の學歴》,《東亞研究》第 6 卷第 4 期(1916)。

秋月胤繼:《刘蕺山》,《元明時代の儒教》(东京: 甲子社书房,1928 年),第 316—354 页。

秋月胤繼:《劉蕺山の心意説に就きへ》,《斯文》第 15 卷第 2 期(1933)。

安部道明:《陽明思想の展開と劉蕺山》,《滿蒙》第 19 卷第 11 期(1938)。

Tang, Chun-i. "The Criticisms of Wang Yang-ming's Teachings as Raised by His Contemporaries." *Philosophy East and West*, vol.23, 1973, pp.163 - 186.

岡田武彥:《劉念台と許敬庵》,《宇野哲人先生白壽祝賀東洋學論叢》(东京: 宇野哲人先生白寿祝贺记念曾,1974 年),第 369—375 页;《中國思想にずける理想と現實》(东京: 木耳社,1976 年),第 597—602 页。

Tang, Chun-i. "Liu Tsung-chou's Doctrine of Moral Mind and Practice and His Critique of Wang Yang-ming." *The Unfolding of Neo-Confucianism*, edited by Wm. Theodore de Bary, Columbia University Press, 1975.

難波征男:《劉念台思想の形成——王學現成派批判に即しへ》,《九州中國學會報》第 20 期(1975)。

岡田武彥:《東林學と劉蕺山》,《王陽明と明末の儒學》(东京: 明德出版社,1970 年),第 399—462 页。

山本命:《劉蕺山の儒學》,《明時代儒學の倫理學研究》(东京: 理想社,

1974 年),第 657—898 页。

岡田武彦:《劉念台の誠意説について》,《哲學年報》第 14 期(1953);《中國思想にずける理想と現實》(东京: 木耳社,1976 年),第 590—596 页。

荒木見悟:《意は心の存する所——劉念台思想の背景》,《中國にずける人間性の探究》(东京: 创文社,1983 年)。

岡田武彦:《劉念台の思想》,《宋明哲學の本質》(东京: 木耳社,1984 年),第 235—237 页。

難波征男:《明末の新陽明學者——劉念台について》,冈田武彦编著《陽明學の世界》(东京: 明德出版社,1986 年),第 342—355 页。

松代尚江:《劉宗周の慎獨説》,《東方宗教》第 74 期(1989),第 39—58 页。

Tu, Wei-ming. "Subjectivity in Liu Tsung-chou's Philosophical Anthropology." *Individualism and Holism: Studies in Confucian and Taoist Values*, edited by Donald J. Munro, The University of Michigan, 1995.

Wong, Simon Man-Ho and Sciban, Lloyd. "Liu Zongzhou's Criticism of Wang Yangming's Teachings." *Journal of Chinese Philosophy*, vol.26, no.2, 1999, pp.225-239.

馬淵昌也:《劉宗周から陳確へ——宋明理學から清代儒教への轉換の一樣相》,《Bulletin of Sinological Society of Japan》第 53 卷(2001),第 195—212 页。

中純夫:《劉宗周の「学言」について ——慎独説から誠意説へ》,《中國思想史研究》第 25 卷(2002),第 91—140 页。

中純夫:《劉宗周の陽明学観について——書牘を中心として(劉念台

特集)》,《陽明学》第 14 卷(2002),第 125—159 页。

難波征男:《劉宗周の慎独改過説(劉念台特集)》,《陽明学》第 14 卷(2002),第 110—124 页。

Anderson, James A. "Liu Zongzhou, 1578 - 1645." *The Encyclopedia of Confucianism*, edited by Yao Xinzhong, Routledge, 2003, pp.391 - 392.

Struve, Lynn. "Liu Zongzhou (Liu Tsung-chou)." *Encyclopedia of Chinese Philosophy*, edited by Antonio S. Cua, Routledge, 2003, pp.405 - 408.

難波征男:《劉宗周と黄宗羲の証人書院》,《香椎潟》第 49 卷(2003),第 49—60 页。

Shin, Hyun Seung:《劉宗周の「修己」意識と社会秩序観》,《Todai journal of Chinese philosophy》第 21 卷(2005),第 1—84 页。

Cheng, Chung-yi. "Liu Zongzhou on Self-Cultivation." *Dao Companion to Neo-Confucian Philosophy*, edited by John Makeham, Springer, 2010, pp.337 - 353.

Pan, Jen-Tai. "Liu Zongzhou's Criticism of Wang Yangming's Followers and his Scheme for Moral Reformation." Ming Studies, no.61, 2010, pp.13 - 55.

Wong, Simon Man Ho. "Contemporary Chinese Studies of the Philosophy of Liu Zongzhou." *Dao: A Journal of Comparative Philosophy*, vol.9, no.2, 2010, pp.225 - 232.

難波征男:《劉宗周の『人譜』について》,《比較文化》第 7 期(2010),第 1—18 页。

豊島 ゆう子:《黄宗羲の思想: 劉宗周思想の受容から「自得」の重視

へ》,《集刊東洋学》第108卷(2013),第66—84页。

Chan, Wing-Cheuk. "Liu Zongzhou and Michel Henry on Absolute Subjectivity." *Journal of Chinese Philosophy*, vol.41, no.3 - 4, 2014, pp.328 - 343.

Chan, Wing-Cheuk. "Liu Jishan and Heidegger in Encounter." *Journal of Chinese Philosophy*, vol.41, no.3 - 4, 2014, pp.442 - 453.

原信太郎 アレシャンドレ:《劉宗周における「改過」の実践》,《早稲田大学大学院文学研究科紀要(第1分冊)》第60卷(2015),第115—129页。

早坂俊廣:《何俊著「劉宗周の『人譜』—人生を完成させるための点検簿—」訳注》,《信州大學人文科學論集》第5卷(2018),第173—196页。

早坂俊廣:《劉宗周に於ける意と知: 史孝復との論争から》,《東洋古典學研究》第46卷(2018),第17—44页。

松川健二:《劉宗周『論語学案』について》,《陽明学》第29卷(2019),第1—16页。